中華文化思想叢書・近現代中華文化思想叢刊

反思現代——
近代中國歷史書寫的重構

黃克武　著

目前世界上除了中國大陸與臺灣之外,大概主要有另外三個地域的學者也在研究中國,包括美國的史學傳統、歐洲的史學傳統和日本的史學傳統。這五大史學傳統都對中國研究很感興趣,所以目前有關中國的學問已不僅是中國人的學問,而是世界的學問。在世界各地都有人對中國歷史、中國文化有非常深入的研究。我自己親身接觸的是中國臺灣地區及美國和歐洲的部分,最近也接觸到一些日本的學術傳統,並與大陸史學界密切聯繫。當然我的根還是屬於臺灣地區的史學傳承。怎麼說呢?這要從我成長的過程談起。我所生長的時代是兩蔣父子威權統治的時代,那個時代政治上比較單純,思想文化上要稍微複雜一點。

在我成長的過程中,一直有兩股文化力量在我心中衝擊。第一股力量是錢穆、唐君毅和牟宗三等新儒家的學說。一如錢穆先生所說,我們應對中國歷史文化抱持一種「溫情與敬意」。我們從小要讀儒家經典,要背誦《大學》、《中庸》、《論語》、《孟子》。我記得中小學時我父親在我放假期間,就叫我背誦《唐詩》、《古文觀止》等。一直到現在,我還能感覺到《論語》中的一些句子在我心裡還占據了非常重要的地位。我在面臨困難時想到的是「天生德於予,桓魋其如予何」「君子不憂不懼」。這些話給了我精神的安撫與無比的激勵。《唐詩》、《古文觀止》則讓我感受到中文文字之美。這種感受當然跟錢穆、牟宗三等學者對中國傳統的提倡與詮釋有關,那時我們的教育裡洋溢著一種對中國傳統的溫情與敬意。

第二股力量是北大和「五四」的傳統。這個傳統的代表人物是胡適。所以,一直以來,在我心中有兩個人格典範:一個是錢穆,一個是胡適。問題是:這兩個人物典範怎麼結合在一起?胡適先生是「五四」運動的健將,畢生提倡「科學」「民主」與白話文運動。一九四九年之後胡適是臺灣地區文化界的領袖。從胡適引領出一系列的政治

與文化運動,繼承了「五四」傳統對於中國文化的反省、對專制政權的批判。當時有不少人受他影響,最典型的代表是李敖。李敖可以說是「五四」的產物。他對於民主與科學的禮讚、對於自由主義的提倡,對於中國傳統的批判,對於「老年人與棒子」的反省,在臺灣地區都是非常有名的。所以,對於我們年輕人來說,李敖的作品非常有吸引力,他是我們的魯迅。當然,除了李敖之外,還有其他許多深受「五四」精神影響的學者,像我的老師張朋園先生即深受「五四」思想影響,畢生研究中國現代化過程中的改革與革命、民主與憲政的歷史。這兩個傳統在我們那個年代長大的學生心中是兩股相互拉扯的力量。這個拉扯其實是很有意義的,一方面我們看到傳統的優點,另一方面也感到這個傳統的確有一些問題。那要怎麼去修改這個傳統呢?這一個議題是「五四」跟新儒家的共同議題。我們要怎麼樣面對中國傳統?又如何將中國的傳統接引到西方的民主、科學?這也是臺灣學界一直在努力思索與追求的方向。

　　一九四九年時臺灣地區只有六百多萬人,現在有二千三百多萬人。臺灣大學的社會學家陳紹馨教授(1906-1966)講過一句話:臺灣是中國文化的實驗室。〔參見 Taiwan as a Laboratory for the Study of Chinese Society and Culture(《中國社會文化研究的實驗室:臺灣》),《「中研院」民族學研究所集刊》,期 14,1966,頁 1-14。〕我覺得這是一個很有意思的觀點。

　　我在這樣的一個對中國歷史文化具有強烈關懷的環境中長大。我還記得一九八三年墨子刻(Thomas A. Metzger)先生剛到臺灣來教書,他很喜歡問我們一個問題:「你們將來希望當王永慶還是要當余英時?」那個時候王永慶是臺灣企業家的代表人物,而余英時則是學者的典範。余先生跟臺灣有非常深的學術根源,他的書如《歷史與思想》《中國思想傳統的現代詮釋》等在臺灣流傳很廣,幾乎是我們那一代讀歷

史的學生的經典書刊。所以當墨先生問我們「要當王永慶那樣賺大錢的企業家，還是當余英時那樣對中國文化有非常深入的認識的學者」，我們每個人都舉手說：「想當余英時。」後來我碰到余英時先生，告訴他這段往事，他說：「其實我自己很想當王永慶。」

我們那一代人基本上對中國歷史文化懷有一種使命感。我們是在所謂復興中國文化的使命之下成長的。對我們來說，李白、杜甫、蘇軾是我們的先人，最感動我們的文字一定是先秦文字與唐宋古文，是唐詩、宋詞、晚明小品等。我想這就是文化的根，也是我感覺到兩岸在將來可以合在一起的最重要基礎，說到底其實就是文化。

我在臺師大畢業後先到英國讀書，後來又到美國留學，開始接觸到歐美的漢學傳統。這個傳統也很有意思，因為這些洋人讀中文非常困難，光是把中文學好、讀好、看得懂文言文，至少就要花上十年的工夫，所以中文對他們來說，是一種非常難的語言。我到英國讀書時碰到幾個漢學家，如我的指導老師龍彼得（Piet Van der Loon，1920-2002）、伊懋可（Mark Elvin），以及麥穆倫（Ian McMorran）、杜德橋（Glen Dudbridge，1938-2017）教授等。歐洲漢學研究基本上是非常樸實的。他們的目的是想瞭解中國。開始之時這些漢學家多做翻譯的工作，就是把中國的各種經典翻譯成英文或其他的文字，作為主要的學術成績，進一步再做文獻解題等。所以歐洲的漢學研究不太花哨，多半不講理論，而講究踏踏實實地研究文獻，對文本進行精確的翻譯與深入的探討。這個研究取向和美國漢學傳統不太一樣。美國學界講究科際整合、談理論，強調怎麼樣把理論運用到歷史研究，同時歷史研究也努力要和理論對話（參見本書中幾篇英文書的書評）。美國的史學研究求新求變，而且江山代有才人出，一個理論過後又換一個新的理論，讓大家有一點應接不暇。我在斯坦福大學讀書時我的老師主要是墨子刻、范力沛（Lyman P. Van Slyke）、康無為（Harold Kahn，

1930-2018）等先生，大約有兩個傳承，一個是哈佛大學的費正清（J. K. Fairbank）的弟子，一個是加州大學的李文孫（Joseph Levenson，1920-1969，或譯作列文森）的學生，這兩者剛好是東西兩岸的學術傳承。東岸的學術重鎮是哈佛大學，中國近代史方面主要是費正清的弟子，墨先生與康先生都是出自哈佛；范先生則是柏克萊畢業（1964）。費正清在一九六〇年代起在哈佛大學培養出來了一整代美國的中國通。他有雄才大略，對於美國的中國研究有一種全盤性的規劃，我們可以說整個美國的學術版圖幾乎都被他控制住了，臺灣學界也受他影響（參見張朋園的《郭廷以、費正清、韋慕庭：臺灣與美國學術交流個案初探》，臺北：「中研院」近代史研究所，1997）。在西岸的加州大學柏克萊分校，另一位中國研究的奇才則是費正清的學生李文孫，他被譽為「莫扎特式的史學家」，很可惜英年早逝。中外學界對他毀譽不一，西方學者較欣賞他，而中國學者則批評他文獻解讀的能力，蕭公權說他詮釋的梁啟超有時會「捕風捉影」，不盡可信。後來在柏克萊教書的學者是李文孫的學生魏斐德（Frederic Evans Wakeman, Jr., 1937-2006），成績斐然，史景遷（Jonathan Spence）說他是「近三十年最好的中國史家」，魏斐德的學生葉文心目前在柏克萊教中國近代史。簡單地說，費正清開創了美國的中國近代史研究。

　　費正清的弟子與再傳弟子基本上是美國目前中國研究學界的核心人物。我在一九九〇年到美國之後，開始透過英文著作學習中國歷史，這是一個很大的挑戰。我想大家用中文讀中國歷史比較習以為常，但是用英文讀中國歷史則是一個非常特殊的經驗。我在求學時不斷遇到有人問我：「為什麼你作為一個中國人，要到英國或美國去讀中國歷史？這不是很可笑嗎？」後來我慢慢感覺到洋人有他們治學的長處，這個長處跟歐美整體的文化實力和文化霸權是結合在一起的。西方整個近代學術的形成不過兩三百年的歷史，漢學是其中的一環，

而且是比較薄弱的一環。歐美學者是在做全世界的學問，中東、南美、印度研究都做，此外還有日本研究、韓國研究等。我在斯坦福大學時讀得比較多的是東亞研究。這是一個非常複雜的史學傳統（我的日本史老師包括 Jeffery Mass，James Ketelaar，Peter Duus，還有亞語系的 William A. Lyell、Peter J. Ivanhoe 分別教我中國文學與哲學）。這些學者都有非常好的訓練，他們都曾在中國大陸、中國臺灣、日本學習過，都有非常深厚的語言功底，所以他們都能夠讀中、日文書。當然，剛開始那一代還只讀不說，後來的一代學者則說、讀、聽、寫都沒有問題，也就是說近年來，美國的漢學傳統有長足的進步。我自己也是深浸於這個傳統。我到斯坦福大學之後就從本科的課程開始學習，和本科生一起考試，一直讀到研究生的討論課，一個層次一個層次地讀，然後考學位資格考試、寫博士論文，二〇〇八年我出版了由博士論文改寫的英文書。這是一整套的培育體制。

　　美國的漢學界的確給我相當多的啟示，我覺得他們有幾個長處。第一，他們對學科本身有很強的反省能力，特別對於研究典范，基本上是不斷地深挖、不斷地反省。我想可能很多人看過黃宗智的《中國研究的規範認識危機》（香港：牛津大學出版社，1994）和柯文（Paul Cohen）的《在中國發現歷史──中國中心觀在美國的興起》（北京：社會科學文獻出版社，2017）等書，可以看到他們在一個時代就有一個時代的研究典範，從早期費正清的「衝擊──反應」說，到「現代化理論」，再到「中國中心論」。每一個時代都有不同的研究中國的典範，而這個典範過一陣子就又會受到批判與反省。每一次批判與反省都是一個提升的過程，這種自我批判與反省的能力讓我印象非常深刻，本書中有關典範轉移的幾篇文章與此一思路有關。

　　第二，美國的學術根基很深厚，治中國史的學者多有很強的其他學科的背景。例如在哈佛大學，費正清會告訴你，如要讀中國歷史，

除了要通中文，還要讀社會科學的著作。例如要讀馬克斯‧韋伯（Max Weber）、帕森斯（Talcott Parsons）、馬克思（Karl Marx）等，也要從西方近代哲學變遷開始讀起。也就是說，這些社會科學、哲學、文學以及語言學理論對美國研究中國的學者來說是非常重要的學術資源。因為他們感覺到，他們的中文不如中國人那麼好（很多漢學家可能不承認），怎麼樣在中文不如中國學者的情況之下，做出一個別有新意的成果？他們有些人就開始採用各種各樣的理論來治中國史。他們沒有辦法像中國人這樣閱讀大量的史料。怎麼樣解決這個問題？採用新的問題意識，例如韋伯與馬克思的理論就對美國的中國研究產生很重要的影響。這樣一來依靠少數關鍵性的數據就可以大做文章。這是他們的一個長處。

這個長處也跟他們深厚的學術傳承有關。我到美國之後，感到非常驚異之處就是美國學界中「學術社群」十分重要。我覺得在中國臺灣或大陸學術社群的發展都還不很成熟。學術社群就是由學者組成的民間社會。美國最重要的學報，不是官方機構編的機關報，而是各種各樣的學會所發行的刊物。例如明史研究學會、清史研究學會、近代中國研究學會、二十世紀中國研究學會等，最大的當然是亞洲研究學會。這些學會是從會員身上彙集到一筆錢，然後開始辦刊物，稿件由學者彼此互相審查。民間刊物的作用非常重要，如果現在我們想要深入瞭解美國學界，那就得看這些專業性的刊物。這些刊物的一個很重要的作用是用三分之一的篇幅發表專業性的研究成果；另外幾乎三分之二的部分則發表書評。書評有兩類：一類是「單篇書評」（book review），單篇的書評不長，最多一頁到兩頁，清楚地介紹書中的論點，並做評論。第二類較長，稱為「書評論文」（review article），中文也有這樣的寫法，主要是綜合評論幾本書，或者說針對一個特定主題，對整個研究領域加以回顧與展望（本書中有關經世文編、領導階

層、考證學之淵源等文即屬此類）。這是美國學術界的一個基本評估機制，就是由學者參與的互相評估。通過這個相互批評的機制，建立起一個學術的體系，從而讓他們的學術工作能更上一層樓。

第三，美國的學者基本上像柯文所說的，是「外在的觀察者」，跟我們的「內部觀察者」不一樣（參閱本書對柯文有關義和團一書的討論）。二者有很大的區別。對美國人來說，為什麼要了解中國？當然有一個重要目的是希望為美國的外交政策提供一個歷史、文化的背景認識，也能以一個適當的表述提供給美國輿論界、一般人民來瞭解中國。他們對於我們最關心的「中國往何處去」並不特別重視。對他們來說，這樣的問題並不重要，因為不同的人會有不同的看法，而不易達成共識。他們的研究主要在於描寫與分析的層面，而盡量不做應然的判斷（當然很難完全避免應然的立場）。這一個特色跟中國學界對中國歷史的研究就有很大的不同，中國學者用中文寫的作品，無論分析還是評估，往往都跟對未來的建議交織在一起。我們對歷史的回顧，背後每每藏有經世的意圖，最後是希望能夠指點江山，能對現實與未來有所影響，這是中文學界對於中國歷史研究的一個很大特色。這種特色不一定是一個缺點，但最極端發展有可能成為所謂的「影射史學」。在這方面，我覺得美國學者比我們容易避免這樣的問題，因為他們不在局中，反倒能多方觀照，而且能夠比較置身事外地來看待其中的問題。這些特點都很值得我們參考、學習。

從一九九〇年代初期，我也開始接觸到大陸的近代史學界。第一次參加的學術研討會是一九九三年十一月二三至二七日在廣東新會與南海召開的「戊戌後康有為、梁啟超與維新派」國際學術研討會。在那次會議上，我受到一個很強烈的文化衝擊。那是我第一次去大陸開會，也是第一次跟大陸的學者有學術上的交流與交往。我發現國內學界跟我所想像的很不相同。那時我就問道，這邊學者寫文章為什麼不

先做學術史的回顧？在臺灣地區以及歐美學界博、碩士學生訓練的第一步就是做文獻的回顧。九〇年代時，中國學者的著作卻不很注意這樣的學術規範，我百思不得其解，後來我略微瞭解到，其實這是因為當時信息不發達所致，大家看不到國內外的很多研究。同時，學界也不強調「站在巨人肩上」的重要性。最近已經改變了很多，學術史回顧的規範性要求已明確被提了出來。現在大陸的一流學術刊物如《歷史研究》就非常重視這一點，這是很有意義的發展。我也感覺到，大陸學界掙脫了諸多束縛之後，整個學術的進展非常可喜，跟國外與港臺地區等學者對話的機會也增加很多。本書中許多評論與反省的文章是在這樣的脈絡之下所撰寫的。

兩岸中國近代史學界無疑地均追求客觀的歷史研究，然而因主觀立場之差別而雙方仍有歧異。近年來兩岸共識增加了許多，不再是黑白對立而沒有交集。我認為兩岸的研究可以產生互補的效果。以抗日戰爭與國共內戰的研究來說，臺灣學者多能呈現國民黨的長處、成就；大陸學者則易於看到國民黨缺點與限制，雙方同意以史料為基礎從事解釋，而非以既定立場來討論問題，臺灣學者也希望能從歷史問題的和解走向現實的和解，而共同思索兩岸的未來。

為達成此一目標，最近海峽兩岸有不少的共同研究計劃，在這方面一個比較成功的例子是由王建朗教授與我所編的《兩岸新編中國近代史》一套書（2017）。此套書是兩岸近代史學界第一次合作撰寫的中國近代史（1840-1949）。本書由北京的中國社會科學院近代史研究所與臺北的「中研院」近代史研究所合作規劃，並邀約大陸、香港、臺灣學者撰稿，歷經五年多的時間完成。全書分為晚清篇與民國篇，每一篇又有上卷與下卷（共四冊），分章探討清末民國時期最為關鍵的一些歷史課題。全書共五十七章，其中大陸學者撰寫三十四章、香港學者撰寫二章、臺灣學者二十一章，為中文學界在中國近代史領域之內

多年研究成果的系統展現。內容上本書以時間和事件為經，政治、社會、經濟等面向為緯，從鴉片戰爭開始，描述了洋務與變法運動、立憲運動、清朝的覆滅、民國的肇建，乃至其後內憂外患之紛擾、國際關係之演變、內政外交之調適、國民黨內部的派系紛爭、國共兩黨之發展，下至二十世紀中葉而止。大致上包括了晚清史與一九四九年之前的民國史，也同時討論了清季與日本殖民統治時期至光復初期的臺灣史。讀者閱讀此書，可以最有效地掌握學界最新的關於中國近代變遷的重要觀點。

另一方面，兩岸學者在共同編寫此書的過程之中發現雙方仍有不少的分歧。在這種情況下，海峽兩岸的交流與互補具有重要的意義。當然，海峽兩岸的政治情況還存在很強的張力。在此過程中雙方不免會有競爭，但可以加強兩岸的文化交流，透過海峽兩岸的互訪、透過雙方閱讀彼此的作品來達成此一目標。這一本論文集即著眼於此，筆者衷心地希望這些介紹與檢討研究典範、中外史著的文章能增加讀者對海內外中國近代史學界的認識，而共同創造更為光明的遠景。

黃克武寫於日本京都
二〇二〇年二月七日

目錄

典範轉移

「現代」觀念之源起與歷史研究的本土反思……003
前言……003
近代中國「現代」概念之起源……005
現代化研究範式的建立……012
多元現代性的反思……018
結語……024

從「文明」論述到「文化」論述：
清末民初中國思想界的一個重要轉折……027
前言……027
「文明」與「文明史」……031
「文化」與「文化史」……035
文明、文化與科玄論戰……042
結論……045

翻譯、啟蒙與中國現代性 047

前言 047

翻譯研究的兩種取徑 049

廣告與翻譯 051

翻譯與啟蒙：魯迅 056

翻譯與啟蒙：梁啟超 058

翻譯與啟蒙：嚴復與新觀念、新語彙的譯介 060

結語 064

從「士大夫」「士紳」到「地方菁英」：二十世紀西方漢學界對清末民初中國社會領導階層之研究 067

前言 067

「東方專制論」下的國家代理人 069

艾伯華與士紳社會理論的建立 072

對於明清士紳角色的辯論 073

施堅雅的理論架構與區域研究的興起 075

「孔飛力學派」與地方菁英典範的形成 076

Esherick、Rankin 與地方菁英典範的建立 078

世俗化理論是否適用於近代中國？ 081

前言 082

何謂世俗化？ 084

世俗化概念是否適用於近代中國？……089
結語……099

建立史學典範的一個努力：論余英時《史學評論》
「代發刊辭」……101

晚清史的反省

經世文編與中國近代經世思想研究……117
前言……117
「經世文編」簡介……119
「經世文編」思想內涵之分析……127
研究方法的反省……133
研究展望……136

清代考證學的淵源——民初以來研究成果之評介……139

評介倪德衛《章學誠的生平與思想（1738-1801）》……161

評柯文著《歷史中的三個基調：作為事件、經驗
與神話的義和團》……173
前言：著述背景……173

典範轉移

與「現代性」（modernity）兩詞（亦作「近代化」與「近代性」）。其中的「化」與「性」，則和中文中所有以「化」與「性」為語尾的詞彙一樣，也是從日文中引進。[1]前者意指一個變化的過程，後者則指某件東西的本質、特色、特性。[2]這樣一來，現代性一語或普遍地指生存於現代情境之中的特質，或特定地指「近代西方文明的特性」。[3]現代化則是指朝向此一特質的變化過程。

現代性或現代化等概念之內涵非常複雜，也有不同解釋的方式，其關鍵在於對「現代」特質之認定或「現代社會」風貌之想象。例如，我們可以說個人的現代性（如強調個人的理性與主體自覺）或組織的現代性（如理性的、有效的組織方式），可以分不同的階級來討論，如資產階級的現代性、無產階級的現代性；也可以分階段來談，如 Ulrich Beck 有 First Modernity（第一現代性）、Second Modernity（第二現代性）。[4]在中國近代史的脈絡中有很多學者則談到翻譯的現代性、被壓抑的現代性或殖民主義的現代性等。本文不擬討論現代、現代性或現

---

1 日語中的「近代化」「現代化」等詞大約出現在大正時代。如「駱駝は元來僕の好きな動物で、司馬江漢等も此の動物の渡來を取扱つて居るが、もつと現代化して見たかつたのです。大體の形は發掘の土偶等にもより、裝飾的にしたものを更に寫實」，見橫山大觀：《美術院日本畫作家 の感想》，《太陽》，23：12（1917），頁175。「現代性」一詞則要到 1930 年代，如「アメリカ文學に於ける現代性」，高垣松雄：《現代アメリカ文學》，東京：健文社，昭和十年（1935），頁 1。

2 Lydia H. Liu, *Translingual Practice: Literature, National Culture, and Translated Modernity──China, 1900-1937*, Stanford: Stanford University Press, 1995, pp.348-349.

3 黃瑞祺：《現代與後現代》，臺北：巨流出版社，2000，頁 17。

4 Beck 的討論涉及歷史記憶與現代性之關聯，他認為第一現代性是英雄的、主動者的論述，同時在加害者與被害者之間充滿誤解與相互的不滿；而第二現代性則是基於雙方相互認可他者（the Other）歷史之間的妥協。Ulrich Beck, "The Cosmopolitan Perspective: The Sociology of the Second Age of Modernity," *British Journal of Sociology*, 51：1（2000）, pp.79-105.

代化等概念所涉及的理論問題，僅嘗試將「現代」一概念歷史化，從中國近代歷史、歷史意識與臺灣史學研究的脈絡，來討論「現代」、「現代化」與「現代性」等概念的出現、變遷，及其在中國近代史研究中所造成的影響。全文除了前言之外，分為四個部分：一、近代中國「現代」概念之起源；二、現代化研究範式的建立；三、多元現代性的反思；最後則是結語。

近代中國「現代」概念之起源

在中國傳統語彙中存有源於佛教經典的「現在」，卻沒有「現代」。[1]在中文中「現代」一詞最早出現的時間，是在二十世紀初期（如前所述一九〇〇年《清議報》之文章自日文引進此詞），當時除了「現代」一詞之外，人們還使用好幾個類似詞彙，來翻譯英文的 modern，如「摩登」、「時髦」、「近世」、「近代」等，至一九三〇年代以後，「現代」一語才變得比較普遍。在一九〇二年梁啟超（1873-1929）的《新民說》中有一個運用此一詞彙的例子，他說：「凡此皆現代各國之主動力也，而一皆自條頓人發之成之。是條頓人不啻全世界動力之主人翁也。」[2]在梁任公其他的作品之中，「現代」一詞出現得也不多，在一九〇四年的《余之死生觀》中有：「美國博士占士李者現代著名之哲

---

1 安惠：《阿毗達磨俱舍論實義疏卷第三》，「於此經中，無常已滅名過去，若未已生名未來，已生未謝名現在。」「已生未謝名現在者，已生之言，別於未來；未謝之言，別於過去。未來之法，雖名未謝，然是未生；過去之法，雖云已生，然是已滅。所以為簡去、來二世、定取現在。」CBETA 電子佛典集成 http://tripitaka.cbeta.org/W01n0007_003，讀取時間：2020 年 2 月 8 日。
2 梁啟超：《新民說》，臺北：臺灣中華書局，1978，頁 8。占士李是 James Wideman Lee（1849-1919）。

學家也。」[1]這兩個例子中的「現代」都指「目前這個時代」。相對來說，任公文字之中使用「近世」一詞的例子要多得多。[2]在二十世紀初期，梁任公是一個引領風騷的人物，許多新名詞、新觀念都是由他透過研讀、吸收明治日本的著作而引介到中國。在梁任公著作之中「現代」一詞之罕見，可以反映二十世紀初年此一詞彙尚不普遍，或者說 modern 和「現代」之間比較穩定的語詞對應關係，還沒有建立起來。

當時與 modern 相關的字眼還有「摩登」、「時髦」、「近世」、「近代」等，這些詞彙有時各有獨特的用法，有時則可相互替代。「摩登」、「時髦」和流行風尚有關，[3]「近世」、「近代」、「現代」則較常應用在討論歷史課題之上。上述這些詞彙的出現涉及近代中國兩種思想觀念上的變化，一是受到進化論影響，出現線性的、進步的時間意識與歷史意識，「現代」意指此一發展的最新階段；一是對於西方近代文明（尤其是近代國家）之特質的掌握，在此意義之下「現代」與「傳統」，或者說西方的「現代」與西方的「中古」和中國的「傳統」是相對的。[4]在中文之中，「傳」與「統」兩字連用在古代中國文獻中是指血統、

1　梁啟超：《飲冰室文集》，臺北：臺灣中華書局，1978，17：5。
2　《新民說》中「近世」有 9 個例子。
3　「摩登」是一個高度商品化的文化建構，有關此一詞彙在中文方面的討論請參見李歐梵的研究，他說「英文 modern（法文 moderne）是在上海有了它的第一個譯音⋯⋯中文『摩登』在日常會話中有『新奇和時髦』義」。
《李歐梵自選集》，上海：上海教育出版社，2002，頁 193。此一觀念在日本的情況，尤其是與現代女性之關聯，見 Miriam Silverberg, "The Modern Girl as Militant", in Gail Lee Bernstein, ed., *Recreating Japanese Women* , 1600-1945，Berkeley: University of California Press, 1991 , pp.239-266。
4　1916 年赫美玲的《官話》之中 tradition 的翻譯有以下六種：遺傳、流傳、世傳、傳承、祖傳、傳授，而並無「傳統」。見該書頁 1520。以近代婦女期刊來說，至 1929 年才有一篇以「傳統」為名的文章：派樂或原著，王學浩譯：《傳統思想（獨幕劇）》，《女青年月刊》，第 8 卷第 4 期，上海，1929 年 4 月，頁 35-46。

皇位的傳承,[1]到二十世紀初期受到日語漢字的影響,才產生了與英文「tradition」一詞對等的含義,泛指現代之前的狀況,並認為社會轉型即是一個社會由「傳統」過渡到「現代」。換言之,「傳統」也是二十世紀初年之後才有的詞彙。一九二〇年代五四運動之後,「傳統」一詞在報刊上才變得較為普遍(接著又有「反傳統」的出現)。[2]以上兩種有關現代的觀念相互糾結,我們只能說它們著重不同的面向,前者(受進化論影響之時間觀)偏向時間或階段的描述,後者則是揭示(在西方已經出現,而在中國尚未完成的)社會與政治理想,然兩者實難以截然劃分。

這兩種意義上的「現代」在近代中國的出現,都可以在梁任公的著作中找到端倪。有關進化論在中國的影響,以及嚴復、梁啟超居中所扮演的角色,已有不少的研究,在此不必贅論。[3]在進化論的影響之下,中國思想界突破以往流行的一些歷史觀念,如循環論(如五行終始說)、退化觀(如三代史觀),再融入中國傳統中階段演進論(如公

---

1 如〔南朝·梁〕沈約的《立太子恩詔》:「王公卿士,咸以為樹元立嫡,有邦所先,守器傳統,於斯為重。」收入陳夢雷編著,蔣廷錫校訂:《欽定古今圖書集成》,臺北:故宮博物院典藏銅字活版本,雍正四年(1726),明倫彙編/宮闈典/第 71 卷,東宮部,藝文一,頁 15。

2 有關傳統、近代、現代三詞彙在中日兩國的歷史,參見沈國威:《近代關鍵詞考源:傳統、近代、現代》,《東亞觀念史集刊》,第 4 期(臺北,2013),頁 417-437。作者指出:「傳統」「近代」是中國的古典詞,但在二十世紀初的日本詞義發生變化;而「現代」則是日本新創製的詞語。

3 較重要的是:James Reeve Pusey, *China and Charles Darwin,* Cambridge, Mass: Council on East Asian Studies, Harvard University, 1983. James Reeve Pusey, *Lu Xun and Evolution,* Albany: State University of New York Press, 1998. 張朋園:《社會達爾文主義與現代化:嚴復、梁啟超的進化觀》,《知識分子與近代中國的現代化》,南昌:百花洲文藝出版社,2002,頁 85-122。王中江:《進化主義在中國的興起:一個新的全能式世界觀》,北京:中國人民大學出版社,2010。

羊三世論),開始出現一種新的歷史觀,認為歷史是一個線性發展、逐漸進步的過程。例如,當時有不少知識分子把歷史視為一個「潮流」,而認為只要跟著這一個潮流前進,就會達到最終的目的,這樣的想法使中國知識分子重新反省中國歷史。梁啟超在《中國史敘論》(1901)中,跟隨著西方歷史書寫方式,將中國史區分為「上世史,中世史,近世史」,此處之「近世」即是 modern,亦即後來所通稱的「現代」。任公有關中國近世史的敘述如下:

> 近世史,自乾隆末年以致於今日,是為世界之中國,即中國民族合同全亞洲民族,與西人交涉競爭之時代也。又君主專制漸就湮滅,而數千年未經發達之國民立憲政體,將嬗代興起之時代也。此時代今初萌芽,雖閱時甚短,而其內外之變動,實皆為二千年所未有。[1]

在上文中,任公認為中國的「近世」指的是一個新的歷史處境。此一處境源於中國與西方世界的接觸,而導致政治形態的變化,亦即從君主專制逐步地轉向「國民立憲政體」。

上述以政體轉變作為「近世」之重要特徵的想法,在一九○一年前後梁任公的著作中反覆出現。在《清議報》上的《國家思想變遷異同論》一文是一個很好的例子,梁任公所寫的這一篇文章深受德國學者伯倫知理(Johann Caspar Bluntschli, 1808-1881)國家學說的影響,將人類歷史從中世到近世的變遷扣緊在國家思想的變化之上。換言之,他認為在出現了現代國家(任公稱為「完全國家」)與國家思想之後,人類歷史才「翻開」新的一頁,從中古邁向近世。梁任公區別三

---

[1] 梁啟超:《飲冰室文集》,6:12。

種不同的國家思想。一是歐洲舊思想，以「神」為國家之主體；一是中國舊思想，以「君主」為國家之主體；一是歐洲新思想，以「人民」為國家之主體，這樣一來，歐洲新思想、新國家觀念的出現是進入「近世」的關鍵。任公又說，此種思想的產生，根據「天演日進之公理」，是一個逐漸發展的過程，「或自外界刺激之，或自內界啟牖之」。此一歷史演進的方向，一方面是一個「不得不然」的趨勢，另一方面也需要人們的努力，「講求發明而提倡之」。[1]這樣的想法和嚴復在《天演論》的譯註中嘗試結合斯賓塞（Herbert Spencer，1820-1903）與赫胥黎（Thomas H. Huxley，1825-1895）的觀念很類似，嚴復一方面看到「任天為治」之不可抗拒，另一方面又「於自強保種之事，反覆三致意」，認識到「天行者，以物競為功，而人治則以使物不競為的」。[2]

這一種新的歷史意識成為梁任公作品（尤其是《新民說》）之中的核心概念，並在近代中國產生重大的影響。伴隨著此一觀念的傳播，出現了一種對中西文明之優劣的評估，認為西方歷史發展是「正常的」，中國歷史演變卻是「病態的」，因此中國問題的解決，需要以西方的新的現代文明徹底改造中國的舊傳統。[3]這樣一來，現代與傳統為二元對立，五四以來中國知識分子無不致力於以西方民主、科學為核心的現代文明來改造中國的舊傳統而再造一個新文明。

以上的思想觀念不但透過知識分子的論述而流傳，同時也影響到

1　梁啟超：《飲冰室文集》，6：12-13。

2　嚴復譯：《天演論》，臺北：臺灣商務印書館，1987，《自序》，頁3；《導言六》，頁16。黃克武：《何謂天演？嚴復「天演之學」的內涵與意義》，《「中研院」近代史研究所集刊》，期85（臺北，2014），頁129-187。

3　見拙作《一個被放棄的選擇：梁啟超調適思想之研究》，臺北：「中研院」近代史研究所，1994，頁121-122。民初五四運動的支持者如胡適、陳獨秀與魯迅均秉持此一觀點。這一看法也與西方學者如韋伯的看法相呼應。

國家的教育體制。其中「中國近世史」、「中國近代史」、「中國現代史」等課程大約在二十世紀初期,逐漸成形,成為學校之中必需要教授的一門學科。在晚清與民初,學人對於近代、近世之界定仍存著不同的視角,然大約在一九二〇年代開始,隨著羅家倫(1897-1969)、蔣廷黻(1895-1965),以及後來的郭廷以(1904-1975)等人在大學講授中國近代史課程,中國近代史作為一個學術、教育領域的專門學科,獲得了突破性的發展,以西力衝擊與鴉片戰爭作為論述主軸的教學科目,取得了優勢的地位。換言之,鴉片戰爭成為中國歷史的轉折點,中國近代史的教學即以此一戰爭為核心,著重於鋪陳在此之前中國社會內部的情況,以及在此之後因不克求變,而慘遭外侮威逼的窘境。簡單地說,中國近代史成為一部「國恥史」、「國難史」。[1]

　　在二十世紀前半期的中國,「近代」、「近世」的觀念隨著歷史課程,成為一個非常普遍的觀念,這時其所指涉者乃中西接觸所導致的一個充滿災難的歷史處境。但這一課程不但要求學生認識國恥與國難,也嘗試追究造成此一情境的原因。其中一個最具說服力的說法是一九三〇年代「近代化論述」的出現,根據這個理論,鴉片戰爭代表了近代的西方文化戰勝了中古的東方世界。因此近百年來中國人所面對的根本問題即是「近代化」的問題,從一九三八年蔣廷黻所撰寫的《中國近代史大綱》到一九九五年茅海建的《天朝的崩潰》、[2]一九九七

---

[1] 劉龍心:《中國近代史——一門次學科領域的興起》,「郭廷以與中國近代史研究學術研討會」論文,2004年1月11日—12日。張海鵬曾蒐集了二十世紀上半葉所編纂的中國近代史之書目,該書目有79種,最早的一本是1910年由北京漢英圖書館出版,陳光憲編著的《中國近世史》,張海鵬:《二十世紀上半葉中國近代史史書的編纂》,「中研院」近代史研究所學術研討會論文,2005年11月16日。

[2] 茅海建說「鴉片戰爭給中國提出的使命是近代化,偏離這一軌道就不可能真正的『制夷』」,茅海建:《天朝的崩潰》,北京:三聯書店,1995,頁578。

年謝晉所導演的《鴉片戰爭》都表達出類似的詮釋架構。在蔣廷黻的觀念中「近代化」環繞著科學、機械與民族主義三者，他說：

> 近百年來的中華民族根本只有一個問題，那就是：中國人能近代化嗎？能趕上西洋人嗎？能利用科學和機械嗎？能廢除我們的家族和家鄉觀念而組織一個近代的民族國家嗎？能的話，我們民族的前途是光明的；不能的話，我們這個民族是沒有前途的。因為在全世界上，一切的國家能接受近代文化者必致富強，不能者必遭慘敗，毫無例外。並且接受得愈早愈速就愈好。[1]

郭廷以繼承了上述蔣廷黻「近代化」的解釋模式，他所撰寫的《中國近代化的延誤》(1950)、《從中外接觸上論中國近代化問題》(1967)等文，即企圖從歷史演變中解釋近代中國「何以落後」、「何以過去數千年均能適應，而近百年不能」，這一個問題也成為他所開創的「中研院」近代史研究所研究同人所關懷的核心課題（該所創於1955年），並影響到1970年代之後臺灣歷史研究的方向。[2]

---

[1] 蔣廷黻：《中國近代史大綱》，臺北：啟明書局，1959，頁2。
[2] 郭廷以：《近代中國的變局》，臺北：聯經出版公司，1987；王爾敏：《郭廷以之史學》，《國史研究通訊》，期1（臺北，2011），頁127-145。

現代化研究範式的建立

在二十世紀中文的語境中,上述對「近代」、「近代化」的理解有持續性的影響力,其中最重要的一個觀點是從一九三○年代開始,至一九六○年代以後盛行的「現代化理論」(亦即上述「近代化理論」)。[1]「近代」與「現代」兩詞彙本來都是翻譯自西文的 modern,有時兩者意義相通,同樣地,modernization 也可以翻譯為「近代化」或「現代化」,但後來就歷史階段來說兩者又做區劃,在歐洲史上多以第一次世界大戰的結束(1918)區隔近代與現代,而亞洲史則多以第二次世界大戰結束(1945)區隔近代與現代。

大致上從一九六○年代到一九八○年代末期,甚至一九九○年代初期,臺灣史學界即籠罩在「現代化」的研究範式之下。此一範式一方面和上述梁啟超到郭廷以的思想變化與「近代化論述」的出現有關係,另一方面也受到西方啟蒙運動的理念與社會科學理論的影響。十八世紀歐洲的啟蒙思想即將人類歷史視為一個從野蠻到文明的過程,從十九世紀開始,像黑格爾、馬克思或斯賓塞等思想家,強調歷史發展的規律性,並認為有越來越理性化的趨向。韋伯雖不強調歷史的規律性而重視偶然性,但他也認為近代西方文明中「解除魔咒」、「工具理性」的發展,是一條重要的軸線。二十世紀之時,中國很多的思想家仍強調歷史的規律性,而歐美二十世紀的一些學者如哈耶克(F. A. Hayek,1899-1992)也有類似的看法。無論對歷史規律性或理性、客觀性的重視,均傾向於對文化發展採取普遍主義的觀點,這種看法也

---

1 有關 1930 年代開始「現代化」在中文世界的使用狀況,可參閱潘光哲:〈想像「現代化」:一九三○年代中國思想界的一個解剖〉,《新史學》,卷 16 期 1(臺北,2005),頁 85-124。

可以稱之為「合流理論」（convergence theory）。現代化理論即奠基於文化合流的觀念之上。

有趣的是，合流的看法與中國固有的「大同」的理想有類似之處。美國社會科學界也有他們的「大同」思想。按照社會學家阿力克斯・英克爾斯（Alex lnkeles，1920-）的看法，全人類將來很有可能會創造出一種融合各種文化而形成的共同的價值系統。合流的動力是什麼？阿力克斯・英克爾斯的看法是從心理學和社會科學很豐富的研究成果而來，他的結論與馬克思主義幾無二致，亦即是強調無論文化如何不同，幾乎所有人類的心理都有一些共同的需要與能力，這些共有的特點多半環繞著物質生活。例如幾乎每一個人都熱愛健康、財富，並要避免身心痛苦，而且人們有工具理性，能發明或接受改善物質生活的方法。對很多人來說，現代化主要就是物質生活的改善，所以現代化在某一程度上已經變成世界的潮流，此一說法與馬克思主義和英國的功利學派的觀點也很類似。按照此一觀點，當代世界合流的趨向環繞著現代化，而現代化的核心是經濟發展與關於生產、交通、商務和信息等方面新的科技，以及所有這些現象結合的結果，亦即是國民平均所得的提高。

這些現象也包括社會組織方面的特點。有效的經濟發展，不但需要社會的專門化和區別化，也需要個人自由，此即哈耶克所強調的理論。所以自由的價值，不但在理想與道德方面，也在經濟效益與工具理性方面，用香港的一位經濟學者胡國亨的說法，經濟效益所需要的自由是一種「外在化」的自由，和精神方面的「內在化」自由有所不同。個人的外在的自由即是墨子刻（Thomas A. Metzger）所謂的「三個市場」：經濟市場──由個人決定要買或賣什麼東西；思想、知識、信息流通的市場──由個人決定要研究什麼想法或肯定什麼觀念；政治市場──由個人決定要支持哪一個政治主張或政黨。雖然政治市場

不一定會發展為完善的民主，經濟與行政的效率還是需要某種程度在個體與群體之間的比賽與制衡。除了上述環繞著工具理性、經濟發展與社會組織的合流趨向以外，現代化也包括價值取向方面的合流，尤其是重視理性、個人尊嚴、自律、成就感、合作精神，以及強調學校教育與教育內容的科學化等。這方面的發展與流行文化、傳播媒體的全球化有密切的關係。美國娛樂產業，如好萊塢（Hollywood）的電影即有世界性的影響，包括讓其他地區的人們欣羨美國式的生活。在東亞，日本與韓國的影視節目（如韓片《大長今》、日片《小叮噹》）、偶像明星，以及相關的產業，在許多國家造成轟動，也創造了巨額的財富。這涉及阿力克斯・英克爾斯所研究的一個特別重要的趨向，亦即是現代社會不但越來越類似，而且越來越相互影響而糾纏不清（interconnected）。在此我們可以特別注意到各國人士在國外地區的散佈（diaspora）、英文在國際活動中的盛行以及互聯網的發展。[1]

在上述歷史脈絡之下，美國的學術界於一九六〇年代開始，提出現代化理論，一直到今天還有一些人支持此一看法。他們企圖解釋為何歐美國家結合了國族主義、民主政治與資本主義的發展模式可以成功地現代化，而第三世界又何以失敗，及落後國家應該實行何種方法來謀求發展。美國普林斯頓大學俄國史專家 C. E. Black 教授所著《現代化的動力》（*The Dynamics of Modernization*，1966）是此一研究趨向的代表著作，這本書在一九七二年由郭正昭（時任職於「中研院」近代史研究所）等人翻譯成中文，對臺灣當時的近代史學界起了相當大的影響。郭正昭在該書的《譯者自序》中說到他對「現代性」、「現代化」

---

[1] 墨子刻：《二十一世紀中國的路向——必然的趨向與自由的範圍》，《當代》，期 119（臺北，1997），頁 108-119；本文亦刊於《科學・經濟・社會》，16：4（蘭州，1998），頁 7-13。

兩概念的理解：

> 二次世界大戰前後，一種嶄新的、清晰的、完整而具有涵蓋性的概念產生了。「現代性」（Modernity）一詞漸被通用，以意指幾個在科學、技術、政治、經濟、社會各方面進步的國家所具有的共同特徵而言，而達成此一進步境界的過程，即是「現代化」（Modernization）。[1]

　　總之，該書將現代化理解為：「指一個社會因近代科學知識的爆發和傳播而發生的創新過程中的動態形式」、「人類……比較不發達的國家獲得比較發達的國家所共有的特徵，這種社會變遷的過程」。

　　在一九六〇年代、一九七〇年代臺灣學者們不但透過翻譯引介現代化理論，也分別從史學及社會科學探討中國現代化問題。這些作品包括殷海光的《中國文化的展望》；金耀基的《從傳統到現代》、《現代人的夢魘》；李亦園的《人類學與現代社會》，以及他與楊國樞合編的《中國人的性格》；韋政通的《現代化與中國的適應》等書。[2]這些作品共同地強調現代化是中國文化的「唯一出路」。

　　特別具有代表性的是「中研院」近代史研究所李國祁、張玉法、張朋園等人所領導的「中國現代化的區域研究」，他們繼承了郭廷以的

1　郭正昭：《譯者自序》，C. E. Black 著：《現代化的動力》，臺北：寰宇出版社，1974，頁33。
2　殷海光：《中國文化的展望》，香港：大通書局，1981；金耀基：《從傳統到現代》，臺北：臺灣商務印書館，1969；金耀基：《現代人的夢魘》臺北：臺灣商務印書館，1966；李亦園：《人類學與現代社會》，臺北：牧童出版社，1975；李亦園、楊國樞編：《中國人的性格》，臺北：「中研院」民族所，1972；韋政通：《現代化與中國的適應》，臺北：牧童出版社，1976。

史學關懷並結合了美國的現代化理論，開始分省份來探討中國各個地方如何走向現代化的過程。張朋園曾回顧此一研究計劃，他說：

> 一九六〇年代同時盛行著「現代化」（modernization）的思潮。一個國家要現代化，必須有經濟成長、社會繁榮、政治民主。這原是用以觀察第三世界未能及時發展的三大函數，借用過來觀察十九、二十世紀中國衰弱的究竟，再好不過。一九七二年我與一群理念相近的學者承擔了「中國現代化的區域研究」計劃⋯⋯我們將全國分為十七個區域。[1]

他們的架構大致如下：首先認定「現代化就是現代性（modernity）與傳統（tradition）的交替過程」，因此第一步探討何謂傳統社會，第二步探討西力的衝擊，接著從社會、經濟、文化各個方面探討現代化的進程，也思索傳統跟現代化的關聯，例如「儒家思想是否利於發展」，以及各種「難以現代化的原因」。在方法論方面，他們吸收了西方現代化理論，採用一些「指標」作為研究的基準，例如「人民對於新事物與大眾傳播的接觸、居住處所的改變、識字率、城市人口、非農業人口、國民所得」等。[2]此一研究取向自一九八〇年代以來，仍影響著中國大陸學界有關「現代化」的研究，比較重要的學者是已經過世的北大教授羅榮渠（1927-1996）。近年來張朋園有關現代化的著作在大陸重印，並受到歡迎，可以反映此一議題在大陸史學界仍有其活力。[3]

---

1 張朋園：《中國現代化的區域研究：湖南省，1860-1916》，臺北：「中研院」近代史研究所，1982，頁1、6。
2 黃瑞祺很詳細地談到現代化的各種指標，《現代與後現代》，頁22。
3 張朋園：《湖南現代化的早期進展（1860-1916）》，長沙：岳麓書社，2003。

現代化計劃的參與者所問的問題也可以說是一個韋伯式的問題。當現代化理論盛行之際，中國臺灣、大陸先後出現「韋伯熱」，並不是一個孤立的現象。韋伯認為傳統到現代的變遷是一個理性化的變遷，他在西方歷史中特別發現此一理性化的發展，而從這個角度來看中國史，要問：為什麼中國沒有出現韋伯所看到的理性化過程？例如探討為什麼中國沒有資本主義、工業革命？為什麼中國沒有產生科學革命？為什麼中國官僚制度是一個特殊的形態？官僚制度裡君王到底具有「任意的權力」（arbitrary power），還是會受到制度的制衡？在一九六〇年代至一九九〇年代中外的中國近代史研究幾乎都籠罩在此類的問題意識之下。

大概到一九八〇年代以後，現代化理論開始受到了一些衝擊，到今日有些人認為現代化的研究已經過時了。他們覺得此一理論傾向於將傳統、現代作二元對立，而且認為所謂的指標、計量的研究方式，是一個單一線性的、以西方模範為中心的研究視角，更認為這樣的視角具有侷限性與階級壓迫性，有必要加以反省，此一「現代化理論的批判」有多種來源，但主要受到馬克思主義、新左派以及後現代、後殖民等思潮的影響，並使人們對現代性的概念有了新的認識。金耀基對此有簡要的說明：

> 「現代化理論」在五六十年代盛極一時，七十年代後則開始受到質疑，引致不斷爭議，最後則減退了它的吸引力。現代化理論之所以由盛而衰，不止由於來自學術上的挑戰，也緣於來自現實世界實踐的反彈，在現代化如火如荼發展的過程中，發達國家中出現了「去現代化」（de-modernization）現象，發展中國家也出現了「反現代化」（counter-modernization）運動。生態環境的危機，地球意識之興起，是對浮士德式「敢將日月換新天」

的現代化精神所造成「發展悲劇」的反噬。在學術上，現代化理論受到種種挑戰，在根本上，現代化理論所採取的自然科學的方法論的實證主義已因科學哲學新觀點之出現而動搖，社會科學中「詮釋學的轉向」（hermeneutic turn）使現代化理論在學理的要求上受到冷落，另一個關鍵性的挑戰則是「現代化理論」背後的「西方中心觀」（或更確切地說「美國中心觀」）的偏執，毋庸諱言，現代化理論自覺地與不自覺地擁有一種以西方特定時空中的社會形態（以自由主義的民主原則為主軸的資本主義形態）為最後模型的思維方式，也即是西方的「特殊主義的普世化」（Universalization of particularism）。現代化理論這個「種族文化的中心觀」不止使現代化運動在非西方社會引起抗拒與挑戰，而且連對「現代性（modernity）」這個概念之正當性與可欲性也產生疑問。[1]

上述的解釋可以說明為何現代化的研究範式慢慢退潮，而有新的研究範式的出現。

多元現代性的反思

一九八〇年代之後美國學界不但開始批判西方中心的「現代化理論」，也提出了替代性的多元現代性（multiple modernities）、另類現代性（alternative modernities）等觀點。此一發展和左派馬克思主義的立場有密切的關係，他們認為現代化理論並不是一個普遍的、放諸四海而皆準的發展理論，而是一個宣揚西方資本主義、資產階級，以及英

---

[1] 金耀基：《從「現代化理論」的爭議到「現代性」之批判與探索》，《「中研院」週報》，期 581（臺北，1996）。

美式的自由民主政體的一種理論,甚至和美國帝國主義的文化宣傳緊密地結合在一起。雷迅馬(Michael E.Latham)的《作為意識形態的現代化:社會科學與美國對第三世界政策》一書中的分析可以配合此一觀點。[1]這本書強調現代化理論和冷戰時期美國國家政策和學術界知識分子之間的一種關聯性。簡單地說,他覺得這些自由主義的知識分子發展了一套自由主義的理論,為發展中與未發展國家設立了一套策略的理念和行動方案,而這些方向其實和冷戰時期美國帝國主義的國家發展是結合在一起的。同時,他也指出當時自命為追求知識客觀性的美國社會科學家,其實沒有意識到他們在某種程度上成為美國國家意識形態的一個追隨者、鞏固者。

這樣的研究取向無疑地受到「知識社會學」的影響,更植根於西方文化中左派與右派的爭論。右派傾向支持現代化理論,主張英美模式的現代發展理論,然而從左派的觀點來看,上述的現代化理論是一個太偏向美國帝國主義、新自由主義、新保守主義,以及資產階級、跨國公司等大企業的利益,故予以批判。

也有學者從這一個角度來分析、批判臺灣接受現代化理論的背景。例如施明德的前妻、人類學者艾琳達(Linda Gail Arrigo,1949-),即抱持此一觀點。她的立場和雷迅馬很類似。一九七〇年代她在臺灣「看到美國的跨國公司利用臺灣的戒嚴法處理臺灣勞工問題,也看到了臺灣的政治犯與白色恐怖的現象」,「回到美國後,意識形態有了轉變」,「開始讀左派的書籍」。「人類學的現代化理論

---

1 Michael E. Latham, *Modernization as Ideology: American Social Science and "Nation Building" in the Kennedy Era*, Chapel Hill, N.C.: University of North Carolina Press, 2000. 雷迅馬著,牛可譯:《作為意識形態的現代化:社會科學與美國對第三世界政策》,北京:中央編譯出版社,2003。

（modernization），已經被我視為美帝的宣傳品。」[1]她還批判臺灣地區的現代化理論配合了冷戰時期美國帝國主義的發展，從而使臺灣成為其中的一環。她認為：當時臺灣為什麼要接受美國這套理論？實際上是因為在冷戰時期臺灣是整個美國帝國主義的受益者。當時美國花了很多錢發行《今日世界》雜誌，它的作用在宣傳美國作為一個現代國家是什麼樣，而讓臺灣成為這整個佈局裡的一環。[2]現代化理論正配合了此一發展趨勢。艾琳達無疑地是一個具有馬克思主義色彩的學者，她從此一角度把現代化理論放在特殊的時空背景之下，將之視為一個和中國國民黨主政時期的利益、美國帝國主義的發展結合在一起的意識形態。

現代化理論不但受到左派的批判，也和西方知識界對知識客觀性的反省有關。上述知識社會學的角度，以及庫恩（Thomas Kuhn，1922-1996）從科學史研究所提出的「典範論」都反映此一學術趨勢。這一思路源於以笛卡兒、休謨、康德、尼采、韋伯、波普、維特根斯坦和伯林等思想家為代表的「西方認識論大革命」，及革命之後出現的「悲觀主義的認識論」。[3]

這種看法認為一個人所秉持的觀念或「知識」跟這個人所依賴的「歷史性話域（discourse）」，或「知識譜系」有密切的關係。根據此一觀點，一個人無論是康德、牟宗三，或任何一個默默無聞的人，他在

---

[1] 陳儀深訪問，周維朋記錄：《艾琳達（Linda Gail Arrigo）女士訪問紀錄》，「中研院」近代史研究所編：《口述歷史》，期12（臺北，2004），頁45。

[2] 單德興：《冷戰時代的美國文學中譯：今日世界出版社之文學翻譯與文化政治》，《中外文學》，36：4（臺北，2007），頁317-346。

[3] 參閱 Thomas Metzger, *A Cloud Across the Pacific: Essays on the Clash between Chinese and Western Political Theories Today,* Hong Kong: The Chinese University of Hong Kong, 2005。

思考時所依賴的規矩，是歷史過程的產物。這樣一來，決定一個命題有沒有道理之時，人們關於道理的定義，不可能完全配合普遍性的真理、邏輯、理性或道德，而要看在他們主觀的認知中，有哪些從歷史背景中繼承而來的思想預設。這些從歷史背景繼承而來的預設，不但包括從文化來的、根深蒂固的思想模式或價值取向，也包括時代的意識形態。[1]

近年來興起的後現代、後殖民主義，都從此一角度批評啟蒙時代以來對理性之普遍性的信心。在這種觀念下，現代化理論被視為以西方為中心的一個觀點，企圖使其他國家接受歐美的發展模式，並從而穩固自由主義、資本主義等帝國主義國家在全球競爭上的霸權地位。

在後現代、後殖民主義的批判之下，現代化的研究範式在一九九〇年代開始不再一枝獨秀。近年來在中國近代史的領域之內，取而代之的是中國「現代性」（modernity）的問題。中外學界開始以「現代性」作為研究課題，並出版專書。中文方面，李歐梵教授的論文集稱為《現代性的追求》（1996），香港中文大學出版，由金觀濤、劉青峰策劃的一本會議論文集名為《自由主義與中國現代性的思考》（2002）；英文方面則有 Frank Dikotter 的 *Sex, Culture, and Modernity in China*（1995）、Lydia H. Liu（劉禾）的 *Translingual Practice: Literature, National Culture, and Translated Modernity——China, 1900-1937*、Tim Oakes 的 *Tourism and Modernity in China*（1998）、Michael Tsin 的 *Nation, Governance, and Modernity in China : Canton, 1900-1927*（1999），以及葉文心主編的 *Becoming Chinese: Passages to Modernity and Beyond*（2000）等書。此一用詞的普遍出現顯示中國「現代性」已經取代了一

---

1 墨子刻：《道統的世界化：論牟宗三、鄭家棟與追求批判意識的歷程》，《社會理論學報》，5:1（香港，2002），頁 82。

九六〇年代、一九七〇年代以來，目的論式並具有西方中心色彩的「西力衝擊說」、「現代化」、「帝國主義剝削」等概念，成為學術討論的一個核心。

當人們不再把啟蒙運動以來西方的「現代性」當作唯一的、普遍的、正常的生活模式之後，歷史的視野就不再限於以指標或階段性的歷史定位，來衡量國人模仿西法的成就，或自卑地追尋未能實現西式理想的緣由。這也意味著即使在西方，現代性的發展也不是單一的。最近幾年中西學者們開始思索「文明衝突論」（亨廷頓的觀點）、「另類現代性」與「多元現代性」、「殖民主義的現代性」等議題，即與上述對線性歷史觀的反省，並進而認識到西方歷史經驗的侷限性與複雜性有密切的關係。在此理念之下，中國現代性不但是一個現實的生活處境，有其內在的發展理路，也是中、西歷史、文化交融互釋之產物。中國現代性有何特色，又與西方或其他文化中的現代性有何不同？它在「翻譯」西方現代性（或經由日本學術界認識西方現代性）的同時，是否也誤解、排拒與批判此一現代性？這些問題都值得從不同面向來加以思索、探究。

二〇〇二年底「中研院」近代史研究所舉行的「生活、知識與中國現代性」國際學術研討會可以反映一種新的問題意識。該研討會嘗試從日常生活與知識生產兩個面向，來理解中國現代性問題（也包括中國臺灣「殖民主義的現代性」以及日本對中國現代性生成之影響等）。這一次研討會所特別關心的議題是：在「現代」的處境之下，日常生活的實踐面發生了何種變遷？其歷史背景為何？日常生活又如何與知識追尋交織互動，衍生出精神與物質方面的變遷？此處所指的日常生活是以食衣住行育樂等物質性的面向為主，然而物質生活與精神生活無法斷為兩橛，物質生活的變遷往往伴隨著精神上的重大變革，而精神的內涵不限於理性的追求，也包括情感的發抒，或情理之交

融。換言之,日常生活的變遷,其背後實透露出認知世界方式的重大變化,在此理念之下消費活動可以具有安身立命、死生與之的終極意義。由此可見西方的心物、主客、理性與終極關懷等二元分裂的思維模式,有其限制。「認知世界」的基礎即是該研討會所關心的知識面向的議題。就此而言,知識與其說是一種普遍的、永恆的解釋或改造世界認知體系,還不如說是一種由特定人們所創造出來的文化產品,其流通則涉及了知識的生產者、傳播者與消費者之間的權利關係。換言之,知識是理性與歷史交織而成的悖論性過程,不一定配合普遍性的真理。西方現代知識引進中國所形成的「歷史性話域」與實踐是一個很好的例子。譬如西方科學知識的傳入一方面促成學科體制的形成與專業化的發展,另一方面又與本土的知識體系相互激盪,而產生一種中西交融的新的認知體系,此一認知體系又轉而影響到日常生活的實踐。總之,生活與知識的滲透、衍展成為中國現代歷史發展過程中不可忽略的面向。[1]

在這股浪潮之下,臺灣的史學界也開始走向所謂的「後現代史學」,或者說從過去的「韋伯熱」到「傅柯熱」,甚至有人談到中國史研究的「傅柯化」。在王晴佳、古偉瀛著的《後現代與歷史學:中西比較》中,談到有些學者開始批判所謂「大歷史」、「主流論述」,在中國史的領域裡則特別批判以五四為中心的「啟蒙論述」。[2]在「中研院」的主題計劃中開始研究「性別」、「情欲」、「身體」、「記憶」、「鬼神」、「翻譯」等課題,這在一九八〇年代以前是不可想像的。無論如何,以西方、理性發展、支配階層、男性等為中心的主流論述受到強烈的質

---

[1] 這一次研討會的成果見:「生活、知識與中國現代性」專號,《「中研院」近代史研究所集刊》,期 41(2003),以及 Peter Zarrow, ed., *Creating Chinese Modernity: Knowledge and Everyday Life, 1900-1940*,New York: Peter Lang, 2005。

[2] 王晴佳、古偉瀛著:《後現代與歷史學:中西比較》,臺北:巨流出版社,2000。

疑，人們開始從邊緣、弱勢、下層等立場出發，重新思考一個多元發展的歷史過程。

在中文學界，多元現代性的想法不但激勵出豐富的史學想像，因為歷史論述涉及現實意涵，也使之具有社會批判的性格，幫助人們思索如何追求社會正義與未來規範性的發展，難怪學者指出「現代性內部其實蘊涵著豐富的批判能量」。[1]如何依賴此一批判能量建立「相互的主體性」、「互相認可『他者』的歷史」，但同時避免另類的獨斷與烏托邦主義的危險，值得進一步思索。

結語

指涉當代之歷史階段與生活之特質的「現代」、「現代性」、「現代化」等概念有非常豐富的意涵，本文無法全面剖析此一觀念，只嘗試從中國近代思想史、史學史的角度來談這些詞彙的意義，及其對近年來臺灣從事中國近代史研究的影響。這些具有高度時間感、自我定位，並與未來理想相糾結的觀念，本身即經歷了一個歷史的過程，而改變其內涵。其中最基本的變化是：首先，擬定一個「現代」概念作為發展的階段與未來之目標，並將在此之前的時期統稱為「傳統」（亦即二元對立的觀點）。其次，又從一個普遍性、一元性、以西方為範本的「現代」，轉而強調特殊性、多元性與主體性。從一個以西方經驗為模型，結合民族國家、資本主義、民主政治的形態走向一個更具批判精神、更開放、更包容的格局。在歷史研究的課題上，因而激勵出豐富、多元的研究視角。此一觀念也認識到人類歷史除了合流的趨向之

---

[1] 錢永祥：《現代性業已耗盡了批判意義嗎？——汪暉論現代性讀後有感》，《臺灣社會研究季刊》，期37（臺北，2000），頁75-90。

外，也有分流的趨向，並不斷地出現亨廷頓所謂因文化差異導致的國際衝突。但是批判過現代化理論之後的現代性研究取向，其所依循者如果不是英、美的模式或日本模式，究竟為何？有無可能建立一個不以「發展」、「適應」，或不依循資本主義所強調的「工具理性」，以及以效率、利潤為目標的發展模式？在中國文化的範圍內什麼才是一個現代性的生活，這一些規範性的問題，或許很難立即得到學者們的共識，然現代性概念中所蘊含的批判能量，應該可以幫助我們釐清議題的本質，並在處理生活幽暗面所引發之問題中，尋求可能的進步。

從「文明」論述到「文化」論述：清末民初中國思想界的一個重要轉折[1]

前言

在當代漢語之中「文明」與「文化」常常是同義詞而多混用，但兩者也有所不同。一個較常見的區別是：「文明」是人類為應付環境所創造比較具體的、物質性的成就；「文化」則某一地區或某一群體比較精神性的全面生活之總稱。因此文明「可以向外傳播，向外接受」；文化則「必尤其群體內部精神積業而產生」。[2]例如在中國大陸許多公廁中有「向前一小步，文明一大步」的標語；此外，從 1950 年代開始大陸推行「五好文明家庭」，推展「愛國守法，熱心公益好；學習進取，愛崗敬業好；男女平等，尊老愛幼好；移風易俗，少生優育好；勤儉持家，保護環境好」，以創建文明家庭。[3]上述的兩個例子並不用「文化」，因為它們所樹立的是一個普遍性的進步的標準。

「文化」一詞在漢語中有比「文明」一詞更為豐富的意涵。在中國近代思想史上所謂「東西文化論戰」至少有兩次的高峰，一為一九一五至一九二七年以《新青年》與《東方雜誌》等刊物為中心的論戰，

---

[1] 本文原刊於《南京大學學報》（哲學・人文科學・社會科學版），期 1（2017），頁 68-78。

[2] 錢穆：《中國文化導論》，臺北：正中書局，1974，頁 1。

[3] http://baike.baidu.com/view/2194156.htm，讀取時間：2013 年 10 月 18 日。

一為一九六〇年代至一九七〇年代在臺灣以《文星》雜誌為中心的論戰。[1]大約從一九五〇年代開始，文化問題就是港臺學者十分關心的議題。一九五〇年底，錢穆（1895-1990）為了替新亞書院籌款，自香港來臺訪問，十二月六日蒙蔣介石召見，[2]其後在臺灣師範大學做了四次計八小時的演講，名為「文化學大義」。這四次演講之內容反映了一個人文主義者對文化的看法，錢穆指出：「文化是指的時空凝合的某一大群的生活之各部門各方面的整一全體」；「一切問題，由文化問題產生。一切問題，由文化問題解決」。他並由此來討論「東西文化比較」，認為「近代的西洋文化，實在已出了許多毛病」。[3]這一種對文化的看法與西方文化人類學家所採取的「文化相對論」，認為文化是人自己編織出來並居於其中的「意義之網」的詮釋有所不同（如 Clifford Geertz 的 *The Interpretation of Cultures* 一書），[4]不過錢穆的觀點顯然在二十世紀的中國居於主流地位。一九六〇年代大陸的「文化大革命」與臺灣地區的「中華文化復興運動」即是在此觀念之下，以「文化」為名所做

---

1 《文星》雜誌中的東西文化論戰可參見：黃克武：《一位「保守的自由主義者」：胡適與〈文星雜誌〉》，潘光哲編：《胡適與現代中國的理想追尋：紀念胡適先生 120 歲誕辰國際學術研討會論文集》，臺北：秀威信息科技，2013，頁 332-359。

2 見《蔣中正日記》，美國斯坦福大學胡佛研究所藏，1950 年 12 月 6 日。

3 錢穆：《文化學大義》，臺北：正中書局，1974，頁 1、2-4、54-64。

4 Clifford Geertz, *The Interpretation of Cultures,* New York: Basic Books, 1973. 錢穆「文化觀」與 Clifford Geertz「文化觀」之差異涉及雙方認識論。錢穆的文化觀以「樂觀主義的認識論」為基礎，他不但相信可以掌握某一文化之「特性」與「精神」，並可評估該文化之「意義與價值」，並與他種文化相比較而評定其高下。Clifford Geertz 的文化規則奠定於「悲觀主義的認識論」，主張文化的相對性。他對於比較各種不同文化、推論人類本質或探索文化發展過程的法則不感興趣；而是注重從這些文化本身的角度，來瞭解這些特定的文化脈絡及其特點。有關「樂觀主義的認識論」與「悲觀主義的認識論」可參見：Thomas Metzger, *A Cloud Across the Pacific: Essays on the Clash between Chinese and Western Political Theories Today,* Hong Kong: The Chinese University of Hong Kong, 2005, pp.21-31.

的一場鬥爭。

　　文明與文化兩詞彙雖然在中國古典用語之中已經存在，不過現代的用法與古代的用法有異，乃自西方移譯而來，而與英文的 civilization 與 culture 相對應。大約是一百多年之前國人才開始使用現代意義下的這兩個詞彙。如果透過近代英華辭典的數據庫，大致可以看得出其產生、得到共識，再進而收錄進辭典之中為大家所遵循使用的一個過程。[1] Civilization 一詞從一八六六年德國傳教士羅存德（1822-1893）的《英華字典》到一八八四年井上哲次郎（1855-1944）增訂的《增訂英華字典》均翻譯為「教化者」、「開明者」、「禮文者」。[2] 至一九〇八年顏惠慶（1877-1950）的《英華大辭典》開始有了新的翻譯詞：「文明、開化、有教化」，這是「文明」一詞在《英華字典》之中首度出現。該辭典在對 civility（意指文明之特質）一詞的解釋中說得更清楚：「The quality of being civilized, 文明, 開化, 都雅[3]；as, from barbarism to civility, 自野蠻進至文明」，明確地將「文明」與「野蠻」相對照。[4] 至一九一六年德籍中國海關官員赫美玲（1878-1925）《官話》中，該詞之翻譯確定為「教化、文明、文明程度（部定）」；savage 則被解釋為

1　以下的分析依賴「中研院」近代史研究所的「英華字典數據庫」：http://www.mh.sinica.edu.tw/PGDigitalDB_Detail.aspx?htmContentID=417。

2　羅存德（Wilhelm Lobscheid）編《英華字典》（*English and Chinese Dictionary, with the Punti and Mandarin Pronunciation*, Hong Kong : Daily Press, 1866-1869）。羅存德原著，井上哲次郎增訂，《增訂英華字典》，東京：藤本氏藏版，1884。

3　「都雅」指美好嫻雅，語出《三國志‧吳志‧孫韶傳》：「身長八尺，儀貌都雅。」

4　顏惠慶：《英華大辭典》（*English and Chinese Standard Dictionary*, Shanghai: Commercial Press, Limited, 1908）。有關「野蠻」一觀念，請參考沈國威：《「野蠻」考源》，《東亞觀念史集刊》，期 3（臺北，2012），頁 383-403。作者指出：19 世紀以後，新教傳教士在引介西方文明進化史觀使用「蠻野」「野蠻」表達人類歷史發展一個階段的新義。傳教士著述中的「蠻野」「野蠻」傳入日本，經過福澤諭吉的消化吸收定型為「野蠻」，並在二十世紀初回流中國，成為現代漢語詞彙體系中的一員。

「草昧（部定）、野蠻、未開化的、不文明的」。上文之「部定」指一九一〇年開始，嚴復在學部編訂名詞館主持科技術語審定工作，後由中華民國教育部規定的、統一的翻譯詞彙。[1]

Culture 一詞的翻譯過程亦頗為類似，從一八六六年羅存德的《英華字典》到一八八四年井上哲次郎的《增訂英華字典》都翻譯為「修文者」；[2]一九〇八年顏惠慶的《英華大辭典》則為「Intellectual or moral discipline and training，智德，文化，禮文，教育；as, a man of culture, 文化之人；the culture of the Romans，羅馬人之文化」，可見「文化」一詞的翻譯亦自此開始出現。一九一六年赫美玲《官話》之中，該詞之翻譯確定為「教化、文化、教育」，由此可見一九〇八至一九一六年之間是現代漢語中「文明」、「文化」二詞之濫觴。然而伴隨著新詞彙的出現，產生了哪些新的觀念呢？本文擬就此二詞彙在近代中國思想史上發生之經過與影響做一梳理。中國近代思想曾環繞此二詞彙而產生了一個重要轉折，亦即從一個線性發展的「文明」史觀到一種多元性的、肯定自身文化價值的「文化」史觀，而兩者在不同場域彼此較勁。晚清的歷史教科書多改寫自日本「文明史」的著作，[3]一九二二年民國時期的「壬戌學制」則規定高中歷史課程中「文化史」為共

---

1 黃興濤：〈新發現嚴復手批「編訂名詞館」一部原稿本〉，《光明日報》，2013 年 2 月 7 日。後來嚴復將此一成果交給赫美玲而編入辭典之中。K. Hemeling（赫美玲），*English - Chinese Dictionary of The Standard Chinese Spoken Language and Handbook for Translators(including Scientific, Technical, Modern, and Documentary Terms)*, Shanghai: Statistical Department of the Inspectorate General of Customs, 1916.

2 「修文」指修治典章制度，提倡禮樂教化，語出《國語・周語上》：「有不祀則修言，有不享則修文。」

3 參見李孝遷：《西方史學在中國的傳播（1882-1949）》，上海：華東師範大學出版社，2007。

同必修課，此後以文化史為名之教科書大量出現；[1]一九二三年中國思想界開始的「科玄論戰」則代表了「文化史觀」向「文明史觀」的挑戰。此一爭議涉及中國近代思想史上的五四與反五四之爭，亦與晚近「全球化」與「地方化」或世界文化之「合流」（convergence）與「分流」（divergence）之討論有關，直至目前雙方仍在爭論之中。[2]

「文明」與「文明史」

「文明」一詞為傳統詞彙，在《易經》與《尚書》之中即有，[3]近代之後，該詞成為英文 civilization 之翻譯。[4]此一翻譯早在一八三〇年代傳教士所編的《東西洋考每月統記傳》（1833-1838）中即已出現，然並未普及，此一用法後來可能輾轉影響到日本學界。[5]日本在一八六〇年代末期（明治初年）已將 civilization 翻譯為「文明」。最早的例子可能是福澤諭吉（1835-1901）《西洋事情》（1866-1870）所提出「文

---

1 見楊文海：《壬戌學制研究》，南京大學歷史系博士論文，2011，頁 103，「文化史強調中外文化並重，促進學生瞭解中外文化發展態勢與基本面貌」。施昱承：《「本史蹟以導政術」：柳詒徵的文化史書寫》，臺灣大學歷史系碩士論文，2013，頁 11。

2 Alex Inkeles, *One World Emerging: Convergence and Divergence in Industrial Society*, Boulder: Westview Press, A Division of Harper Collins Inc., 1998.

3 《易經》有「見龍在田，天下文明」；《書・舜典》有「濬哲文明，溫恭允塞」。Lydia Liu, *Translingual Practice: Literature, National Culture, and Translated Modernity──China, 1900-1937*, Stanford: Stanford University Press, 1995, pp.308-309.

4 英文中的 Civilization 一詞源於拉丁文 Civilis，有「城市化」和「公民化」的含義，引申為「分工」「合作」，即人們和睦地生活於「社會集團」中的狀態，也就是一種先進的社會和文化發展狀態，以及到達這一狀態的過程，參見維基百科 http://zh.wikipedia.org/wiki/%E6%96%87%E6%98%8E，讀取時間：2013 年 10 月 9 日。

5 方維規：《近現代中國「文明」、「文化」觀──論價值轉換及概念嬗變》，http://www.wsc.uni-erlangen.de/wenming.htm，讀取時間：2013 年 10 月 21 日。

明開化」的觀念:「人人修德畏法,必可有助於世間之文明開化。」[1]其後一八七五年福澤諭吉寫成《文明論概略》,該書為一本在東亞世界深具影響力的書刊。他認為文明有廣義和狹義之分,狹義即人類物質需要的增長,廣義則指人類物質和精神兩方面的進步,而文明與野蠻相對。他認為:歸根結底,文明可以說是人類智德的進步,西洋各國有朝向文明方面發展的趨勢,而決不可認為目前已達到盡善盡美了,對他而言文明的發展是無止境的,人們不應滿足於目前的西洋文明。福澤諭吉的所謂文明即是對西文 civilization 的翻譯。[2]

日人所翻譯的文明一詞,在清末傳入中國,一八九〇年代後期使用日趨普遍。據統計,在一八九六至一八九八年出版的《時務報》中「文明」共出現了一〇七次,其中六次為傳統語彙,一〇一次為 civilization 之翻譯,而且一〇一次之中幾乎都是從日文的文章之中翻譯而來,大多出現在「東報譯編」,還有少數出現在專論欄內。[3]一八九八年戊戌政變失敗之後,梁啟超流亡日本,更為積極地譯介新思想。他將福澤諭吉的許多觀念寫成短篇文章在《清議報》上發表,如《文野三界之別》(1899)、《傳播文明三利器》(1899),以及《國民十大元氣論》(一名《文明之精神》)(1899)等文,都是摘譯自《文明論概略》等書。[4]上述文章特別強調「文明」一詞與「野蠻」是相對的,而且背後是以社會達爾文主義為理論基礎的線性進化史觀。如《文野三

---

[1] 見日本大辭典刊行會編:《日本國語大辭典》,東京:小學館,1972-1976,「文明」條。
[2] 福澤諭吉:《論文明的涵義》,《文明論概略》,北京:商務印書館,1995,頁 30-41。
[3] 戴銀鳳:《Civilization 與「文明」:以〈時務報〉為例分析「文明」一詞的使用》,《貴州師範大學學報》(社會科學版),總第 116 期 (2002),頁 58-61。
[4] Ishikawa Yoshihiro, "Discussions about 'Culture' and 'Civilization' in Modern China," paper presented in the Conference on European thought in Chinese Literati Culture in the Early 20th Century, Garchy, France, 1995.9.12-16——16. 黃克武:《歐洲思想與二十世紀初期中國菁英文化研討會》,《近代中國史研究通訊》,期 21 (臺北,1996),頁 44。

界之別》(1897)談到「泰西學者，分世界人類為三級，一曰蠻野之人，二曰半開之人，三曰文明之人……此進化之公理，而世界人民所公認也」。[1]

晚清文明觀念的盛行，不但因為梁啟超的譯介，也與嚴復（1854-1921）有關。在《天演論》中嚴復也將 civilization 譯為「文明」，意指「文者言其條理也，明者異於草昧也」，他並說明了在有文字之後，開始了異於「草昧」時期的「文明」階段：

> 大抵未有文字之先，草昧敦厖，多為遊獵之世。游故散而無大群，獵則戕殺而鮮食，凡此皆無化之民也。迨文字既興，斯為文明之世，文者言其條理也，明者異於草昧也。出草昧，入條理，非有化者不能。然化有久暫之分，而治亦有偏賅之異。（《論三教源》）[2]

嚴復又翻譯了甄克思（Edward Jenks）的《社會通詮》（*A History of Politics*），使進化論與線性歷史觀結合在一起，影響了歷史書寫，學者因而援用西方歷史的線性架構來詮釋中國歷史。[3]

在社會達爾文主義與文明觀念影響之下，西方學界出現了「文明史」的著作，這些書先被翻譯為日文，再由日本轉譯為中文。明治初期的日本，翻譯西書蔚為風氣，如巴克爾（Henry Thomas Buckle，1821-1862）的《英國文明史》和法國史家基佐（Francois Guizot，

---

[1] 梁啟超：《自由書》，臺北：臺灣中華書局，1979，頁8。
[2] 赫胥黎著，嚴復譯，王道還導讀、編輯校註：《天演論》，臺北：文景書局，2012，頁64。
[3] 王汎森：〈近代中國的線性歷史觀——以社會進化論為中心的討論〉，《近代中國的史家與史學》，香港：三聯書店，2008，頁49-108。

1787-1874）的《歐洲文明史》，都在歐洲出版不久之後即被譯為日文，清末旅日的中國學者再將之介紹到中文世界。譬如梁啟超在《新民叢報》上即譯介了《英國文明史》，以及日人白河次郎、國府種德的《中國文明史》（該書於1903年被譯為中文，章炳麟、蔣智由、劉師培皆服膺其「中國文化西來說」）。《英國文明史》一書在清末（1903至1907年之間）即有四種中譯本。此外被譯為中文的還有《地球文明開化史》、《世界文明史》、《中國文明史論》（中西牛郎著）、《中國文明小史》（田口卯吉著）等。[1]大致上來說，清末民初是「文明論述」與「文明史」書寫十分興盛的時期。根據王晴佳的研究，梁啟超從一九〇二年開始所標舉的「新史學」即依賴日本的「文明史學」為其理論根基，[2]一直到今日「文明史」仍是部分大學的一門必修科目。

民國以後，文明論述與五四新文化運動對民主與科學的提倡亦相互配合。胡適（1891-1962）所標舉的理想即為「再造文明」，並視此為「新思潮的唯一目的」。對他來說「文明是一個民族應付他的環境的總成績」。一九二六年時，他反駁當時有些人所謂「譏貶西洋文明為唯物的（Materialistic），而尊崇東方文明為精神的（Spiritual）」之說法。胡適強調文明同時包括精神的與物質的面向，「凡文明都是人的心思智力運用自然界的質與力的作品；沒有一種文明是精神的，也沒有一種文明單是物質的」。[3]胡適也談到「文化」，認為「文化（Culture）是

---

1 參見「近代史全文數據庫：晚清西學書目」，收錄之《增版東西學書錄》卷一・史志，http://dbj.sinica.edu.tw:8080/handy/index，讀取時間：2013年10月20日。李孝遷、林旦旦：《清季日本文明史作品的譯介及響應》，《福建論壇》（人文社會科學版），2005年第3期，頁83-88。李孝遷：《巴克爾及其〈英國文明史〉在中國的傳播和影響》，《史學月刊》，2004年第8期，頁85-94。

2 王晴佳：《中國近代「新史學」的日本背景：清末的「史界革命」和日本的「文明史學」》，《臺大歷史學報》，期32（臺北，2003），頁191-236。

3 胡適：《新思潮的意義》，《胡適全集》，合肥：安徽教育出版社，2003，卷1，頁699。胡適：《我們對於西洋近代文明的態度》，《胡適全集》，卷3，頁2。

一種文明所形成的生活的方式」,並以此述說「東西文化」之差異,然而他卻認為「東方文化」有許多的缺點:「這裡正是東西文化的一個根本不同之點。一邊是自暴自棄的不思不慮,一邊是繼續不斷的尋求真理。」[1]胡適這一番言論有很強的針對性,這牽涉一九二〇年代歐戰之後「文化論述」的興起,以及「科玄論戰」,下文將會作較深入之分析。

「文化」與「文化史」

在「文明」一詞逐漸普及之時,現代意義的「文化」一詞也在漢語之中出現,開始之時兩者可以通用。[2]文化是 culture 一詞的漢譯,最早應該也源自日本。中村正直(1832-1891)譯、英國斯邁爾斯(Samuel Smiles,1812-1904)著《西國立志編》(Self-Help,1870-1871)之中有「次第に工夫を積めるもの、合湊して盛大の文化を開けるなり」(中譯:「逐步積累努力,便可共同開創盛大的文化」)。西周(1829-1897)的《百學連環》(約 1870-1871)中有:「其國々の 界及び政體を論し、其他風俗、人種、教法、文化、人口、〈略〉財政等の如きを悉く論し。」(中譯:「討論每個國家的邊境及政體,也悉數討論如其他風俗、人種、教法、文化、人口、〈略〉財政等。」)[3]此後文化一詞逐漸傳入中國。據黃興濤的研究,在一八八二至一八八三年間,傳教士顏永京(1839-1898,顏惠慶之父)和美國在華傳教士丁韙良(William Alexander Parsons Martin,1827-1916),都曾分別使用過此一詞彙,

---

[1] 胡適:《我們對於西洋近代文明的態度》,《胡適全集》,卷3,頁6。

[2] 中國傳統語彙之「文化」指文治教化。劉向的《說苑》有「凡武之興,為不服也,文化不改,然後加誅」。Lydia Liu, *Translingual Practice*, pp.312-313. 又《易經》賁卦象辭之中有「觀乎天文,以察時變,觀乎人文,以化成天下」。

[3] 見日本大辭典刊行會編:《日本國語大辭典》,「文化」條。

如「希臘文化」、「西國文化」等，該詞泛指物質與精神成就之總和。[1]
這時文明與文化可以互通、並用。例如一八九八年嚴復在《保教余義》一文中即同時使用「文明」與「文化」：「自非禽獸，即土番苗民，其形象既完全為人，則莫不奉教，其文化之深淺不同，則其教之精粗亦不同」；「問其何以為土教？則曰：遍地球不文明之國所行土教，有二大例：一曰多鬼神，二曰不平等」。[2]在上述的例子中，文化（指教化之過程）與文明（指開化之狀態）並無太大的差異。

清末民初「文化」一詞的使用雖漸多，然「中國文化」一詞很可能要在一九一一年之後才開始，較早的例子是一九一一年《協和報》上的一篇文章，《西人崇尚中國文化之見端》，談到德國一位學者「知中國之文化為全球冠，特於中國之詩歌深為注意」。[3]其次是一九一四年歷史學家王桐齡（1878-1953）在《庸言》上所寫的《中國文化之發源地》一文。[4]

所以，大致到一九一一年以後，「文化」，特別是跟「中國」一詞結合在一起的「中國文化」一概念，才在中國變得較為普遍。這段時間中國思想界從文明論述到文化論述的發展與演變，牽涉到三點：第一是一九〇八年顏惠慶為商務印書館所編的《英華大辭典》。顏惠慶後來是北洋時期的一個外交官，在外交方面成就很大，並曾擔任內閣總理。一九〇八年他以 *Nuttasll's Dictionary* 為底本，參考 *Webster's International Dictionary*，又參考數本日人的《英和字典》編了一本《英華大辭典》，嚴復為他寫了一個序言：

---

1 黃興濤：《晚清民初現代文明和文化概念的形成及其歷史實踐》，《近代史研究》，2006年6月，頁9-10。
2 嚴復：《嚴復集》，北京：中華書局，1986，頁83-84。
3 《西人崇尚中國文化之見端》，《協和報》，期30（1911），頁11。
4 王桐齡：《中國文化之發源地》，《庸言》，卷2號3（1914），頁1-3。

> 十稔以還，吾國之民，習西文者日益眾，而又以英文為獨多。……商務印書館營業將十年矣，前者有《英文辭典》之編，嘗屬不佞序之矣。此在當日，固已首出冠時。乃近者以吾國西學之日進，舊有不足以饜學者之求，以與時偕進也，則益展閎規，廣延名碩，而譯科顏進士惠慶實總其成，凡再易寒暑，而《英華大辭典》出焉。搜輯侈富，無美不收，持較舊作，猶海視河，至其圖畫精詳，移譯審慎，則用是書者，將自得之。[1]

　　過去學界不夠注意到此一辭典在中國近代思想史上的重要性。如果我們將近代以來的英華辭典做一個簡單排列，就可以看出一九〇八年顏惠慶這本辭典所具有重要的意涵。在這個辭典之中，出現了我們現在所通用的一些重要詞彙，包括哲學、科學、宗教、迷信、文明、文化等。換言之，顏惠慶把當代思想中最基本的一些概念在辭典上確定下來。文明與文化二詞彙也在此確定的過程之中普遍地為人們所接受。

　　第二是一九一二年左右開始有人類學的書刊被引介到中國來。嚴復特別在一九一二年一次有關《進化天演》的演講之中提到弗雷澤（James G. Frazer）《金枝》（*The Golden Bough*，1890）一書，《金枝》一書是研究民俗、神話與比較宗教學的經典作品，嚴復的演化觀念即受到此書的影響。他以佛拉哲的思想為基礎批評盧騷的「民約論」以及中國傳統「聖王製作」的觀念。此書也影響到嚴復對科學、宗教的看法，提出異於科學、宗教二元劃分的觀念，嚴復認為「學術日隆，所必日消者特迷信耳，而真宗教則儼然不動。真宗教必與人道相終始

---

[1] 嚴復：《嚴復集》，頁 254。

者也」。[1] 上述嚴復對於不同地方宗教傳統之價值的肯定也增加了他對「文化」獨特性的認識。後來周作人（1885-1967）、江紹原（1898-1983）等人有關民俗學、宗教學、迷信學的研究，都受到佛拉哲《金枝》一書的影響。[2]

第三是一九一六年前後杜亞泉（1873-1933）開始談「靜的文明與動的文明」、「東方文明和西方文明」（《東方雜誌》）；李大釗（1889-1927）也有類似的說法，他在《東西文明根本之異點》（1918）中主張「東西文明有根本不同之點，即東方文明主靜，西方文明主動是也」。[3] 杜亞泉與李大釗用的雖然是「文明」的觀念，實際上他們強調東西在「文化」上的不同。對杜亞泉來說，這種不同不是「程度」的差異，而是「性質」之不同，他明確指出：

> 蓋吾人意見，以為西洋文明與吾國固有之文明，乃性質之異，而非程度之差；而吾國固有之文明，正足以救西洋文明之弊，濟西洋文明之窮者。西洋文明，濃郁如酒，吾國文明，淡薄如水；西洋文明，腴美如肉，吾國文明，粗糲如蔬，而中酒與肉毒者，則當以水及蔬療之也。[4]

1　嚴復：《進化天演》，赫胥黎著，嚴復譯，王道還導讀、編輯校註：《天演論》，頁109-124。
2　周作人：《金枝上的葉子》，《青年界》，第5卷第4期（1934），頁99-102。江紹原：《中國古代旅行之研究序》，王文寶、江小蕙編：《江紹原民俗學論集》，上海：上海文藝出版社，1998，頁230。
3　李大釗：《東西文明根本之異點》，李守常（大釗）：《史學要論》，石家莊：河北教育出版社，2002，頁104-118。
4　杜亞泉：《靜的文明與動的文明》（1916），許紀霖、田建業編：《杜亞泉文存》，上海：上海教育出版社，2003，頁338。

在上述的三件事情之後，文化的觀念慢慢普及，並開始與文明有較明顯的區隔。不過，如上所述，此時人們所說的「文化」和「文明」並無太大的不同。杜亞泉在一九一六年發表《靜的文明與動的文明》之後，在一九一七年四月又發表了《戰後東西文明之調和》，文中指出「此次大戰，使西洋文明，露顯著之破綻」，因而開始強調「平情而論，則東西洋之現代生活，皆不能認為圓滿的生活……故戰後之新文明，自必就現代文明，取其所長，棄其所短，而以適於人類生活者為歸」。杜亞泉因而開始討論東西文明之「調和」與新舊思想之「折衷」等議題。[1]

　　杜亞泉所關心的戰後文明重建的問題，到一九一八年戰爭結束之後變得更引人注目。歐戰之後，因為世界性認同的崩解，近代中國因反省西方文明而有的「文化論述」才比較系統地出現，許多學人關注的不再是西方文明所代表的價值，而開始轉移到自身國家與民族在文化上所具有的特性。一九一八年十二月梁啟超與六位友人赴歐洲觀察歐戰之後的局勢，這六位是蔣百里、劉子楷、丁文江、張君勱、徐振飛、楊鼎甫（丁、張兩人後來成為「科玄論戰」之主角）。在旅途中任公寫了《歐遊心影錄》（一九一九），一九二〇年三月在《時事新報》上發表。在文中他一方面批判西方「科學萬能之夢」、「崇拜物質文明」，提出「中國人對於世界文明之大責任」，即是「拿西洋的文明來擴充我的文明，又拿我的文明去補助西洋的文明，叫他化合起來成一種新文明」。[2]在文中任公不但用「文明」來討論問題，也開始使用「文化」。對他來說「文化」一詞具有正面的意涵。任公引用法國哲學家蒲

1　杜亞泉：《戰後東西文明之調和》（1917），許紀霖、田建業編：《杜亞泉文存》，頁345-350。

2　梁啟超：《歐遊心影錄節錄》，《飲冰室專集》，臺北：臺灣中華書局，1987，頁35。

陀羅（émile Boutroux，1845-1921）的話，「一個國民，最要緊的是把本國文化發揮光大」，因此他呼籲：

> 我希望我們可愛的青年，第一步，要人人存一個尊重愛護本國文化的誠意。第二步，要用那西洋人研究學問的方法去研究他，得他真相。第三步，把自己的文化綜合起來，還拿別人的補助他，叫他起一種化合作用，成了一個新文化系統。第四步，把這新系統往外擴充，叫人類全體都得著他好處。[1]

梁啟超對西方文明的批判和對中國建立文化的期許對思想界造成很大沖擊。這一轉變也帶動了史學的轉向，開始了「文化史」書寫的熱潮。[2]梁啟超所提倡的文化史書寫和張君勱（1887-1969）有密切的關係。梁啟超在一九二〇年代初期從歐洲回來後寫了大量的文章，其中比較重要的是：《什麼是文化》（1922）、《研究文化史的幾個重要問題》（1922）、《治國學的兩條大路》（1923）等文章，在這些文章之中「文化史」變成基本概念。在有關文化史的文章裡出現了德國學者馮特（Wilhelm Wundt，1832-1920）、李凱爾特（Heinrich Rickert，1863-1936）等人的名字，這很可能是梁啟超在張君勱引介之下認識德國學界有關文化問題的討論（也有可能受到李大釗透過日本翻譯而介紹德國思想所產生的影響）。[3]誠如拙著所指出：李凱爾特所代表的是新康

1　梁啟超：《歐遊心影錄節錄》，頁37。
2　梁啟超從「文明史觀」的「新史學」轉向「文化史」之分析，請見拙著：《梁啟超與中國現代史學之追尋》，《「中研院」近代史研究所集刊》，期41（臺北，2004），頁181-213。
3　李大釗：《馬克思的歷史哲學與理愷爾的歷史哲學》（1923-1924），李守常（大釗）：《史學要論》，《李大釗文集》，頁341-354。

德主義與德國歷史主義的歷史書寫，梁啟超從新史學轉向文化史主要就是受到這一種歐洲思想的影響。但是另一方面，梁啟超對文化史的書寫也受到中國傳統的影響，他在研究中國文化史的問題時反覆談到佛教的觀念，也跟譚嗣同（1865-1898）一樣，談到了「心力」[1]和「心能」的想法，尤其重要的是梁任公談到歷史因果關係的「共業」、「別業」、「互緣」等，把佛教與社會達爾文主義、新康德主義和歷史德國主義等相結合，形成文化史的論述。[2]

一九二〇年代至一九四〇年代中葉至少有二十餘種「中國文化史」方面的著作。[3]其中梁任公本身不但大力鼓吹文化史，也撰寫了《中國文化史：社會組織篇》（1925）等作品。任公將文化的內容分門別類，觀察每個主題在不同時期之發展。此外，柳詒徵（1880-1956）的《中國文化史》與錢穆的《國史大綱》、《中國文化史導論》等，都具有類似的旨趣。錢穆希望「確切曉瞭其國家民族文化發展個性之所在，而後能把握其特殊之環境與事業，而寫出其特殊之精神與面相」。[4]柳詒徵的著作初稿作於一九一九年，先在《學衡》（第46-72期，1925-1929）上連載，再集結成書。此書透過文化史彰顯中國文化、制度之中有其

1　「心力」一詞源於亨利・烏特（Henry Wood）的《治心免病法》（*Ideal Suggestion through Mental Photography*），譚嗣同將此一詞彙套到中國固有的心性之學之上，加以改變、擴充，而在中國思想界變得十分流行。參見王汎森：《「心力」與「破對待」：譚嗣同〈仁學〉的兩個關鍵詞——〈仁學〉導論》，譚嗣同原著，王汎森導讀：《仁學》，臺北：文景書局，2013，頁 xii-xix。

2　黃克武：《梁啟超與中國現代史學之追尋》，《「中研院」近代史研究所集刊》，期41（臺北，2004），頁181-213。

3　有關二十世紀中國文化史之書寫可參考：邱仲麟：《導言——從文化史、社會風俗到生活》，《中國史新論：生活與文化分冊》，臺北：聯經出版公司，2013，頁1-8。至於1945年以前有關中國文化史、西洋文化史之書目，可參考施昱承：《「本史蹟以導政術」：柳詒徵的文化史書寫》，頁7-9。

4　錢穆：《引論》，《國史大綱》，臺北：臺灣商務印書館，1975，頁9。

「精神」價值,「吾往史之宗主……固積若干聖哲賢智創垂賡續,以迄今茲。吾人繼往開來,所宜擇精語詳,以詔來學,以貢世界」。[1]他借此來批判新文化運動、疑古思潮與馬克思主義史觀等。[2]

除了梁任公所帶起的文化史書寫熱潮之外,梁漱溟(1893-1988)的作品也反映了同一趨向,他所寫的《東西文化及其哲學》(1920)受到柳詒徵《中國文化史》之啟迪,力主中國文化與西方文化及印度文化根本不同,並反對梁任公所提出的「將東西文化調和融通」的觀點。[3]《東西文化及其哲學》一書最後在人生思想上歸結到儒家的人生觀,並指出「世界最近未來將是中國文化的復興」。[4]梁啟超與梁漱溟的作品代表了歐戰之後對於新文化運動所主張的「文明」論述之抨擊,兩者之碰撞則是一九二三年「科玄論戰」出現的一個重要背景。

文明、文化與科玄論戰

科玄論戰起於一九二三年二月張君勱(1887-1969)在清華大學以「人生觀」為題所做的演講,他列出人生觀與科學的五大差異(人生觀為「主觀的」、「直覺的」、「綜合的」、「自由意志的」、「單一性的」)。張君勱指出:科學的結果導致「物質文明」的蓬勃發展,歐戰之後「已成大疑問」;而且「人生觀問題之解決,絕非科學所能為力」,青年人應回到「側重內心生活之修養」,其基礎為「孔孟以至宋元明之理學家」所創造之「精神文明」,此文發表後受到丁文江(1887-1936)等人的批駁。丁文江主張「存疑的唯心論」,以「覺官感觸為我們知道物體

---

1 柳詒徵:《中國文化史》,臺北:正中書局,1973,上冊,頁3。
2 施昱承:《「本史蹟以導政術」:柳詒徵的文化史書寫》,頁6-11。
3 梁漱溟:《東西文化及其哲學》,上海:商務印書館,1922,頁13。
4 梁漱溟:《我的自學小史》,《憶往談舊錄》,臺北:李敖出版社,1990,頁38。

唯一的方法」,「不可知的,存而不論」;他也認為張君勱要回到理學是「真正該打……其愚不可及」。[1]梁啟超與張東蓀等人則反對丁文江、支持張君勱,學界接著展開了一場激辯。一九二三年底亞東圖書館的汪孟鄒將這些文章集為約二十五萬字的《科學與人生觀:科學與玄學論戰集》,由胡適、陳獨秀作序。[2]同時郭夢良也以幾乎相同的內容編輯了一本論戰集《人生觀之論戰》,由張君勱寫序,上海泰東圖書局出版。[3]前者按論戰時間之先後編排,後者則以立場來做區隔,三個序言則顯示出科學派、玄學派與馬克思主義者對於詮釋主導權之爭奪。這一場論戰涉及近代中國思想史上的許多核心議題,並影響了二十世紀以來中國思想的走向。

科玄論戰顯示出一九二〇年代中國知識界中兩軍對壘的情況,而此一對峙一方面涉及上述「文明論述」與「文化論述」之角力,科學派支持前者,而玄學派支持後者;同時它也與其後的「五四啟蒙論述」與「新儒家思想」之對抗有思想上的連續性。張君勱曾留學歐洲,主要依賴法國思想家柏格森(「拿直覺來抵制知識」)[4]、德國思想家康德、倭伊鏗(1908年諾貝爾文學獎獲得者),以及宋明理學中的陽明學的思想資源,又得到梁啟超的支持。丁文江則曾留學英國格拉斯哥大學,主修動物學與地質學。他依靠英美經驗論為基礎的「科學的知識論」,如赫胥黎、達爾文、斯賓塞、皮爾遜(Karl Pearson, 1857-

---

1　《丁文江致胡適函》(1928年3月20日),「中研院」近代史研究所胡適紀念館檔案:HS-JDSHSC-0706-008。

2　張君勱、丁文江等著,汪孟鄒編:《科學與人生觀:科學與玄學論戰集》,上海:亞東圖書館,1923。

3　郭夢良編:《人生觀之論戰》,上海:泰東圖書局,1923。

4　吳先伍:《現代性的追求與批評——柏格森與中國近代哲學》,合肥:安徽人民出版社,2005。

1936)、傑文斯（William S. Jevons）、杜威等人之理論，並得到胡適的支持。最早系統地陳述雙方理論之對照的可能是羅家倫，他在一九二四年就指出丁文江傾向「洛克經驗論」、「馬哈—皮耳生知識論」、「赫胥黎存疑論」；張君勱則傾向「康德二元論」、「杜裡舒生機論」、「倭伊鏗精神論」。[1]

這一場論戰誰勝、誰敗？胡適說張君勱是一個逃不出科學與邏輯之掌心的「孫行者」，他在該書序言之中揭櫫具有十項特點的「無神論的」、「自然主義的人生觀」。胡適的觀點及其所代表的「五四啟蒙論述」受到許多人的讚賞，難怪有人認為：「科玄論戰是以科學派以及其後加入唯物史觀派的大獲全勝而收場，張君勱本人更是畢生蒙上了『玄學鬼』的污名。」[2]然而批判五四運動的新儒家唐君毅（1909-1978）對此論戰則有不同的評估，他在一九七六年指出：「今天就算是一個十分崇拜科學的人，也不會承認人生的問題完全可以用科學來解決……君勱先生當年的主張，可說完全勝利。」[3]

究竟是科學派「大獲全勝」，抑或是玄學派「完全勝利」？在論戰之時，雙方均無法說服對手，而時至今日這一問題也沒有一個定論。再者，科玄論戰之後的五四的科學主義與新儒家的人文精神之爭也仍然是當代的一個核心議題。如果追溯其起源，清末民初從「文明」論述到「文化」論述之變遷為此論戰奠定了重要的基礎。五四運動的支持者與科玄論戰中的科學派是以線性演化史觀為基礎的「文明」論述

1　羅家倫：《羅家倫先生文存》，臺北：「國史館」、中國國民黨「中央委員會」黨史委員會，1976，冊3，頁216。
2　翁賀凱：《現代中國的自由民族主義：張君勱民族建國思想評傳》，北京：法律出版社，2010，頁215。
3　唐君毅：《從科學與玄學論戰談君勱先生的思想》，《傳記文學》，卷28期3（臺北，1976），頁17。

為理論根基,而反五四運動的玄學派與新儒家則基於「文化」論述。這樣一來,科玄論戰可以說是文化論述對文明論述的抨擊而展開的一場激戰。胡適在為論戰所寫的序文將此一論戰的緣起追溯到「科學」一詞,以及歐戰之後樑啟超所發表的《歐遊心影錄》對科學「破產」的宣言。的確,梁啟超《歐遊心影錄》中對近代科學文明的反省是「文化論述」出現的重要指標。上述一九二六年胡適在《我們對於西洋近代文明之態度》中認為「崇拜東方的精神文明的議論」是「今日最沒有根據又最有毒害的妖言」,[1] 他所針對的正是杜亞泉、梁啟超、梁漱溟、張君勱等「文化論述」的支持者。

結論

清末隨著新詞彙的引介,帶來了許多新的觀念,促成近代中國知識與文化的轉型。本文所探討的「文明」與「文化」均為傳統詞彙,然經由日本漢譯接引西方 civilization 與 culture 之概念,而賦予了新義。以近代英華辭典所收錄的詞條來作分析,從一九〇八年顏惠慶的《英華大辭典》到一九一六年赫美玲的《官話》正式將兩詞收入辭典之中,而奠定了兩者在詞彙史上的地位。

文明與文化代表兩種思路,其影響有先後之別,大致上「文明」一詞的流行要早於「文化」。一九二〇年代之前以「文明」觀念為基礎的「新史學」、「新民說」、「國民性改造」等均居於優勢地位;其後「文化論述」起而競逐。「文明」一觀念具有西方中心的歷史視野,在此論述之下西方以外所有的「不文明」之地區只反映了不同程度的「野蠻」狀態;而如胡適所述,中國人的使命是「再造」一個以科學與民主為

1　胡適:《我們對於西洋近代文明的態度》,《胡適全集》,卷3,頁1。

基礎的新「文明」,而「文明史」則述說此一普遍性的線性發展之過程。

「文化論述」則擺脫了西方中心論,將焦點返回到自身之特質,而催生了近代中國的文化民族主義。一九二〇年代開始「文化」與「文化史」概念日益興盛,並與「文明論述」有所區隔。此一現象與世界第一次大戰有直接關係,戰爭之慘狀與戰後西方之殘破讓一些學者認識到東西方的差異為性質而非程度。以梁啟超《歐遊心影錄》為轉折點,近代中國思想經歷了一個以西方中心、線性進化論為基礎的「文明論述」到強調中國文化具有精神價值、民族個性之「文化論述」。杜亞泉、梁啟超與梁漱溟等人為促成此一轉折關鍵人物,其言論對思想界有很大的衝擊。此後,在中國史學上有文化史書寫的出現,柳詒徵、錢穆等人的著作為其代表,借此彰顯中國文化之「個性」與「特質」。在哲學上「科玄論戰」之後,「大多數哲學家肯定了形上學的合法性」,這一種中國現代哲學界之主流觀點之共識包括能掌握「形上智慧」,亦即瞭解「天道」,並能將「科學、歷史、倫理和政治的知識會通為一」,而實現「天人合一」的目標。[1]上述一九二〇年代之後中國歷史與哲學的走向促成文化民族主義的興起,當代新儒家如熊十力、唐君毅、牟宗三、徐復觀等人,以及反對五四運動的史學家如錢穆、柳詒徵等人,均依賴文化論述肯定「中國文化的精神價值」(唐君毅語),並對抗五四新文化運動支持者所提倡之「再造文明」。從「文明」到「文化」之詞彙消長反映出二十世紀中國思想的一段曲折歷程。

---

1 郁振華:《形上的智慧如何可能?──中國現代哲學的沉思》,上海:華東師範大學出版社,2000。墨子刻:《形上思維與歷史性的思想規矩──論郁振華的〈形上的智慧如何可能?──中國現代哲學的沉思〉》,《清華大學學報》(哲學社會科學版),卷16期6(北京,2001),頁60。

翻譯、啟蒙與中國現代性

前言

　　翻譯，亦即將文本從一種文字轉換為另一種文字，是一個普遍的文化交流現象，也是深受全世界學術界重視的一個研究議題。近年來有關翻譯的研究不但注意到文本內容，也注意到文化脈絡，尤其是觀察歷史文化背景與翻譯活動的互動關係。以中國為例，現代性創造的過程就是通過大量翻譯自西文或日文著作而產生的，而這些翻譯的作品之中充滿了各種無心的錯誤與有心的操弄。這樣一來，中國的現代性可以說是一種「翻譯的現代性」（Translated Modernity），經此過程而產生的中國現代性與西方的現代性有所差異，與日本（同樣經由翻譯而出現）的現代性也有所不同。

　　拉丁文中有一個和「翻譯」（即英文 translation）有關的詞「Translatio imperii」，這個詞大約在中古時出現，它的直譯是指涉一種「權力」或是「統治」的轉移。從中古時代開始，許多人就認為西方世界是連續性發展的過程，其中有權力的轉移，但是基本上此一轉移是在同一文化體制之下，這是一般所熟知的西方世界。唯此一西方世界內部包含了各種複雜多元的因素，以語言來說，從早期的希臘文，到羅馬的拉丁文，再到文藝復興後近代國家與近代各國語言的形成，其實包含相當多語言翻譯的問題。翻譯所扮演的角色，因此就顯得特別

1　本文內容為 2009 年 6 月 23 日筆者於「中研院」活動中心所做的一場演講，原刊登於「中研院」編：《知識饗宴系列》（6），臺北：「中研院」，2010，頁 155-182。

突出與重要。同時當歐洲開始與大食帝國的阿拉伯世界接觸，接著又與中國接觸，再次開始了更複雜的文化交流及翻譯活動。或許是因為此一原因，後來英文的 translation 就源於拉丁文的 translatio。反觀中國的情況也有一些類似之處，以孔子或朱熹為例，春秋時的孔子和南宋時的朱熹，他們使用的語言是一種與我們有距離的語言。那麼在延綿不斷的歷史中，儒家經典「注釋」的過程，是否可以視為是一種翻譯呢？答案應該是肯定的。亦即當朱熹開始註釋《四書》時，他是將孔子的語言，用宋代人瞭解的方式再重新論述，而這樣的活動就很類似今天很多人閱讀白話批注的《論語》。簡言之，經典註釋、改寫，也可以說是一種翻譯。由此可見「翻譯」即使在本土文化形成中，亦有其地位，而在本土文化與外來文化的遭遇、激盪時期，更是扮演著非常重要的角色。透過翻譯而形塑出近代中國文化是一個很複雜的過程，筆者擬以兩種途徑為例，來看此一問題。一種是報紙廣告的翻譯（大眾文化），另一種是幾位重要知識分子的翻譯工作與影響（菁英文化）。近代以來每日刊行的報紙成為大家生活中很重要的部分，尤其是報紙的廣告傳播了相當多的信息。廣告無疑的是為特定商品所做的宣傳，希望達到鼓勵消費的目的，但是很多人可能沒有意識到廣告的內容，尤其是由外國傳入的商品之廣告，其實有很大一部分是透過翻譯而來的。這裡面有蠻多的手段跟技巧，如何把外國的貨品通過中國人可理解、接受的方式，加以引介，從而促成讀者購買的慾望，其實就牽涉一個翻譯的過程。再者則是大家較熟悉的層面，即知識分子對重要文本的譯介。一般人在成長過程之中幾乎多多少少都看過翻譯作品，來幫助我們認識新知識、瞭解新世界。筆者擬介紹幾位清末民初的知識分子如嚴復、梁啟超、魯迅等人如何透過翻譯，引介新知識來改變中國的傳統、啟發民智，並發展出一種新的語彙來表現出現代心靈與現代世界。總之，翻譯並非只是精英分子的文字遊戲，而是與每

人的生命經驗息息相關的活動。

翻譯研究的兩種取徑

在探討這個問題的時候，首先要問翻譯的標準為何？它們是忠於或背叛原著？翻譯是為了溝通上的方便，將一種文字轉變成另一種文字，錢鍾書將這個過程說得最傳神，他說這是「化」。「化」字用得極妙，也就是將不同文化裡所創造出的東西，透過一種非常精巧的方式，變化成其母國的讀者所能瞭解的內容。翻譯就是化，翻譯功夫的高下在於化得好不好。基於這想法產生所謂的「原著中心論」，也是翻譯研究裡最普遍的處理方式，根據此一原則翻譯的好壞決定於是否忠於原著，越忠於原著就越好，忠實度越少就越差。不過錢鍾書也瞭解到翻譯有直譯，也有意譯，而後者不一定比前者更不忠實。

那麼以原著為中心對翻譯標準的認定是什麼呢？嚴復在譯《天演論》（1898）時提出的「信達雅」三個字，堪稱最高的翻譯原則。「信」就是精確，翻譯一定要翻得很準確，不能將白的變成黑的或灰的；「達」就是能將意思傳遞到讀者身上，透過作者化的過程，將外國的思想、觀念傳送到讀者的閱讀經驗中。「信」跟「達」是不同的概念，兩者可以兼顧，但也可能有相當多內在的矛盾，也就是說有的時候翻譯作品能夠「信」，但是不一定能「達」。例如，很多翻譯的書看起來好像很準確，意思卻都看不懂，讀完以後不知所云，這就是信而不達，有時直譯的作品會有此一缺陷。第三個標準是「雅」，亦即用典雅的文字從事翻譯工作，不過這也受到質疑。若原文俗鄙要如何翻譯成典雅？原文是很俚俗的文字，就需粗陋，才算是準確的翻譯，這時「信」就可能比「雅」來得重要。「信達雅」三原則雖受到許多爭論，不過近代以來的翻譯理論，基本上都追求「信達雅」的原則，講求忠於原著。

第二種翻譯理論是：譯者易也，認為翻譯就是改變。在意大利稱翻譯者是背叛者，這是非常有趣的表述。根據此一觀點，翻譯是不可能忠於原著的，只要譯者開始翻譯，就開始背叛原著，開始自覺或不自覺地用一個全新的角度去呈現他想要呈現的東西，而呈現出來的翻譯作品，跟原著之間一定會有很大的差異，這就是所謂翻譯即背叛的想法。翻譯即背叛牽涉「信達雅」遭遇的困難，不背叛原著是非常困難而幾乎不可能的事，例如英文的一個成語「drink like a fish」在中文不能翻譯為「魚飲」，只能翻譯為「牛飲」（泛指狂飲、豪飲）。這些問題的討論，其實有相當多語言哲學家以較深入的語言哲學角度再加以剖析，其中最有名的理論是語言哲學家蒯因（Willard Van Orman Quine，1908-2000）所提出的「翻譯的不確定性」。這是較複雜的語言哲學，最簡單的說法，此一觀點認為我們在常識中所認定的翻譯的對等性是很有問題的。翻譯的不確定性，不只是在不同國家所使用的不同語言的轉換之間發生，在同一國家內，如國語跟方言，閩南語跟客家話，廣東話跟上海話之間也會發生；而且即使是同一語言，也有這種翻譯的不確定性，其實這就是誤會產生的根本原因，翻譯者即背叛者的背後，其實有很深的語言哲學的基礎。由此觀之，翻譯研究不但是文本對比，不只是讓原著與譯作放在一起，看看翻譯的過程有沒有出錯、是否精確，這只是第一個層次的問題。近年來的翻譯研究理論，開始問翻譯者如何以詮釋、挪用、引申等手法，在「主方語言」與「客方語言」間宣稱對等性的假設。雖然它宣稱這兩者是相等的，可是在這相等的過程裡，就已建立中間地帶（middle zone），而中間地帶具有各種各樣操弄的可能性。這個理論也開始讓我們注意此種對等的建立（無論是詞彙或是文本），其實是歷史演變而逐漸建立起來的一個過程。也就是從一種原來觀念到另一種翻譯之後的觀念，它不是馬上就拉一條直線，變成對等的關係（像字典那樣的對照），而是認為對等關係的成

立是長遠且複雜、反覆、迂迴、曲折的歷史過程，牽涉譯者與讀者的雙重詮釋。

廣告與翻譯

接下來就用報紙廣告的例子來說明翻譯的複雜性。以民國初年《申報》（為一在上海發行的商業性報紙）來說，其中數量最突出的，就是醫療廣告和藥品廣告。直到今天還是一樣，醫藥這種商品，廣告打得越多賣得越好，這是因為醫藥背後操弄的空間特別大。分析清末民初大概十幾年的醫藥廣告時就發現，當時的醫藥廣告琳瑯滿目，創造了一種新的、夾雜中西醫療觀念，以虧損、滋補為中心的身體觀與醫療觀。

當時的醫學論述粗略可分為三類，一種是所謂的中醫論述，中醫論述就是中國傳統醫學的陰陽五行說，例如會認為你的火氣大、身體太寒，或是說你有「腎虧」等。第二種是來自西方的，大概從晚明傳教士開始引進所謂的現代西方醫療體系，到今天還具有相當強大的論述能力，也就是西方的現代醫學。它靠著各種新的醫療設施的研究發展，且配合所謂等級性的醫院制度，建立了龐大的診療體系。中西醫大約在民國初年的時候遭遇、產生相當多的衝撞跟扞格不入的情形。民國初年以來一直有所謂的中西醫間的論爭，在中西醫論爭的同時，社會當時其實存在第三種論述，這第三種論述是一種中西交雜的、從病人的角度去看待身體與疾病的觀念。第三種論述沒有太多的理論基礎，也不是很完整的體系，而且其內在常常是彼此衝突的，但是它亦有標準，即「是否有效」。就是說不管中藥、西藥，或中醫、西醫，只要有效就相信，如果兩天沒效，就換另外一種。第三種中西醫交雜的醫療觀念，是在民國初年以來的大約一個世紀中所逐漸形成的，而這

一論述直到今天還具有很強的影響力。

　　以《申報》上的一則廣告「百齡機」為例，百齡自然是有長命百歲之意，它號稱是機器，可實際上不是機器，而是藥。它的意思就是，吃了這個藥之後，有助提升十六種功效，例如開胃、健脾、利尿、潤腸、潤肺、補腦、壯腎等。這是非常典型的報紙醫藥廣告，而沒有人知道（或關心）它到底是中藥還是西藥。

　　當時的醫藥廣告雖宣稱有多種功效，不過主要是集中於宣稱：補腦、補血與補腎等三方面。第一是補腦的概念，傳統中醫也有腦的概念，但是在民國初年之後隨著大量的書籍、廣告的流傳，「腦為一身之主」與補腦的觀念才開始流行。類似於「艾羅補腦汁」那樣的補腦汁開始在市面上銷售，強調腦是可以吃藥來補的，亦即食用補腦汁會使人變得聰明。第二個是補血的概念，最有名的就是「人造自來血」，當時五洲大藥房賣得最好的一種藥就是這種人造自來血，在全國不同的據點有相當多的分店賣這個產品。第三是保腎固精的廣告，像第威德補腎丸專治遺精，這類廣告至今仍是市售廣告主流之一。

　　民初報紙廣告所販賣的藥品不是傳統的中藥也非西藥，而是所謂的「新藥」。「新藥」流行牽涉民國初年上海開始流行的一些消費文化，以及上述第三種中西交雜的醫療觀念。從廣告來看，當時中國賣得很好的一種藥，叫「兜安氏秘製保腎丸」。保腎丸的標題是：「腎虧百病叢生，腎強一身舒泰。」旁邊還有英文字，「Doan's Pills」。如果翻閱民國初年的報紙，不論是大報如《申報》、《時報》、《大公報》，或者是小的地方性報紙，以及雜誌，大概都可以看到兜安氏秘製補腎丸的廣告。這個藥是怎麼來的？為什麼附有英文，而看起來像是洋人的東西呢？這就牽涉前述廣告裡面翻譯的過程。兜安氏秘製保腎丸的中文廣告其實是西方廣告的翻譯：我們可以比較兜安氏在其他地區所做的廣告。第一個是澳洲的廣告。「SYDNEY PEOPLE，STRAIGHT TALK

AND SYDNEY PEOPLE」，這是兜安氏在澳洲所做的藥品廣告，它的英文名字是 Doan's Backache Kidney Pills，意指它是腎及背痛的藥丸。另外兜安氏在英國、美國報紙中都有刊登廣告，這些廣告時間大約是十九世紀末到二十世紀初，都比中國的廣告要早。這顯示當時世界上已有全球的商業網絡，以西方為中心向全世界發展，而報紙廣告是此一網絡建立的重要媒介。

兜安氏補腎丸的廣告就是一個很好的例子。有趣的就是到底藥商怎樣從英文的 Backache Kidney Pills 到中文的補腎丸，這轉變是如何造成的？讓我們先觀察一下西方的廣告。這些補腎丸在西方世界做廣告時，強調的其實是腎與腰痛的關係，如果仔細看其中的說明文字，它指出腎的功能是負責過濾人的血，如果你的血清淨的話，你的腰就不會痛。婦女們做很多的家事常常腰痛，這是因為腎不好的緣故，換言之，如果腎好的話，就不會腰痛。總之，這些西方的保腎丸多半是用婦女當廣告主角，也訴諸婦女來購買該藥以治療腰痛。而在中國，同樣的保腎丸卻訴諸男性，尤其是性功能的障礙。當時中國市場上還有一種西方賣過來的補腎丸，也是英國製造，它的英文是 De Witt's Kidney and Bladder Pills。它的跨越、操弄的幅度就更大，變成第威德補腎丸——治遺精症、夢遺。這就牽涉為什麼將 Kidney 翻譯成腎？這在當時是很準確的翻譯，現在查看每一本字典 Kidney 都翻譯成腎。然而此一翻譯卻反映了相當多中西醫衝撞的過程。

首先要指出來就是這個藥品當時在西方先賣，之後它想要開拓東方的市場，不但想在上海，且在全中國各地賣，同時要在所有海外華人市場也賣，如加拿大、新加坡以及其他東南亞的華人小區的中文報紙都有兜安氏補腎丸的廣告。這牽涉怎樣將 Kidney 翻譯成腎，而且將這個腎跟中醫的腎虧連在一起。這其實是藥商的操弄手法，是為了順應國內的情境而出現的。中文廣告中把兩種不同的「腎」混為一談，

一種是中醫的腎，中醫的「腎」其實不能對等於西醫的腎，中醫理論上的「腎」是藏精之所，是與性功能有關的各個器官。「腎」創造精液之後，還能強精補腦，精液會從腎透過脊髓上升到腦，所以中醫的「腎」不是指西方的 Kidney，而是一整套跟性功能相關的身體的部位。中文的醫藥廣告將兩種腎做了轉換與操弄，結果是在中國的廣告中補腎丸幾乎都與男性聯結，以訴諸中壯年男子性功能障礙為主；而在美國、英國、澳洲所看到的補腎丸廣告，卻是塑造出適用於做家事操勞而容易腰痠背痛的女性。

第二個例子是補腦的藥。一八九八年德國藥廠製造的一種藥品叫 Sanatogen，也是在全世界營銷。一九一〇年在美國的報紙廣告上可以找到 Sanatogen，它是 The Food Tonic，「Tonic」就是補藥的意思。一九一〇年時不但在美國，也在澳洲賣，可是因第一次世界大戰，德國開始侵略其他國家。在澳洲，一次大戰開打後該國抵制德國的藥品。這時英國製的 The Brain and Nerve Restorer，即腦跟神經的增強劑——Sanagen 在澳洲上市，其藥名將 Sanatogen 的「to」去掉，表示其效果與德國的藥一樣，不過強調不要用德國製品，要改用英國的代用商品。

這個德國的藥也被引介到中國來，在中文叫「散拿吐瑾」，或是「散拿吐瑾延年益壽粉」，其中延年益壽的概念，強調對整體身體的功效。當時西方的 Brain and Nerve 藥，不但補腦而且要補神經，這涉及當時身體觀中腦跟神經是聯結在一起的想法，從十九世紀中葉時傳教士所引介的西方解剖書裡，就有腦與神經結合成的一個系統。一九二〇年開始在中國推銷 Sanatogen，以廣告中人雖終日忙碌，未見精神衰疲，將西方強調腦跟神經的藥，轉變成什麼都補的提振精神的藥，當然希望借此可以吸引更多的人來買。有趣的是，近代很多名人都很喜歡吃 Sanatogen，例如：魯迅在桌上常常放著魚肝油和 Sanatogen，魯迅總覺得 Sanatogen 很麻煩，它是一種粉，要用冷水和熱水把它泡開

來。張愛玲的小說也談到 Sanatogen。最有趣的是徐志摩寫情書給陸小曼時，問起她的身體，還叮嚀她 Sanatogen 一定得不斷地吃。那時候，泰戈爾來華演講，徐志摩寫了一篇文章介紹泰戈爾，談到他最近的旅行非常勞累，泰戈爾的體力透支，都是靠 Sanatogen 支撐的。這幾則報導顯示 Sanatogen 在當時應該頗為流行。第三個例子是補血的藥。當時賣得最好的一種補血丸，稱「威廉士紅色補丸」，它就是訴諸補血的概念。紅色補丸還賣到新加坡，在新加坡的報紙上有大量的廣告，都是訴諸年輕女性：令媛已屆荳蔻年華，怎麼樣幫她補一補？就推薦了在美國的一種藥品，英文叫 Dr. Williams' Pink Pills for Pale People（粉紅色的藥丸為了臉色蒼白的人們而設計的），翻譯成中文，Pink 變成紅色，這主要是因為紅色跟血液的聯想，意指吃了這個藥可補血。這個補藥營銷全世界許多個國家，而且都藉著廣告而達到強力營銷的效果。梁實秋就對這個廣告留下深刻的印象，他在《雅舍小品》裡記載：從前雜誌背面常有威廉士紅色補丸的廣告，畫著憔悴的人，弓著身子，手撫在腰上，旁邊寫著「圖中寓意」四個字。這寓意對年輕人來說可能不怎麼樣，可是對中年人來說是具有說服力的內容，這篇文章就叫作《中年》，寫給中年人看的。所謂的「圖中寓意」其實是翻譯，這個翻譯倒不是翻譯威廉士紅色補丸，而是翻譯自兜安氏的廣告詞，叫作「Every Picture Tells a Story」，每一張照片都告訴你一個故事。

另外一種補血丸，叫補爾多壽，廣告中一邊是藥品名字，另一邊卻是補血強精，中間是以手托一瓶子，這個瓶子上並沒有中文，旁邊卻聲稱這個藥是德國一位非常著名的醫生所發明的，它可以幫助你治療各種各樣的疾病，包括身體衰弱、腦神經衰弱等，最重要的就是補血強精。這是號稱從德國進口的補血藥之一，當時中國就有一翻版，稱為賜爾福多，也是一種長壽丸。補爾多壽是從 blutose 來的，雖然號稱是德國貨，其實它是日本發明的一種新藥。從一八九七年開始，一

直到今天，這個藥商藤澤友吉商店仍然存在。藤澤友吉商店在一九一六年開始販賣 blutose，是一種補血強壯增進劑，所以在日文的廣告裡面，重點是補血強壯。如果我們將中文廣告與原始日文廣告對照，有兩點值得注意。首先，它刻意隱瞞這是一種日本商品，而宣稱它是德國貨，這是因為廣告是登在一九三〇年的報紙，隔一年發生「九一八事變」，當時中日之間有非常多的衝突，中國民眾有反日情緒，或許因而才宣稱是德國藥，以轉移注意。其次，補血強壯被改寫為補血強精，增加了改善性功能的隱喻。很顯然地，經過這兩方面的更動，藥商覺得中國的消費者將更能接受此一商品。從以上的幾個例子看來，近代以來報紙上的醫藥廣告，尤其是國外傳入的藥品，其內容與國際文化傳譯有密切的關係。藥品廠商藉著對傳譯內容的操弄，來適應本土環境，促成商品銷售。

翻譯與啟蒙：魯迅

另外一種翻譯活動是跟知識分子開啟民智有關，亦即「啟蒙」，啟蒙很快跟翻譯工作結合在一起。最早提出啟蒙要求的是晚清時如嚴復、梁啟超那一代知識分子。從十九世紀末葉開始，他們提倡所謂「新民運動」，梁啟超的《新民說》一書是此一運動的代表作品，曾發揮了很大的影響（參見拙著《一個被放棄的選擇：梁啟超調適思想之研究》，臺北：「中研院」近代史研究所，2006）。新民要追求什麼呢？簡單地說就是民力、民智與民德的提升，力就是身體，智就是智慧，德就是道德。梁啟超覺得中國人是東亞病夫，必須改造人民的身體；中國人民智未開，必須要多讀西方的學理；再者，中國人的道德不夠，必須要依照中國人缺乏的各種德行加以補充（尤其是公德方面，如冒險進取、權利、自由、進步等）。這三個口號是怎麼來的？其實它們源

於嚴復翻譯英國學者斯賓塞《論教育》（*Essays on Education*）一書，民德、民智、民力就是從斯賓塞書中譯出來的。

近代中國的啟蒙，一開始就跟翻譯結合在一起，而且這個翻譯的過程特別透過了西方和日本的中介環節，例如有時是由西方先傳到日本，再從日本傳入中國。近代因啟蒙而翻譯的書很多，像文學類有雨果的《悲慘世界》，史坦貝克的《憤怒的葡萄》，賽珍珠的《大地》等，這些書都是中國非常暢銷的著作。另外，非文學類的例子更多，近代的新思想的傳播，像《共產黨宣言》、《美國憲法》，各種主義的翻譯，魯迅翻譯廚川白村的《苦悶的象徵》（有關文藝理論），甚至《聖經》的翻譯，像《新約》、《約翰福音》裡面的「太初有道，道與神同在，道就是神」，就是出自嚴復典雅的譯筆。

以魯迅翻譯廚川白村的《苦悶的象徵》來說，這本書雖是魯迅從日文翻譯來的，而實際上與西方脫不了關係，因為廚川的背後有法國的柏格森、奧地利的弗洛伊德的思想。柏格森和弗洛伊德的思想就藉著魯迅的翻譯傳到中國來。

所以現代世界的形成是跟不斷翻譯的過程交織在一起的。魯迅翻譯這一個作品，也跟他對中國的使命感有關。他認為中國處於非常低迷的狀態，沒有天馬行空的大氣魄，也不能產生大的藝術家，所以他翻譯廚川白村其實是為了鼓勵文藝創作，並以文學來啟迪人心。魯迅說他的文字是採用直譯的，就是「硬譯」，基本上保持了原文的口吻。另外最有名的例子是魯迅對中國國民性的改造，我想大家可能都讀過魯迅的《阿Q正傳》、《狂人日記》、《祥林嫂》等作品，魯迅一生的使命就是透過大量翻譯與著作來改造中國的國民性。在這方面魯迅受到了日本人澀江保所翻譯史密斯的英文著作《中國人氣質》一書的啟發，總之，魯迅從外國人眼中看到中國國民性的缺點，因而引發出改造國民性、拯救國人靈魂的想法。

翻譯與啟蒙：梁啟超

從魯迅的例子可見近代中國的翻譯與日本有密切的關係，因為在清末之時有大量的留日學生到日本讀書，接觸到相當多日文翻譯西方的資料，就將這些書翻譯成中文（包括很多教科書、工具書），而發揮了很強大的影響。這一個中國知識分子透過日文瞭解西方的源頭必須要推到梁啟超。

梁啟超能讀懂日文書有一個重要的文化背景，即所謂的東亞「漢字文化圈」。自明清以降，漢字就等同於東亞世界的拉丁文，東亞世界有學問的人都看中國書，如《論語》、《孟子》、醫書、小說等。最近的研究發現東亞以中國、日本、韓國、越南（也包括東南亞其他國家）等使用漢字的國家為中心，有非常大的書籍流通市場。這市場在十七、十八世紀已經形成，流通的書籍包括通俗用的藥書、經典、文集或豔情小說。書商將中國的出版品賣到這些國家，另外當地也出版漢字書籍，在日本稱作「和刻本」。當我們試圖瞭解十九世紀後翻譯世界的複雜性，首先必須上溯十六到十八世紀，這兩三百年之間形成的東亞漢字文化圈。

總之，東亞有一個漢字文化圈，不過這個文化圈內各國雖同樣使用漢字，但是意思、用法有一些不同，需要另行學習。戊戌變法失敗後，康有為、梁啟超逃亡到日本，在日本住了十多年，這一段時間梁啟超開始透過日文的著作引介西方的觀念，將西方最新的思想介紹到中國。梁啟超是流亡日本之後才開始學習日文，據說他幾個月之內就把日文學會。他有竅門麼？其實訣竅是他和友人合編的一本書叫《和文漢讀法》，此書至今還在，《和文漢讀法》的意思就是讓中國人很有技巧且迅速地閱讀日本文字。這本書據說當時非常流行，而且賣得很

好。梁啟超自己親身試驗和文漢讀法的效果，據說他坐船到日本的時候，在船上就開始翻譯一本日文小說，叫《經國美談》，來到日本後，他在朋友的協助之下，很快就學會日文。這也是因為明治時代所使用的日語中的漢字要比現在多，也較容易根據漢字，加上對日文假名的瞭解，而掌握其意義。

日文中有一部分漢字稱為「和製漢語」，意指日本人創造的漢字詞彙（中國人開始時並不使用）。和製漢語其實是由複雜的中日間交往而產生的。這些語彙有些源自中國古典，有些是十九世紀中葉西方傳教士在中國翻譯的，傳到日本，再由日本傳回中國，所以中日之間有著非常繁複的語言交往的過程，這類詞彙隨著梁啟超等人的翻譯帶到中國。和製漢語到底是什麼？它指日本自中國引進漢字後，日本人所自行創造流行的漢語詞彙，這些語彙又傳入中國，十九世紀末年起，以外來語的姿態逐漸在今日的漢語之內定著生根，而這些源自日本的外來漢語，就被稱為和製漢語。像「世界」其實來自佛典，佛典裡的意思是「宇宙」，它可能指國土、人間界、環境或宇宙，近代以來，「世界」開始指全球所有的國家，是梁啟超開始引用，慢慢比較普遍的傳佈，有時他會用「世界主義」。還有一類稱「回歸詞」，例：「經濟」，經濟的英文是「economy」，但是傳統的漢語其實是指經世濟民的意思，在早期的翻譯裡，嚴復是把 economics 譯成「計學」，有關經濟的書早期是翻譯成《富民學》，就是怎麼樣讓老百姓致富，嚴復翻譯 Adam Smith 的書也是《原富》，早期我們用「富」或者「計」這些概念去翻譯西方的「economy」或者「economics」。經濟這兩個字是日本人開始用的，如上所述在漢文裡經濟本指經世濟民之意，後來就轉變成所謂的「economy」的意思。現代社會裡面的和製漢語非常多，像「現代化」、「西化」、「物化」或者什麼「主義」等；再者，我們所熟知的「共和國」、「電話」、「社會主義」、「資本主義」、「警察」、「航

空母艦」等都是和製漢語。和製漢語最新的發展,包括最近流行的「達人」、「暴走族」、「援交」等,這些慢慢都融入中文世界。當然現代知識也隨著日本詞彙的流行引進到中國來。

翻譯與啟蒙:嚴復與新觀念、新語彙的譯介

嚴復跟梁啟超不同,他是直接到英國留學,能閱讀英文,而將英文的經典名著翻譯成非常典雅的桐城派古文。在翻譯的過程,他也引介、創造了相當多的語彙。

嚴復在近代思想家之中,是一位知識上既寬廣又具有深度的學者。很多人指出他是一位十九世紀時「感覺敏銳」的科學、民主啟蒙的先驅者。他所翻譯的各種西方經典如《天演論》、《群己權界論》、《原富》、《法意》、《穆勒名學》等書,在近代中國發揮了很大的影響力。

不過談到嚴復思想究竟影響力有多大時,首先要注意嚴復的歷史角色有一個悖論之處,即他的思想面影響甚大(尤其是《天演論》中的天演、進化觀念),而他所用的文字(桐城古文)與所創造的詞彙,在二十世紀初期之後卻被胡適、陳獨秀所主張的白話文,與上述梁啟超等人,尤其大量留日學生所引進的「和製漢語」所徹底打敗。

如果嚴譯語彙難以存活,那麼嚴復在思想面的影響就的確值得再作斟酌。在八種最風行的嚴譯之中,真正有影響力的可能只有《天演論》。然而誠如賀麟所論,人們對《天演論》的理解,侷限在「物競天擇」、「適者生存」的救亡感,而不是在生物學與哲學的學理面向。

嚴復所翻譯其他的書大致可以分為三個部分:邏輯學、資本主義的經濟學說與自由主義的政治學說三個部分。

以邏輯學來說,嚴復的譯作最難為人所瞭解。包天笑的《釧影樓回憶錄》有很精彩的一段記載,一九○五年《穆勒名學》剛出版,嚴

復應金粟齋之邀在上海演講名學,「使得大家明白一點」。當時一班名流都來了,包括張元濟、鄭孝胥,也邀請了常來的馬君武、林白水、章士釗、章太炎等人。根據包天笑的記載:「他的講詞中,常常夾雜了英文,不懂英文的人,便有些不大明白。但這種學問,到底是屬於深奧的學問,盡有許多人,即使聽了也莫名其妙。」在嚴復邏輯學翻譯語之中,除了「邏輯」一詞因為章士釗的大力推薦,仍然存在之外,其他的譯語如:「珠聯」(三段論法)、內籀(歸納)、外籀(演繹)、「詞」(命題)、「玄名」(抽象名詞)、「察名」(具體名詞)全為日譯名所取代。

在經濟學方面,根據賴建誠《亞當‧斯密與嚴復》和吳建林的碩士論文《論嚴復於〈原富〉內經濟類名詞之翻譯手法及其所譯名詞之消亡》(臺北:輔仁大學翻譯學研究所,2004),嚴復的「計學」、「版克」不敵日譯的「經濟」、「銀行」,這是大家所熟知的。再者,他援引古典詞彙、喜用單音譯詞字,如以「闉博」來翻譯 lottery、「聯」來翻譯 corporation、「貨」來翻譯 commodity。此外,嚴復所用的大量音譯詞也被淘汰。其中一個原因或許是嚴復在音譯時刻意引用佛典而產生距離感,如他將 Royal Bank 翻譯為「賴耶版克」,自注「賴耶,本梵語,譯言王家」。賴耶源自「阿賴耶」,為梵語 alayavijnana(藏識)。其他的音譯語如「賴摩」(Lima,祕魯首都)、「毗勒」(bill)、「須彌」(Himalayas)等都有佛教語彙的意味。同時有些意譯語也有佛教、《莊子》的痕跡,如 free trade 譯為「無遮通商」、fixed capital 譯為「常住母財」、South Sea Company 譯為「南溟有限公司」。

在自由主義方面拙著曾討論:嚴復不同意日人將 rights 譯為「權利」,他認為這是「以霸譯王」(無論「權宜」或「權謀」都具有負面的意義),將西方一個具有正面意義的詞翻譯為一個帶有負面意義的詞,因此另行譯為「職」或「直」,如「天直」、「民直」,因為他覺得 rights 在西文中也有直線、直角之意(right line 與 right angle),而中

文的「直」也有「職」的意思，兩者相互配合。再者，在翻譯與 rights 相關的詞語時，他並不重複使用單一的詞彙來翻譯這個字，而常常依據上下文來做調整。例如他將 rights and interests 合併翻譯為「權利」；他有時又將 interests 翻譯為「權利」；他也把 constituted rights 翻譯為「權利」。根據筆者的考察，當密爾所稱的 rights 是一種源於自然或不可讓渡之意時，嚴復傾向於翻譯為「天直」、「民直」；然而當 rights 與 interest 合用，而具有個人利益之意涵時，他則採用「權利」。眾所周知，「民直」一詞不敵「權利」，已被淘汰。

嚴復的失敗有一個過程，大致上是在 一九〇一～一九一一年的十年之間所形成的。在一九〇三年出版的《新爾雅》中其實仍包容了大量的嚴譯名詞。如在「釋名」一節，編者即同時羅列了嚴復譯語與和製漢語，然而到了一九一一年上海國學扶輪社出版《普通百科新大辭典》時，情況卻有所改變。這一套書由黃人主編、嚴復為之作序，共十五冊，全書「一百數十萬言」，收集詞條一萬一千八百六十五條，據統計其中僅五千五百條屬於社會科學方面，其他部分則為科學與技術方面的詞彙，全書依照筆畫排列，並附分科索引。

不少學者都指出《普通百科新大辭典》所收錄新知識用語主要採取日本新名詞，並刊載大量日本所翻譯的地名和人名，這主要是因為編者所依賴的參考書籍大多數是日文書與日譯本。陳力衛指出芳賀矢一編輯、一九〇八年底出版的富山房《國民百科辭典》為此書之底本，「我們對照《國民百科辭典》與《普通百科新大辭典》後，發現兩者規模相當，無論是在詞義詮釋上，還是在插圖上，後者都大量採用了前者，等於是以前者為基礎採納新詞，翻譯新概念的」。

那麼在這一套由嚴復作序的百科辭典中，嚴復的譯語究竟保留了多少？根據筆者的考察，編者絕大部分都採取日譯詞彙，而放棄嚴譯。例如書中收錄了「神經」、「星雲」、「單位」、「權利」、「銀行」、

「望遠鏡」、「社會學」、「人類學」、「進化論」、「有機體」等等。「神經」之下附了早期的譯語「腦氣筋」，卻沒有嚴譯之「涅伏」。不過也有一些詞語附了嚴復譯語，例如，在「三段論法」之下附了「珠聯」，「人為淘汰」之下附了「擇種留良」，「論理學」之下附了「名學」，「經濟學」之下附了「計學」。在書中所收錄的一萬多詞條中，嚴復譯語被採取作為主條目者僅有：「天擇物競」、「適者生存」、「內籀」（後附「歸納」）與「外籀」（後附「演繹」）。不過上述四個嚴譯條目中，「內籀」與「外籀」最後還是被日譯所取代，這樣一來《天演論》的「天擇物競」、「適者生存」是僅存的詞條。

　　嚴復譯詞為何失敗？這些原因可以歸納為以下數點：清末以來譯自日本的書刊數量太多，約定俗成之後，即難以抗拒；嚴譯「太務淵雅，刻意模仿先秦文體」，所以不易為人理解，而在五四白話文運動後很難受到人們的歡迎；嚴復翻譯好用單音詞（如計學、群學、心學），不敵「複合詞」（如經濟、社會、心理）在意義傳遞上的豐富性；嚴復喜用音譯；嚴復所負責譯名統一工作（他擔任學部之下的「編訂名詞館」總纂一職）遲遲無法有效推行等。

　　民國初年之後日譯名詞取得了絕對的勝利，今日少有華人會意識到「團體」、「組織」、「膨脹」、「舞臺」、「代表」等詞彙是從日文來的。《荀子‧正名篇》曾說：「名無固宜，約之以命，約定俗成謂之宜，異於約則謂之不宜。名無固實，約之以命實，約定俗成，謂之實名。名有固善，徑易而不拂，謂之善名。」上文中所謂「約定俗成」大致上可以解釋日譯的成功。這尤其表現在這些新名詞在大眾傳播媒體（各種報刊）、翻譯書籍、教科書、百科辭典等出版品之中隨著新知識的傳播大量出現，發揮了鋪天蓋地的影響力。相對來說，嚴復的翻譯作品只占了出版市場之中很小的一塊，只好敗下陣來。不過，我們也不能忽略荀子還有「名有固善」的觀點。對他而言，語言文字的創造（包括

名詞翻譯）仍存在一個絕對的標準，只不過「名」的好壞與其是否能「約定俗成」並無必然的關系。嚴復非常努力地創造「徑易而不拂」（簡單明了而又不矛盾）的「善名」。他很清楚地意識到譯名要有文字學的基礎，並奠定在譯者對翻譯雙方（所謂的主方語言與客方語言）文化背景的深刻認識之上，亦即一方面應上溯西文原字在希臘文或拉丁文中的原意，另一方面要尋找在中國文字學上有來歷的適當名詞來翻譯西字，並細查其兩方詞彙的文化與思想背景。嚴復所採取的音義並重的譯法，如以「烏托邦」翻譯 Utopia，以及以「民直」來譯 rights，都是很好的例子。很可惜在各種因素影響下，嚴譯名詞未能更廣泛地為人們所採納，然而他所揭櫫的理想，無疑地值得我們繼續追求。

結語

本文嘗試從翻譯的角度來認識近代中國的文化變遷。中國的現代性可以說是翻譯的現代性，西方的思想觀念乃至日常生活的各種貨品都是透過翻譯，或是直接來自西方，或是經由日本的中介，引介到中國來。此一經過翻譯所形塑的中國的現代生活，從抽象的語彙、對身體與疾病的認知，到具體的貨品，都與十九世紀中葉之前的傳統世界有所不同，共同構成了我們今日世界的重要基礎。

可是從另外一方面來看，翻譯就是背叛，譯者或因利益的因素，或因理念的因素，自覺、不自覺地背叛原著，而創造出複雜的文化情境。如此看來，翻譯是無盡的循環，一方面有可能是單行道，一種文化產品從西方到日本到中國，或者再轉到韓國；另外一方面也有雙向道或多向道而交互影響的可能性，如梁啟超到日本之後，讀了很多日本人對中國的詮釋，影響到他對中國的認識；中文作品也翻譯到日本、韓國與西方，影響到這些國家的發展，由此可以看到反反覆覆的

文化交流。翻譯創造了新的世界,也給人們帶來了相當多的靈感與新的選擇,而這種文化雜糅的現象只有透過翻譯過程的釐清,才能稍微說得清楚一些!

從「士大夫」、「士紳」到「地方菁英」：二十世紀西方漢學界對清末民初中國社會領導階層之研究

前言

有關近代中國社會領導階層（leading strata）的研究在西方漢學界一直是一個引人注目的課題，對此課題的研究成果十分豐碩。這個課題受到重視的主因是許多西方學者認為研究領導階層是瞭解中國社會結構的第一步，也是最核心的部分，因此從十九世紀末、二十世紀初開始，西方學者對中國的興趣就環繞著中國社會中那些「發揮影響力的人物」。然而從方法論與基本概念的角度來說，在二十世紀時，西方學者對此一問題的興趣卻經歷了階段性的變遷，這個變遷反映在三個詞彙與概念的使用之上：士大夫（literati）、士紳（gentry）與地方菁英（local elite）；筆者認為這三者的背後實際上是代表了三個不同的研究典範。本文的主旨即是以這三個研究典範之演變為軸心，分析與評估二十世紀西方學者對清末民初中國社會領導階層的研究。首先筆者以歸納的方法列出有關社會領導階層的重要課題，再以此標準來評估二手史料的得失。「領導階層」（leading strata）是一個含義十分模糊的詞，在本文中它用來指：在一個權力結構中，無論是在中央或地方層次，能夠發揮影響力的領袖人物（leaders and other "influentials"）。對於領導階層的全面研究至少應包括下列這些彼此相關的問題：

1. 領導階層是哪些人？他們又可分為幾種類型或次類型，例如可否分為全國菁英與地方菁英，或城市菁英與鄉村菁英？
2. 領導階層的人數有多少？
3. 如何解釋領導階層的地域差異？
4. 如何進入領導階層？有多少的社會流動率？
5. 領導階層所賴以發揮影響力的社會資源與策略為何？
6. 新的科技發明與領導階層的變動有何關係？
7. 文化因素（如思想傳統、宗教信仰或政治文化）對領導模式有何影響？
8. 領導階層與次級領導階層之間有何種的衝突與合作的關係？
9. 領導階層對一般人民施行其統治權力時，其權限為何？
10. 領導階層與當時社會上的職業和經濟結構有何關係？
11. 上述各現像在時間上有何變化？而導致變化的主要因素是什麼？例如隨著時間的變動，社會上有哪些新領導階層的出現？
12. 最後是研究者的評估問題，例如史家可依賴何種標準，對歷史上領導階層的表現作一評價？

　　西方學術界對此一課題的研究十分豐富，在此無法做全面的探討，本文僅能就三個在二十世紀影響深遠的研究典範，配合這十二個問題來檢討一部分作者認為較為重要的二手研究之貢獻與限制。第一個典範是東方專制論，此一典範可見於馬克思（Karl Marx，1818-1883）、韋伯（Max Weber，1864-1920）與魏復古（Karl August Wittfogel，1896-1988）三人的著作之中。他們的理論中「國家」與「社會」為對立體，而作為領導階層的「士大夫」是以國家權力的代理人之身分來統治社會。在此模式之中「國家」與「社會」的分野，以及「國家」對「社會」的統治力量受到高度的強調，而這種力量的基礎源於國家對水利的管制。第二個典範是「士紳社會」理論，參與者包

括艾伯華（Wolfram Eberhard）、張仲禮、何炳棣、瞿同祖、費孝通等人。此典範認為擁有科舉功名的士紳階層居於國家與社會之間的聯繫地位，他們一方面是國家的官員，另一方面也是社會中有勢力者，因此在此典範中「士紳」成了中國社會的領導階層，這些學者並借用英國史上 gentry（紳士）的概念來翻譯士紳。此一典範所關心的主要問題是士紳是誰？人數有多少？社會流動率又為多少？第三個典範是「地方菁英」理論，此一理論深受施堅雅（G. William Skinner）作品之影響，重要的學者包括孔飛力（Philip Kuhn，1933-2016）、曼素恩（Susan Mann）、周錫瑞（Joseph Esherick）與 Mary Rankin 等人，目前仍有不少人在從事這方面的研究。此一典範所問的問題從「士紳的定義」或「整體地討論領導階層」轉移到「菁英分子如何在不同的地域環境中發揮其影響力」，因此「地方菁英」成為他們研究的主題，他們並運用「elite activism」（菁英的實踐主義）一詞來說明菁英分子所具有的自主角色。但此一典範的支持者並沒有對地方菁英一詞作清楚的界定，他們認為這些人不僅是擁有功名的士紳，還包括商人、軍人、宗派領袖或祕密社會的頭目等。下文將依序討論這三個典範的發展過程。

「東方專制論」下的國家代理人

西方漢學界對中國社會的一個經典解釋可以追溯到馬克思的「亞細亞生產模式」之觀念以及韋伯「父權國家」的理論。馬克思認為由無數自足之鄉村所組成的中國社會完全受到國家專制力量所統治，這個理論到了魏復古的手上又有進一步的發展。在魏復古著《東方專制論》一書中，他認為古代中國社會依賴灌溉農業，同時又因為水利灌溉需要大規模的合作，而民間小規模的非正式的組織不足以完成這項工作，因此國家得以經由對水利的控制，能夠在經濟上剝削社會中的

人們，並在武力上管制其運作。就領導的角色而言，魏氏認為中國皇帝是一個絕對的統治者，他所率領的百官能有效地控制社會。他指出官員與所謂的「封建」地主在性質上並不相同，前者為皇權的代理人，為領導階層；而後者雖擁有土地卻是被統治者，並無獨立的權力。魏氏的理論也稱為「水利社會理論」，此一理論不但深受馬克思的影響，也受到韋伯的啟發。

韋伯對中國社會的理解較上述的理論要複雜得多，但他同樣也強調國家所具有的控制角色。在《儒教與道教》（英譯本冠以《中國的宗教》一名）一書中，他認為公元前三世紀時，中國的封建秩序為專制統治所取代。到了唐代，隨著科舉考試的出現，受過教育的士大夫形成統治階層，並組成了父權的官僚政府。他對唐代以後中國士大夫的觀察曾經一再地被人所引用：「十二個世紀以來，中國社會地位的決定主要在於任官資格，其重要性超過了財富。」在他的理論中通過科舉考試的士大夫變成了國家的代理人，因為迴避制度的關係，他們被派遣到本籍之外地區擔任地方官，並且中央政府為了防止官員形成地方勢力，規定地方官每三年要輪調。韋伯認為中國地方政府所在的城市與西方城市很不相同，中國城市主要是行政的中心，受到嚴密的官僚統治，它們並無西方城市所有的自主權。

在韋伯的觀念中，中央集權的政府雖能有效控制社會，然其權力所及的範圍卻不及上述馬克思與馬克思主義者之理論所認定的范圍。主因在於韋伯認為中國在縣以下的鄉村是一個「沒有官員統治的自治區」，在鄉村中地方宗族發揮了更重要的統治作用。他承認皇權與宗族勢力之衝突，而且「中國的行政史上充滿了皇權政府試圖將其勢力貫徹於城外地區的實例」（頁 90），不過他並不認為在鄉村的宗族力量能夠發展成為一個獨立的社會勢力。

韋伯也注意到士大夫價值取向的研究，他強調基督新教鼓舞其信

徒接受上帝的意旨來改變現有的秩序；而受儒教影響的中國的士大夫則追求天人合一與復古，他們是傳統主義者與調適主義者，抱持著與現實社會的妥協精神，這種精神阻礙創新的可能性，他並因此而推論中國的士大夫缺乏「資本主義精神」，這是西方式的資本主義無法出現在中國的一個重要原因。

　　馬克思、韋伯與魏復古三人對中國社會領導階層的看法雖略有出入，但他們共同的看法是中國社會受一個中央集權的政府所領導，這個政府是由一個專制的皇帝以及許多受過教育的士大夫所組成，而士大夫以中央政府代理人的身分施行統治。因此，此一典範對上述第一個問題的答案是：中國社會領導階層是受過教育並擁有功名的士大夫，他們以「國家」代理人的身分統治「社會」。除此之外他們的理論強調社會領導階層以水利控制作為發揮其影響力的重要資源，此點涉及上述科技與領導的關係。再其次，韋伯指出士大夫之思想與價值取向與其領導角色之關係。整體而言，東方專制論之典範主要處理上述論題中的第一與第六個論題，並觸及第五與第七個論題，但很明顯地他們忽略了其他的課題，例如，領導階層的人數、社會流動率、地域差異等，尤其重要的是，此一理論以「國家」與「社會」為對立體，兩者之間衝突與合作的動態關係因此隱而不彰。上述研究典範對西方漢學研究有根深蒂固的影響力，也導致許多激烈的辯論，在批判《東方專制論》的許多書中，艾伯華的《征服者與統治者》一書是一個重要里程碑，該書的出版直接影響到第二個典範：士紳社會理論之出現。

艾伯華與士紳社會理論的建立

艾氏的《征服者與統治者》一書出版於一九五二年，他對馬克思主義者將中國社會硬套入一個現成的模式感到不滿。他的論點主要基於以下兩點：第一，他批評上述強調大規模的水利工程促成國家干預之可能的「水利社會理論」，艾氏以許多具體的例子顯示在中國傳統社會中，水利工程主要是由人民主動興建，如果其中受到地方官員的干涉或協助，這也是由於來自下層的壓力，而非上層的指示。第二，艾氏反對魏復古對官員與「封建」地主的區別，他認為官員實際上是來自地主集團，所以他以為中國社會只存在一個領導階層，即士紳。在他的觀念之中，中國的士紳社會有三個特點：

（一）士紳階級在經濟上依賴土地資產而非工業資本。（二）士紳是由地主、學者與官員所組成，在士紳家庭中家人多半同時參與這三種職業。（三）理論上士紳社會是一個開放的社會，每一個人都有機會進入此階層，但他認為實際上社會流動率很有限。艾氏士紳社會的理論促成一個新的中國社會形象的興起，在此理論中士紳不但是國家的代理人，也是鄉民社會中的中堅分子。他們一方面扮演了國家與社會之間的中介人，另一方面也是城市與鄉村的聯繫者。換言之，士紳並非單純地為王權代理人，而是具有國家與社會兩方面的認同對象。雖然艾氏的研究課題主要是中古時期，並未觸及明清兩朝士紳之研究，但後來學者對明清士紳的研究卻深受其影響，在這方面較重要的學者有張仲禮、何炳棣與瞿同祖等人。

對於明清士紳角色的辯論

　　奠定士紳社會之理論的經典著作要推張仲禮兩本有關十九世紀中國士紳之研究：《中國紳士：關於其在十九世紀中國社會中作用的研究》與《中國紳士的收入：〈中國紳士〉續篇》，以及何炳棣《明清社會史論》一書。這三本著作詳細地探討了士紳的組成、人數，而且估計了社會流動率。他們的結論是：通過科舉考試是獲取士紳地位的必要條件，而在明清時期向上與向下的社會流動率都非常的高；也就是說明清士紳階層中有不少人出身平民家庭，也有一些士紳沒落為平民。因此他們完全以具有科舉功名的一個條件來界定士紳階層。兩位作者間一個比較大的分歧是：生員與監生是否屬於士紳團體？張仲禮的看法是肯定的，他認為生員與監生是低級士紳；何氏則持反對的觀點，認為他們僅是平民的領袖，不應包括在士紳階層之內。

　　費孝通的觀點與張、何兩人並不一致，他認為士紳與農民構成中國社會中最顯著的兩個階級，士紳（約占人口的百分之二十）地位的維繫依靠兩個重要的因素，一是經濟上他們擁有土地，一是政治上具有官位。此外他以為士紳受到宗族勢力的保護，極少向下流動再變為農民，同時缺乏經濟基礎的農民要通過科舉考試也十分困難，因此士紳與農民之間的社會流動率實際上非常的低。總之，費氏認為「財富」與「宗族組織」是促使家庭成員通過科舉，晉陞士紳的先決條件。費氏的著作鼓勵 Hilary Beattie 以安徽桐城的宗族為例，反駁張仲禮與何炳棣的古典解釋，他指出科舉功名與官位並不是維持財富與權力的關鍵因素，在明清時期的安徽桐城，晉陞領導地位的最重要的資源是土地資產與宗族組織。

　　張氏、何氏與費氏三人的作品均以士紳作為一個整體來探討，並不強調他們在地方上所扮演的角色。瞿同祖有關地方政府的書《清代

的地方政府》卻是由此著眼。他接受張仲禮對士紳所採取的較廣的定義，再深入探討他們在地方行政上的重要性。他認為相對於地方官員的「正式」權力，士紳代表地方小區中的「非正式」的權力，他們不但與官員討論地方事務，也參與統治地方的決策過程。瞿氏進一步指出，在此環境下，士紳的利益與地方官的利益直接沖突，然而，因為雙方均依賴對方的支持，來維護現有的秩序，因此兩者之間的緊張不至於升高到改變現存的政治與社會秩序。瞿氏此書中對士紳角色的界定與上述艾伯華的觀點十分契合，難怪在艾氏所撰寫的一篇書評中，推崇瞿同祖的《清代的地方政府》一書是「第一本對草根層次的中國政府所作的有意義而值得信賴的研究」。

　　士紳社會典範所問的主要問題是：誰是領導階層？他們的人數有多少？以及社會流動率為何？對此三個問題他們以士紳的觀念為中心提出了較具體的答案。至於士紳階層的資源與策略，有些作者同意科舉功名是最重要的因素，它可以導致財富、權力與聲望；也有學者強調必須先有財富與宗族勢力的支持，才能在科舉考試中有較強的競爭力。這些觀點雖受到後來學者的修正與批評，然無疑地，這個討論本身加深了人們對中國社會的瞭解。這一典範的缺點是忽略了一些其他重要課題，例如地理、智識、科技因素對領導階層的影響，所以他們主要視士紳為一個團體，而忽略其內部的差異，像首都士紳與邊疆士紳，或城市士紳與鄉村士紳之區別等問題並未受到關注。

　　張仲禮、何炳棣、費孝通與瞿同祖的作品影響十分深遠，對一九六〇年代、一九七〇年代研究中國歷史的學生來說，他們的書是瞭解中國社會結構最重要的作品，至一九七〇年代、一九八〇年代他們的觀點逐漸受到修正，這些新的修正意見或多或少都受到施堅雅（G. W. Skinner）觀點之影響。

施堅雅的理論架構與區域研究的興起

　　從一九六四年在美國《亞洲學會會報》（*Journal of Asian Studies*）上有關中國農村地區的市場結構一文，到一九八四年美國歷史學會主席的就職演講，施氏以層級秩序的「中地理論」為中心，倡導將中國分為幾個大的經濟區域，作細緻的區域研究。他的理論促成了西方漢學界在方法論上的一大變革。尤其顯著的是分析的單位由原先將中國視為一整體，逐漸轉移到強調小範圍的區域研究。一旦學者的注意力轉到地方，將區域研究與領導階層之研究相配合的「地方精英」的觀念就開始形成了。

　　施氏的觀念對地方領導階層之研究的影響可以從好幾篇作品看出來，例如在施氏與伊懋可所編《帝制晚期中國城市》一書收入伊懋可對清代江南水利管理階層的研究，此一研究顯示地方菁英在一個逐漸商業化社會中所扮演的角色。施氏與伊氏等另外又編了兩本有關中國城市的書，其中有多篇有關地方領導階層的研究。

　　另一個直接受施氏理論影響的例子是蕭邦奇（Keith Schoppa）有關二十世紀初期浙江士紳的研究，他運用「核心─邊陲」的理論架構以及社會生態學的觀念，從社會經濟系統的角度解釋此一時期浙江的政治發展。他將浙江省份為內部核心、外部核心、內部邊陲、外部邊陲四區，再檢驗各區菁英分子的組成，以及菁英分子與地方官或其他區域之菁英分子的關係。他發現各區菁英分子的組成並不相同，其政治化的程度由核心向邊陲逐漸擴展。在內部核心，經濟發展刺激了許多代表菁英分子之利益的不同團體之出現，而地方官員的權力也受到菁英分子集團之抑制。相對來說，在外部邊陲，地方官員享有較大的權威，而且直接領導變革。他進一步指出，各區之間菁英分子的衝突

是促成省級地方派系的重要因素。蕭邦奇的書顯示了空間分析與領導階層之研究的結合。誠然,該書不僅受到史氏理論的影響,同時也受到一九七〇年代其他學者對地方菁英之研究的啟發。其中之一是孔飛力,他的書對新典範的出現有直接的貢獻。

「孔飛力學派」與地方菁英典範的形成

孔氏第一本有關地方領導階層的研究是一九七〇年出版的《晚清叛亂及其敵人,1796-1864》。在此書中他研究農村的領導階層組織地方武力,抵抗企圖推翻現存社會秩序的反叛力量,在叛亂期間地方士紳負擔起前所未有的在治安、徵稅與公共建設上的責任,而造成權力的擴張。士紳權力的擴張一方面起於維護舊秩序的動機,另一方面也促成帝國行政的解體。作者認為這是太平亂後地方勢力崛起的根源。

上書主要研究十九世紀的地方領導階層,至二十世紀,隨著科舉制度的結束與中華民國的誕生,地方上的菁英分子又有一番新的變化。孔氏在一九七五年出版的《民國時期的地方自治政府:有關控制、自主與動員的問題》一書很深入地探討了此一課題。他指出清末民初的地方自治政府與西方的民主政治體制少有關聯,這個現象必須要從傳統的延續,尤其是「封建與郡縣之爭」的傳統來觀察。文中指出馮桂芬(1809-1874)地方自治政府之觀念受到顧炎武封建理想之影響;而康有為自治政府之觀念則是多種來源的結合,其中包括封建理想、傳統對士人角色的界定、經世思想中的改革理念,以及來自西方的以大眾動員來救亡圖存的體認。孔氏強調傳統的「控制─自主」之關係與現代之「動員」觀念的區別,他以為康有為是過渡期的思想家,他的觀念同時基於「動員」與「控制─自主」兩種模式。

在制度演變上,孔氏以為晚清到民國的地方自治政府的演變代表

了承認生員、監生階層之影響力,並使之正式化與制度化。然而不幸此一努力並不成功。至一九三〇年代國民黨政府面臨此一問題,他們嘗試建立一個基於動員觀念的新的地方體系,但由於他們所控制的資源相當有限,此一計劃亦無法實現。其中一個重要的障礙是所謂的「土豪劣紳」,孔氏認為這些人代表了帝國時期低層農村地方菁英的殘餘勢力,他們因為傳統流動管道的封閉而受挫,相對來說無法成功地適應新時代的需求。民國時期的土豪劣紳仍值得再作深入研究,但孔氏的文章無疑是個很好的起發點。

孔氏的作品一方面結合了思想史與制度史,另一方面則著重二十世紀地方菁英的演變,此一研究取向由其學生杜贊奇(Prasenjit Duara)所延續。杜贊奇的起點是十九世紀中國的地方菁英,他主要運用南滿鐵路的調查報告,處理二十世紀的前四十年間,在中國北部,由於國家勢力的擴展對地方權力組織所造成的衝擊。

杜贊奇的論點雖複雜卻闡述得十分清楚。他認為在帝制晚期一個他稱為「權力的文化關聯」(cultural nexus of power)網絡,將國家、士紳與其他的階級聯結在一起,這個文化的聯結體包括了宗教、宗族、市場、水利以及其他的組織,並提供「公有的象徵性的價值」。例如他指出水利設施與龍王廟信仰之關聯,這些小區中的共同活動不僅是地方菁英較勁之處,也象徵性地表示地方菁英對帝國統治的臣服。再者,這些宗教禮儀等象徵性的活動或公眾事務又與徵稅等實際的行政事務密切相關。

至二十世紀,中國政府開始將勢力深入農村社會,採取一些如打擊宗教勢力與課徵新稅等政策。其中一個很重要的新稅是「攤款」,這是一種對鄉村所課徵的不定期的附加土地稅。此一政策一方面使地方菁英具有較大分攤稅款的權力,同時也使他們脫離了舊有的「文化關聯」。在這個過程中地方的領導結構亦逐漸轉變,舊有的地方菁英脫離

了政治領域，與傳統「文化關聯」不直接相關的新的領導階層則開始登上了歷史舞臺。杜贊奇的結論是國家在深入地方的過程中消除傳統的象徵的資源並損壞了傳統的領導結構，如此使自身的統治缺乏合法性，也無力以國家目的來動員地方精英。他並進一步指出國家對鄉村的權力擴張侵蝕了農村的社會基礎，此一因素悖論地促成共產革命的成功。

從孔氏的作品到杜贊奇的書，對晚清至民初地方菁英的研究日趨精細，在這一段時間內對中國社會領導階層研究的一個新的角度也逐漸地形成。一九七八至一九七九年，孔飛力與曼素恩所合著的一篇文章首次嘗試將此一研究取向放在西方漢學傳統的背景下來觀察，而且表明他們的研究取向與前面的兩個典範不同。本文的基本理論脈絡即深受該文之啟發。該文的主要論點如下，第一，他們採用「地方菁英」而非「士紳」來討論研究的對象，這一部分是由於他們的主題在處理二十世紀的領導階層，士紳的概念不足以包括此一課題；另一更重要的因素則是他們對領導階層有一新的體認。第二，在該文中強調施堅雅對中國社會的區域研究取向。第三，他們懷疑士紳典範中將領導階層界定為「中介者」（brokerage）的觀念；並轉而強調士紳所具有的自主角色。此文可謂是新典範的宣言，很明顯地，他們的主要關懷已經從較靜態的對士紳定義的研究轉移到較動態的自主角色（activism）之研究。有一些其他的學者很同意他們的想法，較重要的有周錫瑞（Joseph Esherick）與 Mary Rankin。

Esherick、Rankin 與地方菁英典範的建立

孔氏的研究主要在清末與民初，Esherick 則著眼於上述二階段的連接點：一九一一年的辛亥革命，以及革命與地方菁英的關係。他的

專書《中國的改革與革命——辛亥革命時的湖南與湖北》出版於一九七五年。他的書主要是針對 Mary Wright 與日本學者市古宙三的論點，市古宙三認為在清朝末葉士紳屬於保守分子，對西化並不感興趣；Wright 則以為在辛亥革命中士紳是一個進步的勢力，他們希望以立憲來挽救危亡。Esherick 則企圖綜合此二論點。他採取孔飛力的假設，認為現代化創造並加深了菁英分子內部的分裂，而此一分裂主要是鄉村菁英與城市菁英之區別。他以為城市菁英尋求以西化中央與地方之政治制度的方式來強化中國與其自身；然而鄉村菁英則並不熱衷於以建立地方自治政府來達到救亡的目標，但他們確實是視此為制度化地方政治權力的一個良機。Esherick 與上述二位學者的一個重要不同是 Wright 與市古宙三的分析單位是士紳，而且到某一程度士紳被視為是一個同構型的團體；Esherick 則以菁英來取代士紳，同時他也注意到菁英分子內部的歧義，其中包括了一些互相衝突的次級團體。此書的出現顯示一九七〇年代中期，除了孔飛力之外，其他學者也開始以地方菁英的概念審視近代中國歷史。

　　Rankin 運用來自浙江的史料，她也關懷十九世紀後半葉的地方精英與辛亥革命的關係。她的書是在 Esherick 的書出版十年之後完成的。她追溯太平亂後地方權力的興起，並指出動亂後地方菁英在社會救濟與教育兩方面參與地方的重建工作，這使他們逐漸形成一個新的社會階層。至一八七〇年代他們的力量擴張到超區域的饑荒拯救的工作，而到了一八八〇年代與一八九〇年代更進展到參與國家層次的事務，而與宮廷的改革計劃牴觸。在她看來晚清地方菁英權力的擴張是一個長時間累積的過程，而新政的困難主要在於清政府與核心區域之菁英分子之間的衝突。她認為帝制的結束主要涉及此種國家與社會的衝突，此一因素要比一個新社會階級的形成的本身要來得重要。Rankin 的作品對前人的著作有所批評也有所補充。第一，她的解釋與

Esherick 將兩湖城市地方菁英視為改革勢力的看法並不相同。因為二書根據不同地區的史料，在此無法對這兩種說法加以定位，但兩者的不同卻是進一步研究的一個很好的起點。第二，她的研究與 Schoppa 對同一省區的研究也不同，但兩者可以互補，Schoppa 顯示核心與邊陲菁英分子之差異的多方面的意義，此一差異遠超過我們過去所瞭解的傳統社會的城鄉差異；而 Rankin 則分析長期在官僚組織之外，菁英分子參與公共事務之領域的擴展與結果。

　　由上述的比較可以瞭解在一九八〇年代對地方菁英的研究可說是眾說競起的戰國時代。就在這個時候一種追求綜合的呼聲也開始出現，其中最重要的努力是一九八七年八月在加拿大 Banff 召開的「中國菁英分子與統治模式研討會」。三年之後由加州大學出版會議論文集，收錄了經過選擇的十一篇論文，編者即該次會議的召集人周錫瑞（Joseph Esherick）與 Mary Rankin。該書編者撰寫了相當出色的導論與結語，至此地方菁英典範已正式成形。

　　從士大夫、士紳到地方菁英等三個關鍵詞的更迭發展，可以反映西方漢學界在二十世紀長時段的過程之中對中國社會的探索。這些解釋一方面有其本身關懷、時代的背景，以及不同理論的烙印，然而無疑地在典範轉移的過程之中，他們也逐漸地深入瞭解中國社會內部的複雜面向。

世俗化理論是否適用於近代中國？[1]

　　本文嘗試分析以「世俗化」（secularization）觀念來研究中國思想史的幾篇著作，以瞭解此一觀念在近代中國研究上的限制與啟示。筆者首先釐清世俗化一概念的意義，及近年來西方學者對此概念之反省；其次分析以世俗化來討論中國近代思想變遷所引發的爭議，而特別環繞著余英時與墨子刻等人對此議題的思考。近代中國世俗化的討論與「五四話語」的出現，以及新儒家等人文主義學者對五四啟蒙思想的反省與批判密切相關。五四話語的支持者接受單純的世俗化理論，認為隨著現代化（民主、科學的發展與物質生活的進步）的發展，宗教逐漸衰微；反五四論述則質疑以此觀點認識歷史傳統及由此提出未來中國的藍圖。余英時與墨子刻均繼承新儒家所開創的「內在超越」與「外在超越」的對照，來思索軸心文明建立之後，中西文化之差異及其對世俗化之影響。此外，墨子刻指出中西認識論的差異亦不容忽略，西方世俗化深受懷疑主義和道德相對論的衝擊，中國則否。兩人的討論不但豐富了世俗化的概念，也幫助讀者深入瞭解近代中國世俗化的進程。

1　本文原刊於《探索與爭鳴》，期 10（2015），頁 34-40。

前言

　　世俗化（secularization）即韋伯（Max Weber，1864-1920）所謂的「理性化」與「除魅」（disenchantment）的過程，意指在科學理性的引導之下，人類逐漸消除宗教信仰，進入一個以理性（reason）主導的科學時代。[1]此一變化是近代史上的核心議題，也是當今世界許多衝突的根源。「世俗化」理論源於西方學者，過去已有不少學者借此來探索西方近代的轉型，不過多數的研究都只注意到宗教、迷信的消退，科學、理性的昂揚。然而誠如哈里斯（Sam Harris）在《信仰的結束》（*The End of Faith*）一書所述，在現代社會之中，隨著科學、民主的進展，宗教信仰並未退居生活的邊緣，反而仍持續活躍於現代世界，並影響到人們的思想與行為。[2]泰勒（Charles Taylor，天主教徒、社群主義者與黑格爾思想的專家）在二○○七年的著作《俗世的時代》也強調西元一五○○年至二○○○年的五百年間，西方社會的重大改變是無宗教信仰（unbelief）成為生活的一種選擇，而此一現象的產生是一個非常複雜的歷史過程。在此過程中世俗化並未扼殺宗教，而且科學有時反而強化信仰，同時世俗化的許多思想根源其實是來自宗教，因此西方所發展出的「世俗化主流權威論述的霸權」已逐漸受到挑戰。[3]這樣

1　在近代的英華字典之中，以「理性」來翻譯 reason 要到 1908 年顏惠慶（1877-1950）所編輯的字典才出現，在此之前該字多被譯為「理」或「道理」，見顏惠慶等編輯：《英華大辭典》，上海：商務印書館，1908，頁 807。有關韋伯的理性化觀念討論頗多，中文的研究可參考高承恕：《理性化與資本主義：韋伯與韋伯之外》，臺北：聯經出版公司，1988。

2　Sam Harris, *The End of Faith: Religion, Terror, and the Future of Reason*, New York: W. W. Norton & Company, 2004.

3　Charles Taylor, *A Secular Age*, Cambridge: The Belknap of Harvard University Press, 2007。「世俗化主流權威論述的霸權」見該書頁 534。

一來，即使在西方，「俗世」（secular age）並不是一個與宗教、神聖等截然相對的概念，它與自由、人權、民主化、現代性、知識範疇、終極關懷等議題密切相關，同時世俗化的過程也並非一往直前，而是折衝、反覆，具有多重的歷史背景。

同樣地，隨著西方科學之傳入所引發近代中國世俗化的過程亦頗為複雜，其主軸雖是從「聖」到「凡」，或具體地說意指宇宙觀方面從「天地人」、「陰陽五行」的宇宙觀到科學的宇宙觀的建立，以及在知識方面從儒家經典作為「道」的載體所樹立的權威，轉移到依賴實證科學而建立的權威。不過如果我們僅從線性、目的論式的進程，亦即重視物質的實證科學逐漸成為研究典範之角度來觀察，往往會忽略一些複雜、細緻的歷史面向。[1]換言之，吾人對於世俗化觀念之掌握與中西世俗化的認識，必須奠基於歷史性的解析與反省之上。

---

1 請參考拙著有關民初靈學論辯與科玄論戰的研究，黃克武：《民國初年上海的靈學研究：以「上海靈學會」為例》，《「中研院」近代史研究所集刊》，期55（臺北，2007），頁99-136；黃克武：《靈學與近代中國的知識轉型：民初知識分子對科學、宗教與迷信的再思考》，《思想史》，期2（臺北，2014），頁121-196。

何謂世俗化？

「世俗化」或稱「俗世化」,[1]是西方宗教社會學所提出來的理論概念，主要用來形容現代社會形成過程之中所發生的一種重要的變化，即宗教逐漸地由原先在現實生活中無處不在、影響深遠的地位，經由「社會分化」（differentiation）、政教分離，退縮到一個相對而言較為獨立的、私人的領域。世俗化之後，政治、經濟、文化等層面的生活逐漸除去了宗教的色彩，例如以往由宗教所主導的慈善事業由「非營利組織」所取代。

美國學者拉里・席納爾（Larry Shiner）的理解頗為細緻。他在題為《經驗研究中的世俗化概念》一文中，認為世俗化具有以下幾種含義：第一，表示宗教的衰退，即指宗教思想、宗教行為、宗教組織失去其重要的社會意義。第二，表示宗教團體的價值取向從「彼世」轉向「此世」的變化，即宗教從內容到形式都變得適合於現代社會。第三，表示宗教與社會、政治的分離，宗教逐漸失去其公共性與社會職能，變成純粹的私人的事務。第四，表示信仰和行為的轉變，即在世俗化過程中，各種「主義」發揮了過去由宗教團體承擔的職能，扮演了宗教代理人的角色。第五，表示人們在現實世界中漸漸擺脫其神聖特徵（如消除過去的神聖空間與神聖時間），即社會的超自然成分減少、神祕性減退；此即由一個「神聖」社會轉向一個「俗世」社會。[2]

席納爾的理解大致概括了世俗化的重要含義。但如果考慮到世俗

---

1 過去學界一般多將此詞譯為「世俗化」。此一翻譯易與「風俗習慣」「庸俗」等混淆，故余英時改譯為「俗世化」，兩者是相同的。見余英時：《從價值系統看中國文化的現代意義》，臺北：時報文化出版公司，1984，頁30。

2 Larry Shiner, "The Concept of Secularization in Empirical Research," *Journal for the Scientific Study of Religion* 6.2(1967), pp.207-220.

化一詞來源與其使用方式,根據席納爾的觀點,世俗化就是「非神聖化」,它意指一個漫長的社會變化過程。這個過程涉及兩個方面,一是社會的變化,即指人類社會各個領域逐漸擺脫宗教的羈絆,社會種種制度日益理性化;二是宗教本身的變化,即傳統宗教不斷調節自身以適應社會變化,一方面與政治、社會分離,另一方面退居私人領域。[1]

以上世俗化所引發的變化源自思想與價值來源的變遷。泰勒在上述的《俗世的時代》一書,為了描繪此一轉變,提出了「超越的」（transcendent）與「內涵的（或內在的、固有的）」（immanent）之區別,來看「聖」（the sacred）與「俗」（the profane）的對照。他瞭解到所謂「自然的內在秩序」一詞並不排除在此之上有一超越的造物主,不過所謂「內涵的」意指反對或質疑在「自然之物」與「超自然」之間,有任何形式上的「互相貫通」（interpenetration）之處。[2]泰勒所謂的「超越的」與「內涵的」之區別可以說明西方世俗化過程中價值源頭的轉折。根據泰勒的《正當性的危機》一文,傳統時期人的自我理解必須將自己視為是宇宙大秩序中的一部分（或源自神諭）;世俗化之後（特別是笛卡兒的主體性革命之後）,自我的理解則是在認識自我本性中的種種衝動、渴望和理想;換言之,自我身分必須在自我之內來尋求。因此對現代人來說,理想的生活不是實現宇宙所賦予我的職責,而是使自我本性中的慾望與理想得到充分的實現。[3]就此而言,世俗化與西方「個

---

[1] 參閱維基百科有關「世俗化」一詞條的解釋。http://zh.wikipedia.org/wiki/%E4%B8%96%E4%BF%97%E5%8C%96,檢索時間:2014年8月17日。

[2] Charles Taylor, *A Secular Age*, pp.15-16.中文方面的討論見黃進興:《論儒教的俗世性格:從李紱的〈原教〉談起》,《思想史》,期1（臺北,2013）,頁60-61。

[3] Charles Taylor, "Legitimation Crisis," *Philosophy and the Human Sciences Philosophical Papers,* Cambridge: Cambridge University Press, 1985, Volume 2, pp.248-288.中文方面的介紹可以參考徐文瑞:《作者介紹》,收入Charles Taylor著,徐文瑞譯:《黑格爾與現代社會》,臺北:聯經出版公司,1999,頁xvii-xx。

人主義」的發展息息相關。[1]用泰勒的話來說，世俗化背後有一個世界觀的改變，他稱之為「偉大的抽離」（the great disembedding）之後建立的一種「內涵的架構」（the immanent frame），此一架構構成了與「超自然的」、神聖的秩序相對的「自然的」秩序。[2]

此一變化也涉及知識論的改變。上述自我的實現與個人自由的追求對知識論有深遠的影響，而知識論又影響道德觀。在世俗化過程中知識論方面的變化即墨子刻所謂的「西方認識論的大革命」，促成「悲觀主義認識論」的出現。悲觀主義認識論源於以笛卡兒（René Descartes，1596-1650）、休謨（David Hume，1711-1776）、康德（Immanuel Kant，1724-1804）、尼采（Friedrich Wilhelm Nietzsche，1844-1900）、韋伯、波普爾（Karl Popper，1902-1994）、維特根斯坦（Ludwig Josef Johann Wittgenstein，1889-1991）和伯林（Isaiah Berlin，1909-1997）等思想家為代表的西方認識論的轉變，構成此一轉變的思潮包括懷疑主義、邏輯實證論、分析哲學，與所謂「語言學轉向」等。這個轉變最重要的主張就是將知識的範圍縮小到可以充分證驗的範圍之內。用波普「三個世界」的理論來說，知識的範圍僅限於「第三個世界」，亦即能以實驗來反駁某種命題之境界，而關於「道德與本體的世界」，只有「心理的一些立場」（states of mind）或意見，而沒有客觀的知識。[3]西方認識論大革命之所以把知識範圍如此縮小，最重要的是埃裡克·沃格林（Eric Voegelin，1901-1985）所強調的，大約八百年以前（從十二世紀的 Joachim of Flora 開始），在歐洲人們開始把知識化約到完全精確的

---

1   有關西方個人主義的發展，請參考 Steven Lukes, *Individualism*, New York: Harper & Row, 1973。不過值得注意的是作者非常強調個人主義在思想上與基督教的關聯性，如人的尊嚴、自主與「宗教的個人主義」均與基督教有關。

2   Charles Taylor, *A Secular Age*, pp.146, 542.

3   Karl R. Popper, *Objective Knowledge: An Evolutionary Approach,* Oxford: Oxford University Press, 1994, p.154.

觀念。[1]為了追求知識的精確性，很多歐洲思想家偏到金岳霖在《知識論》所說的「唯主方式」（主觀的唯心論）。據此，知識的淵源限於「經驗」或「所與」，「所與」的內容則限於主體意識中的「當下呈現」或感覺，而「當下呈現」的內容與客觀真實的關係，完全是一個有待探索的問題。換句話說，明顯地指涉真實的命題只能指主體心中當下呈現的命題，而不是指個人內心之外的真實。指涉人心外真實的說法僅是有待反駁的猜想或假設，而這種猜想當然不是知識。這樣一來，無論是上帝、天經地義的「常道」（及道德實踐的標準）、關於「人性」之本體，或新儒家所說的「智慧」都渺不可得。[2]

知識論的變革也連帶影響其他方面的改變。根據泰勒的看法，世俗化的觀念不但用來描寫環繞著「現代化」的社會變化之過程，其背後也有一套相應的政治發展的理論。此一理論源自十八世紀西方啟蒙運動的「科學主義」（scientism），認為自由、平等與科學研究的進步是絕對的價值，因此在組織公共生活之時，這些絕對價值要超越並取代所有宗教的觀念。上述的發展也與現代國家主義（nationalism）的出現若合符節。這一個觀點不但反對宗教，也反對柏克（Edmund Burke，1729-1797）的保守主義政治哲學與哈耶克（F. A. Hayek，1899-1992）的觀點；柏克與哈耶克認為人們只有在文明社會之中才能繁榮發展，而文明社會之整合與福祉在很大程度上依賴與傳統的連續性。

1　Thomas A. Metzger, *A Cloud Across the Pacific: Essays on the Clash between Chinese and Western Political Theories Today,* Hong Kong: The Chinese University of Hong Kong, 2005, p.43.

2　墨子刻：〈道統的世界化：論牟宗三、鄭家棟與追求批判意識的歷程〉，《社會理論學報》，卷5期1(2002)，頁83。有關「西方認識論大革命」（The Great Modern Western Epistemological Revolution）的詳細討論，請參考 Thomas A. Metzger, *A Cloud Across the Pacific: Essays on the Clash between Chinese and Western Political Theories Today*, pp.37-50.

這樣一來，世俗化的政治理論也可以說是一種激烈的「反傳統思想」。[1]不過，誠如論者所述，無論是十八世紀的啟蒙思想所創造的「天堂」或現代國族主義之下的儀節、情操與不容忍，都具有強烈的宗教傾向。[2]

世俗化的政治哲學是當代美國自由主義與實用主義（Pragmatism）的核心理念，如美國哲學家羅蒂（Richard Rorty，1931-2007）認為人們不僅應該放棄基督教，也要放棄蘇格拉底的人文主義。他秉持功利主義的宇宙觀，對他而言，宇宙只是為了實現人類的目的而存在的環境，不具有道德的意涵。又如羅爾斯（John Rawls，1921-2002）的「政治自由主義」同樣地將民主的理論奠基於免除對特殊文化傳統之偏好的「原初狀態」（original position）與「合理性」（reasonableness）。對他而言，所有的信念（包括宗教信仰在內）乃是所謂的「整全論說」（comprehensive doctrines），並非絕對的真理。「理性的」公民同意對於這些涉及人類終極問題的普遍性的理論，人們無法論斷其真偽。[3]此一觀點也與馬克思主義者無神論相互配合，亦即將宗教視為人們精神上的鴉片。

1　Thomas A. Metzger, "Overdosing on Iconoclasm: A Review of Sam Harris, The End of Faith: Religion, Terror, and the Future of Reason," in *The Ivory Tower and the Marble Citadel: Essays on Political Philosophy in Our Modern Era of Interacting Cultures,* Hong Kong: The Chinese University Press, 2013, pp.705-713.

2　Carl Becker, *The Heavenly City of the Eighteenth-Century Philosophers,* New Haven: Yale University Press, 1932. Carlton Hayes, *The Historical Evolution of Modern Nationalism,* New York: The MacMillan Company, 1968, p.299.

3　有關羅蒂與羅爾斯的政治哲學請參考：Thomas A. Metzger, *A Cloud Across the Pacific: Essays on the Clash between Chinese and Western Political Theories Today*, pp.136-140, 607-670. Thomas A. Metzger, "The Contemporary Predicament of Political Philosophy East and West: The Epistemological Implications of Culture," in *The Ivory Tower and the Marble Citadel*, pp.567-570.

簡單地說，西方學者提出世俗化的理論主要處理近代以來人與宇宙關係中「由聖入凡」的重大改變，伴隨著人文主義（humanism）、個人主義的興起、教育的推展，出現了宗教在公共生活中消退、信仰與實踐的衰微，以及與信仰相關情況的改變。[1]同時，世俗化也帶來價值來源、知識論與相對應的政治理論的變遷。簡單地說，近代西方的主要變化均與世俗化有密切的關係。

不過，世俗化作為一種認識歷史發展的社會理論，本身歷經許多變化，並在西方學界引發了諸多爭議，這些討論不但涉及理論內涵之討論、適用性問題（社會學家、人類學家與歷史學家的討論），[2]也涉及對西方世俗化發展趨勢的批判（哲學家的討論）。

當我們將世俗化概念運用到中國時，也觸及這兩類的討論。

世俗化概念是否適用於近代中國？

許多學者都同意一部西方近代史主要就是一個「由聖入凡」的世俗化過程。然而中國近代是否也經歷同樣的過程呢？「世俗化」的觀念是否適用於中國？如果不適用，其原因何在？

如果將中國近代的歷程視為是追求西方民主與科學的過程，世俗化代表了一個「普遍歷史」的進程，此一理論對吾人研究中國歷史應有所啟示。在二十世紀初期，許多接受西方啟蒙理性的中國思想家幾乎都同意：近代中國應該努力的方向是以理性掃除矇昧（即傳統社會

1　Charles Taylor, *A Secular Age*, p.424.

2　Michael Szonyi, "Secularization Theories and the Study of Chinese Religions," *Social Compass* 56 (2009), pp.312-327. 作者指出社會學界對世俗化理論至少有三種反應：拒絕此一理論（rejection）、認為此說在應用上有限制（limitation），以及認為應加以改良（refinement）。見頁3。

中的「封建迷信」），朝向現代化（有些人同意即西化）的路途邁進，此一理念在五四新文化運動中凝聚為對科學與民主的追求（可以稱之為「五四話語」）。[1]在「五四話語」所主導的「現代化」史觀之下，近代中國歷史是一個追求經濟成長、科學進步、物質生活之提升、政治參與、教育普及（識字率的提升）、社會平等、個體解放等目標之歷程。中國傳統文化對於現代化之追求有助力，亦有阻力。[2]簡言之，現代化史觀基本上可以配合「世俗化」的觀點，將中國近代的演變視為是一個儒家經典、宗教信仰與普遍王權崩解與追求西化的過程。此外，現代化史觀影響下的歷史

視野還包括探討以下幾個議題，如探討時間觀念的變化：追求時間安排的精確性、曆法的改變（如祭祀時間的消退）、西方紀元的實行；[3]歷史觀念的變化：傳統三代史觀與循環史觀的消失，線性進步史觀的出現；知識觀念的變化，注意到「經典的消逝」、[4]信仰的衰退與科學知識的推廣等。簡言之，現代化史觀與線性發展的世俗化觀念相配合。

其後隨著人們對五四啟蒙觀念的反省，現代化史觀或說以西方線性進化的世俗化經驗來認識中國歷史的觀點，才開始受到質疑。這一類的質疑有許多不同的面向，有的涉及對儒教性質的認識，有的則涉

---

1 黃克武：《「五四話語」之反省的再反省：當代大陸思潮與顧昕的〈中國啟蒙的歷史圖景〉》，《近代中國史研究通訊》，期17（臺北，1994），頁44-55。
2 此一角度的討論可參考張朋園：《中國現代化初期的助力與阻力》，《知識分子與近代中國的現代化》，南昌：百花洲文藝出版社，2002，頁177-201。
3 世俗化帶來時間觀念的轉變，尤其是時間精確性觀念之建立，可參考呂紹理對日本侵占臺灣時期臺灣地區歷史的分析，見呂紹理：《水螺響起：日據時期臺灣社會的生活作息》，臺北：遠流出版社，1998。
4 這是羅志田所指出的一個重要現象，見羅志田：《經典的消逝：近代中國一個根本性的變化》，發表於臺北「中研院」所舉辦的「第四屆漢學會議」，2012年6月20-22日。

及從比較文化而產生的對中西文化差異的體認。本文無法檢驗所有的研究，僅舉幾個例子來做說明。例如黃進興認為泰勒所說的西方近代從「超越」到「內涵」的世俗化過程不適合用來理解近代儒家思想的轉變。其原因在於「儒教從古至今即具有鮮明的俗世性格」，無論在「天人之際」、「生死之際」的兩個面向，都顯示出儒家俗世之特徵，此點與釋、道思想形成明顯的對比。黃進興所說的「俗世」主要是指儒家所論者乃在「世間法」，並非「出世間法」，雖然儒者亦有「天」的觀念，卻是就人生而談天命。簡言之，「從原始儒家開始，孔、孟、荀便把儒家的價值擺在俗世裡邊，並不另外托諸一個超越的世界」。[1] 黃進興的討論著重於顯示儒家「現世主義」（this-worldliness）的一面。然而，即使如黃氏所述，世俗化的觀念不適合用來討論近代中國儒家思想，他似乎不反對在討論釋、道的現代轉變之時，世俗化觀念有其效用。事實上，近代中國除了李文孫所提出之「儒家中國及其近代命運」之外，佛教、道教（及一些民間宗教、新興宗教等）也經歷了世俗化的衝擊，而有所調整，將科學與宗教之關係作新的整合。[2] 同時，

---

[1] 黃進興：《論儒教的俗世性格：從李紱的〈原教〉談起》，《思想史》，期1（臺北，2013），頁60-84。

[2] 巫仁恕、康豹、林美莉主編：《從城市看中國的現代性》，臺北：「中研院」近代史研究所，2010，頁221-296。本書中劉迅、范純武與康豹的文章均討論道教與佛教在近代中國的肆應轉變。此外 David Ownby 所研究的李玉階所創辦的「天帝教」，及李氏所寫的《天帝教教義：新境界》（臺北：天帝教始院，1995），均嘗試將科學與宗教教義，及政治關係結合在一起。見 David Ownby, "The Politics of Redemption: Redemptive Societies and the Chinese State in Modern and Contemporary China," 收入康豹、劉淑芬主編：《信仰、實踐與文化調適》，臺北：「中研院」，2013，頁683-741。有關世俗化理論與中國宗教的研究，可參考 Michael Szonyi, "Secularization Theories and the Study of Chinese Religions," *Social Compass 56* (2009), pp.312-327。該文指出中國宗教的研究成果可與社會學中世俗化理論對話，反之亦然，此種對話可促成各自領域之反省。例如在世俗化過程中，中國宗教並不必然走向私人化（privatization），反而更積極地扮演公共角色（deprivatization）。此外，在中國政教分離的結果不是政治不干涉宗教，而是以更複雜的方式來介入。

黃進興也指出新儒家以「內在超越」來闡釋儒教之方向，是「由『內涵』隱攝『超越』」，與泰勒所論近代西方世俗化之過程由「超越」邁向「內涵」，乃「背道而馳，然而復有異曲同工之妙」，二說匯聚或可開出新論。[1]很可惜的是，黃文未能深入討論如何「開出新論」的議題。

由此可見世俗化的觀念在討論中國議題時雖有其限制，然另一方面亦可作為思索中國議題的參考。這方面的研究涉及學術界對「五四話語」的檢討，以及人文主義者對五四啟蒙論述之批判。其中余英時在一九八四年所發表的《從價值系統看中國文化的現代意義》一書直接地處理到世俗化觀念的適用性議題。

余氏認為：傳統中國人將人間秩序與道德價值歸於超人間的來源——天。不過中國的超越世界與現實世界卻非涇渭分明，而是「不即不離」。然而如何才能進入超越世界呢？中國採取「內在超越」一途，亦即孔子所謂「為仁由己」與孟子所謂「盡其心者知其性，知其性則知天」的方式。換言之，追求價值之源的努力是向內，而非向外、向上的。[2]在二〇一二年出版的《天人之際——中國古代思想的起源試探》一文與二〇一三年的《中國軸心突破及其歷史進程——〈論天人之際〉代序》，他採用雅斯貝爾斯（Karl Theodor Jaspers，1883-1969）所謂「軸心突破」之後標誌著「超越世界」的出現的觀點，從比較文化史之架構解析中國「道」的超越所具有的性質，而將以往「內在超越」一詞改為「內向超越」（inward transcendence）來概括中國軸心文明之特點。余著更引用大量的考古與文獻資料細緻地討論從「絕地天通」、「天人合一」、「心道合一」到「內向超越」的發展，歸結到「內向超

---

[1] 黃進興：《論儒教的俗世性格：從李紱的〈原教〉談起》，頁 78-79。
[2] 余英時：《從價值系統看中國文化的現代意義》，臺北：時報文化出版公司，1984，頁 38-40。

越」為中國軸心突破的一個主要文化特色,並對中國精神傳統產生了基本的影響。他指出:第一,內向超越預設了「心」為「天」與「人」之間的唯一中介,自軸心突破以來「心」在思想史上的地位不斷提升。第二,價值之源的「道」可直通於心,故道不是外在的;這樣一來在超越世界與人倫日用之間的關係有兩個特點,一方面來說二者清楚分隔,另一方面雙方卻非斷為兩極,而是「不即不離」。[1]如前所述,余英時所謂「內在超越」或「內向超越」是出於比較文化史的考慮,是與西方文化「外在超越」或「外向超越」比較的結果。希伯來的宗教信仰將宇宙起源、價值來源等問題歸諸無所不知的上帝。西方超越界至此具體化為「人格化的上帝」,對他們而言上帝是萬有的創造者,也是價值的源頭。因此西方文化採取「外在超越」之路徑的兩個基本特徵為:超越世界或生命與價值之源在人之外;再者,此一超越世界與現實世界高下懸殊,形成兩極化。[2]

上述中西之對比與中國軸心突破後的思想特色影響到中國近代的過程。余英時指出近代中國知識分子往往希望套用西方的模式來追求中國的現代化。如康有為要建立孔教為國教,五四知識分子要在中國推動「文藝復興」與「啟蒙運動」。余氏認為:「他們對儒教的攻擊即在有意或無意地採取了近代西方人對中古教會的態度。換句話說,他們認為這是中國『世俗化』所必經的途徑。但事實上,中國現代化根本碰不到『世俗化』的問題。」[3]

---

1 余英時:《天人之際——中國古代思想的起源試探》,陳弱水主編:《中國史新論:思想史分冊》,臺北:「中研院」、聯經出版公司,2012,頁88。余英時:《中國軸心突破及其歷史進程——〈論天人之際〉代序》,《思想史》,期1(臺北,2013),頁46-47。余英時用「內向超越」一詞,而不用新儒家(與他在1984年)所用的「內在超越」是一個值得注意的變化。

2 余英時:《天人之際——中國古代思想的起源試探》,頁85。

3 余英時:《從價值系統看中國文化的現代意義》,頁36。

余氏強調隨著西方科學的傳入，中國近代思想界並未出現類似西方那樣宗教與科學的兩極化。余英時認為這是因為中國人價值之源不是寄託在上帝觀念之上，也沒有包羅萬象的神學傳統。在西方，科學知識不可避免地要與西方神學中的宇宙論、生命起源論等發生衝突。但是在中國，對於西方科學知識的接納幾乎都是「來者不拒」，各種科學知識傳入之時並未引起爭端，而且常常引用傳統觀念來解釋（或「附會」）西方科學。例如「達爾文的生物進化論在西方引起強烈的抗拒，其餘波至今未已。但進化論在近代中國的流傳，幾乎完全沒有遭到阻力」。[1] 又如譚嗣同在《仁學》中以「以太」來解釋儒家的「仁」，用物質不滅、化學元素的觀念來解釋佛教的「不生不滅」。對譚嗣同來說，西方科學與儒家的根本理想可以會通在一起。[2]

余英時認為這是因為中國認定價值之源雖出於天，而實現則落在心性之中，所以對於「天」往往存而不論，只肯定人性之中具有「善根」即可。中國思想中「天地之大德曰生」、「生生不已」、「一陰一陽之謂道」、「人之異於禽獸者幾希」等價值觀念，並不與科學處於尖銳對立的地位。總之，余氏認為「內在超越的中國文化由於沒有把價值之源加以實質化（reified）、形式化，因此也沒有西方由上帝觀念而衍生出來的一套精神負擔」，內在超越的價值系統影響近代中國對西方科學的

---

[1] 余英時：《從價值系統看中國文化的現代意義》，頁 36-39。這一點與筆者對嚴復「天演之學」及其影響的分析相配合，參見黃克武：《何謂天演？嚴復「天演之學」的內涵與意義》，《「中研院」近代史研究所集刊》，期 85（臺北，2014），頁 129-187。

[2] 余英時：《從價值系統看中國文化的現代意義》，頁 39。王汎森指出譚嗣同在《仁學》之中將「仁」的觀念與「最科學性」的「以太」觀念結合在一起。他又把亨利・烏特《治心免病法》的思路套在中國固有的心性之學上，加以改變、激化，並把『心力』擴充到難以想像的地步」。參見王汎森：《「心力」與「破對待」：譚嗣同〈仁學〉的兩個關鍵詞——〈仁學〉導論》，譚嗣同原著，王汎森導讀：《仁學》，臺北：文景書局，2013，頁 xiv、xvii-xviii。

接納,因而表現出一種異於西方的歷史過程。[1]余氏的著作顯示他以批判性的方式引用西方世俗化的觀念,並借此說明近代中國的思想歷程在「內向超越」影響下展現的獨特性。

　　墨子刻基本上同意余英時上述從雅斯貝爾斯「軸心突破」的觀點對中國思想所做的分析,他也同意余英時所謂儒家傳統與現代價值可以兼容,因為儒家價值體系環繞著並非威權主義的「名教」觀念,而是具有道德自主的「內在超越」。墨氏對於余英時的觀點有兩個評論。第一,他指出「內在超越」的觀點應該是余英時借自新儒家,不過很可惜余英時在書中卻沒有提到新儒家如唐君毅(1909-1978)、牟宗三(1909-1995)等人的開創之功。墨子刻指出至少在余文發表的三十多年前,當新儒家要為儒家思想辯護之時,他們不重視傳統儒家的宇宙觀,而強調工夫論以及儒家道德理念與宇宙之關聯,為闡明此一關聯,他們提出了「內在超越」的觀念。[2]墨子刻的觀點是有根據的,一九五一年唐君毅在《中國文化之精神價值》一書就提到中國文化中「既內在又超越」的特點,而且唐君毅指出他與熊十力、牟宗三有相同的見解:

> 對「人生之精神活動,恆自向上超越」一義,及「道德生活純為自覺的依理而行」一義,有較真切之會悟,遂知人之有其內在而復超越的心之本體或道德自我,乃有《人生之體驗》(中華出版)、《道德自我之建立》(商務出版)二書之作。同時對熊先生之形上學,亦略相契會。時又讀友人牟宗三先生《邏輯

1　余英時:《從價值系統看中國文化的現代意義》,頁 38-40。
2　Thomas A. Metzger, *A Cloud Across the Pacific: Essays on the Clash between Chinese and Western Political Theories Today*, p.189.

典範》（商務三十年出版），乃知純知之理性活動為動而愈出之義，由此益證此心之內在的超越性、主宰性。[1]

至於牟宗三關於「內在超越」觀念之闡述，可以參考鄭家棟的研究。[2]這些觀點顯示從「內在超越」來談中國文化，不始於余英時，而是源自新儒家。事實上，余英時所謂「不即不離」的觀點在一九四〇年代馮友蘭（1895-1990）的《新原道》中已有闡述。馮友蘭說：中國哲學有一個思想的主流，即是追求一種最高境界，但是這種最高境界卻又不離人倫日用，是「超世間底」、「即世間而出世間」，是「極高明而道中庸」。[3]

墨子刻提出的第二點評論是：無論新儒家或余英時，以「內在超越」來形容古代思想是「把二十世紀人文主義的看法投射到周代思想之上」。他說：

> 二十世紀思想中宇宙是科學的對象，所以不容易把人生價值和宇宙本體交織在一塊，這樣一來，二十世紀人文主義必須要替人生價值找尋基礎，最後他們不得不在人生之內找尋到這種基礎。儒家思想與此不同，因為儒家沒有受到科學的壓力，儒家的宇宙是天地人的宇宙，是有道心的宇宙，也是生生不已的宇宙，而生生不已是兼內外的。同時，基督教的上帝也是兼內外，因為

---

1 唐君毅：《中國文化之精神價值》，臺北：正中書局，1955，頁2。
2 鄭家棟：《牟宗三》，臺北：東大圖書公司，2000，頁126-158。鄭家棟指出牟宗三在1955年的《人文主義與宗教》一文中說儒家是「亦超越亦內在」，基督教之上帝是「超越而外在」。此即後來「內在超越」與「外在超越」一組概念之由來，見頁129。
3 馮友蘭：《新原道》，上海：商務印書館，1946，頁3。

上帝與人的良心也有內在的關係。[1]

墨子刻覺得討論中西文化之對照,談內外,不如談生死。中國「生生不已」的觀念環繞著「生」,亦即從宇宙進入形而下的生活;西方思想,尤其基督教思想,環繞著死,亦即從形而下的生活之中出來,回到宇宙的根本過程。這樣一來,即使在世俗化之前,儒家思想與基督教有異亦有同,不宜簡單劃分。

墨子刻不傾向於從內在超越、外在超越的單一對照來討論中西文化之比較。他將文化視為一個辯論的過程(problematique),其中有共有的預設(premises),也有不同的宣稱(claims)。墨子刻指出中國軸心突破之後思想上有八個重要的預設,而「內在超越」是其中之一。他所說的八個預設包括:第一,現世主義(this-worldliness):無論是馮友蘭所謂「極高明而道中庸」、牟宗三所說的「內聖外王」,或新儒家與余英時所說的「內在超越」,都顯示中國文化的核心是「現世主義」,意指在這一個世界實現人類最高的道德與權力、財富與聲望的合理分配(這也配合上述黃進興的觀點)。第二,烏托邦思想傾向,認為德治可以實現,因而缺乏張灝所說的「幽暗意識」。[2]第三,政治構造是一元性而非多元性的,不過其中有「治統」與「道統」的張力,或說「位」與「德」或「尊君」與「由己」的張力。第四,「認識論的樂觀主義」,認為可知的範圍很廣(與上述西方懷疑主義所代表的「認識論的悲觀主義」有所不同)。第五,缺乏「原罪」的觀念。第六,生生不已的想法:顯示個人尊嚴的基礎與宇宙有非常密切的關係。第七,環境的樂觀主義:主張天然資源十分充足,人生問題在於人為的努

---

1 墨子刻:《中國近代思想史研究方法上的一些問題——一個休謨後的看法》,《近代中國史研究通訊》,期2(臺北,1986),頁47。

2 墨子刻:《烏托邦主義與孔子思想的精神價值》,《華東師範大學學報》2000年2月,頁18-23。

力。第八，禮的精神：在社會活動上強調「禮」的重要性，這也包括對家庭的重視。[1]

墨子刻認為上述八項預設可以幫助我們思考中國傳統文化與現代思想的關係，並討論「世俗化」的議題。他同意現代世界的一個重要特點是「世俗化」，亦即人與宇宙關係的科學化，不過他強調中西世俗化的特點有所不同。西方的世俗化與「懷疑主義」（即墨子刻所謂「西方認識論的大革命」）有關，而中國的世俗化的過程中卻缺乏類似西方認識論上的革命。墨子刻又根據麥金太爾（Alasdair Chalmers MacIntyre）的研究指出西方懷疑主義思潮引發對於知識範疇的討論，將知識範圍縮減，並衍生出「道德的相對論」，成為當代西方國家所面臨的重要挑戰。相對來說，中國世俗化過程卻沒有出現懷疑主義，也沒有引發類似西方所出現的道德與知識危機。[2]

余英時與墨子刻均受到當代人文主義思潮的影響，同時也都從軸心文明的思想突破與「比較文化史」的觀點來探討中國傳統文化的特點、中西文化的差異，以及此一差異對中國近代世俗化過程的影響。墨子刻又將歷史視野進一步地從「內向超越」拓展到植根於傳統的其他的思想預設。這些研究有助於吾人認識中國思想的現代演變。

---

1 墨子刻對於植根於中國傳統的思想預設又有進一步的探討，請參看 Thomas Metzger, *A Cloud Across the Pacific: Essays on the Clash between Chinese and Western Political Theories Today,* Hong Kong: The Chinese University of Hong Kong, 2005；Thomas A. Metzger, *The Ivory Tower and the Marble Citadel: Essays on Political Philosophy in Our Modern Era of Interacting Cultures,* Hong Kong: The Chinese University Press, 2013.

2 墨子刻：《中國近代思想史研究方法上的一些問題——一個休謨後的看法》，《近代中國史研究通訊》，期 2（臺北，1986），頁 44-48。

結語

　　從以上對「世俗化」議題的討論可以導引出幾個初步的結論：首先，世俗化的觀念經由西方學者細緻地討論後，已放棄了過去單線進步的觀點，而注意到應從歷史的面向認識由「聖」到「俗」的演變。這樣的觀點可以適用於中國。其次，在將該觀念應用到中國時，學者們注意到中西世俗化過程有所不同，而造成二者不同的重要原因是思想的連續性。余英時強調到「軸心突破」之後兩種文化中尋求價值之源的不同形態，或說「超越」與「內涵」之關係所扮演的角色。他指出中國人「價值之源雖出於天而實現則落在心性之中」；西方在世俗化之前將價值之源寄託在「人格化的上帝觀念之上」，世俗化之後轉為「理性」與「科學」。用新儒家與余英時的觀念來說，西方那種「外向超越」型易引發宗教與科學的兩極化沖突；而在中國的「內向超越」型之中，科學與傳統的倫理價值及宗教信仰沒有根本的矛盾。這也涉及墨子刻所強調的認識論的面向。他將此一面向放在八個古代中國思想的預設來談這個問題，這八個預設包括「內在超越」（墨子刻稱為「現世主義」），也包括「樂觀主義的認識論」、「生生不已」等。墨子刻特別指出近代西方世俗化伴隨著認識論的革命與道德相對論的危機（即余英時所謂「價值無源論的危險」[1]）；中國的世俗化沒有經歷悲觀主義認識論的挑戰，也沒有產生「道德相對論」的思潮。以此觀之，近代中國隨著西方科學的引介所導致科學對「價值之源」的衝擊顯然不如西方來得嚴峻。再其次，如果我們接受以「內向超越」與「外向超越」之對照來討論中國古代思想的特點，姑且不論是否有墨子刻所謂以今論古的「投射」問題，此一對照的提出不能忽略新儒家（包括影響墨

---

[1] 余英時：《從價值系統看中國文化的現代意義》，頁 31。

子刻與余英時的唐君毅、牟宗三,和余英時的老師錢穆(1895-1990)等人的開創之功。再者,如墨子刻所述此一特點必須放在其他七種預設之中來合併考察,方易彰顯其意義。換言之,如果我們用墨子刻所說的「自我」、「群體」、「知識」、「宇宙」,以及「目標」與「現實世界」等範疇來看,「內向超越」所指涉的自我與宇宙的關係,不能與群己關係、知識、對目標、現實世界與實現目標之方法等議題割裂。最後,在應然的層面,余英時與墨子刻均同意中國近代在因應世俗化的挑戰時,中國人所面臨的問題不但在於五四思想家所指出傳統之缺失與西化之不足,也在於人文主義者所強調以西方的模型來解釋歷史並面對未來所產生的「扞格不入」的問題,以及如何以「繼往開來」之精神來「接引」西方的民主與科學,並合理安頓涉及精神面向的倫理與宗教生活。

　　以「世俗化」的概念來觀察近代的變化仍是一個極富挑戰性的工作。泰勒以八百多頁的篇幅來處理西方「俗世的時代」,而仍意猶未盡,他說「我嘗試去澄清這一個過程所涉及的各個面向,但它仍然不是很清楚。要妥當地完成此一工作,我應該要述說一個更密集與更連續的故事……」。[1]余英時與墨子刻等人對於中國的世俗化與中西世俗化的比較等課題,已提出初步的考察,而無疑的這些課題仍涉及一個十分廣闊而有待開發的研究領域。

1　Charles Taylor, *A Secular Age*, p.ix.

建立史學典範的一個努力：論余英時《史學評論》「代發刊辭」[1]

余英時的《中國史學的現階段：反省與展望》一文是他為在臺北發行的一個學術刊物《史學評論》所寫的發刊辭，[2]筆者認為此文與一九二八年傅斯年所寫《歷史語言研究所工作之旨趣》具有同樣的意義，而性質上則類似一九二三年胡適的《國學季刊發刊宣言》。余氏發刊辭（下簡稱余文）的基礎是透過對史料學派（即傅斯年所謂「史料即史學」的看法）和史觀學派（主要唯物史觀，以馬列思想解釋中國歷史）的反省，進而指出未來中國史學研究的一個路向，此文可以視為是為了建立史學新典範所做的一個努力。

套用庫恩（Thomas Kuhn）《科學革命的結構》一書中的觀念，今日史料學派和史觀學派可以說都到了「技術崩潰」（technical breakdown）的局面。就史料學派而言，一九七二年《思與言》雜誌社舉辦「二十年來我國的史學發展」討論會，杜維運教授就含蓄地指出「近二十年來，不可否認的，考據學仍然是史學的主流」，但是「考據學風下，史學家容易陷在史料與枝節問題裡面，而不能高瞻遠矚地看歷史的發展」；李恩涵教授則明確地表示：「歷史為史料學」的時代已經過去，史家在史實重建之外還應從事歷史解釋的工作。[3]一九八〇年代以來

---

[1] 本文原刊於《史學評論》，期8（臺北，1984），頁153-168。
[2] 此文刊於《史學評論》，期1（臺北，1979），後收入余英時：《史學與傳統》，臺北：時報出版公司，1982，頁1-29。
[3] 《二十年來我國的史學發展討論會記錄》，李弘祺等著：《史學與史學方法論集》，臺北：食貨出版社，1980，頁376-383。

史學與社會科學結合的新動向,更使許多史學工作者不再同意傅斯年所謂「史學即史料學」的主張。就史觀學派而言,一九五四年中國大陸《歷史研究》發刊後,有中國大陸史家以馬克思理論為基礎從事歷史研究,把中國的史實套入唯物史觀的歷史階段論之中,使史學在某種程度具有高度的政治色彩;到了一九七七年,隨著「四人幫」的倒臺,又開始批判這種過度政治化的史學,認為是「古為今用」、「影射現實」、隨心所欲地偽造歷史;其後又產生了新的反省,喊出「實事求是」的口號,因此目前鼓勵文物的發掘、實際的調查、資料的蒐集等工作,中國大陸史學似乎在某種程度上又從史觀學派折回史料學派的舊路。在史料學派和史觀學派逐漸為人批評之時,余文嘗試為中國史學界指出一個新的路向,對未來的發展具有深刻的意義。余氏曾指出:胡適《國學季刊發刊宣言》對民初史學界而言有「典範」(Paradigm)的意義,[1]今天我們或許也可以說余氏《史學評論》發刊辭同樣地希望建立一個新的史學研究的典範。

余文對史料學派和史觀學派的批評大致有以下幾點:

(一)就歷史研究的目的而言:史料學派以史料之蒐集、整理、考訂、辨偽作為史學研究的中心工作,當一切事實考證清楚,歷史真相自然顯現;史觀學派則為運用中國經驗來「證實」馬克思的「一般性的歷史哲學學說」。

(二)就史學與時代而言:史料學派為史學與時代脫節,置現實於不顧;史觀學派則為兩者縉合得過分密切,史學為現實服務。

(三)就方法論上的主客關係而言:史料學派對史學之客觀性認識不足,以為將事實考訂清楚就是絕對的客觀;史觀學派則過分的主觀,

---

[1] 余英時:《〈中國哲學史大綱〉與史學革命》,收於氏著:《中國近代思想史上的胡適》,臺北:聯經出版公司,1984,頁90。

將歷史視為任人予取予求的事實倉庫。

英國史家伯林把一切思想家和作家分為兩大類型，一是刺蝟型，這一型人喜歡把所有東西都貫穿在一個單一的中心見解之內，他們的所知、所思、所感最後全都歸結到一個一貫而明確的系統；一是狐狸型，他們從事於多方面的追逐，而不必有一個一貫的中心系統。[1]以伯林的「刺蝟」與「狐狸」來看史料學派和史觀學派，「狐狸」正是知道許多複雜事實的史料學派，「刺蝟」則是只知道一件大事的史觀學派。

余文在反省之後也指出了新的展望，他認為史料學是史學的下層基礎，史觀則為其上層建構，兩者合則雙美，離則雙傷。歷史研究的目的是在眾多歷史事實中，發現它們之間主從輕重的複雜關係，以說明歷史之變化與發展，此即傳統所謂「疏通知遠」和「通古今之變」。所以今後中國史學研究應「認清中國文化的基本形態及其發展過程，並透過對過去的瞭解而照明今天的歷史處境」。這一點又牽涉史學與時代的關係，余氏認為史學應配合時代，但史學與現實之間又必須保持適當的距離，因為史學有其自身的紀律與尊嚴，應負起批導時代的責任。再就方法論的主客關係而言，余氏主張主客交融，將疏通工作建立在史料考訂的堅固基礎之上，以一家之言來貫穿古今之變。余氏提倡史學與社會科學的結合也奠基於這種看法之上。

筆者認為余文的提出既是承舊，也是創新，它一方面代表中國史學傳統中章學誠至錢穆史學觀念的發展，另一方面也在此基礎之上以開放的心胸融入了許多新的見解。在承舊方面拙文先探討史料學派和史觀學派的傳統淵源，再進而追溯章、錢史學對余文的影響。

史料學派雖受到德國蘭克史學的影響，但與清代考證學風更有血脈相連的關係。傅斯年就明確地指出：史語所工作的第一條宗旨是「保

1　轉引自余英時：《論戴震與章學誠》，臺北：華世出版社，1977，頁69-70。

持亭林、百詩的遺訓」。[1]顧亭林（1613-1682）提倡「博學於文」，認為學問的範圍包括至廣，不僅指一切文字記載的書籍，而且包括宇宙間一切事理事物，他在經、史、音韻、訓詁、金石、地理的成就，為清代考證學開創了新方向，而治學的方法，如「以證據普遍歸納」、「反覆批判」、「探求本源」、「實地考證」等，皆為考據學家所師法。[2] 閻若璩（1636-1704）著《古文尚書疏證》，以充分的證據辨明古文尚書十六篇及孔安國尚書傳皆為偽書，曾謂「古人之事，應無不可考者，縱無正文，亦隱在書縫中，要須細心人一搜出耳」，方法上則為「讀書不尋源頭，雖得之殊可危。手一書，至檢數十書相證，侍側者頭目皆眩，而精神湧溢，眼爛如電」，[3]一百多年後的傅斯年還稱譽此書為「那麼一個偉大的模範著作」。[4]此外傅氏所謂「我們反對疏通，我們只是要把材料整理好，則事實自然顯明了」，[5]這種態度無疑地正是考據學者「訓詁明而後義理明」的翻版，兩者在方法論上的假設並無不同。總之，史料學派在精神上和方法上都順應著清代乾嘉考據學的發展而產生。

　　史觀學派的主流（馬克思唯物史觀）雖然是由外國傳入，然而余文已指出「奉天承運」的觀念是重要的背景，但是如果我們進一步檢討中國史學傳統與政治之關係，可以發現歷史為現實政治服務的例子層出不窮。歷史上正統論的爭執是為了證明政權的合法性；弗裡曼（Michael Dennis Freeman）也指出十一世紀中國歷史撰寫是一種政治

1　傅斯年：《歷史語言研究所工作之旨趣》，原載《「中研院」歷史語言研究所集刊》，第一本，1928 年廣州初版，1971 年臺北再版，收入杜維運、黃進興編：《中國史學史論文選集》，臺北：華世出版社，1976，第 2 冊，頁 975。
2　黃秀政：《顧炎武與清初經世學風》，臺北：臺灣商務印書館，1978，頁 107-122。
3　閻若璩語，轉引自錢穆：《中國近三百年學術史》，臺北：臺灣商務印書館，1972，上冊，頁 220-221。
4　傅斯年：《歷史語言研究所工作之旨趣》，頁 975。
5　傅斯年：《歷史語言研究所工作之旨趣》，頁 976。

工具,[1]北方人所寫的史著中奸臣大都是南方人;不過最典型的例子是清末康有為的「三世說」,這種說法源於《春秋公羊傳》,也受到社會達爾文主義的影響,認為歷史的演變是由「據亂世」進為「昇平世」(小康),再演變為「太平世」(大同),反對因崇古心態所造成的退化論,隨著時間的演變,不同的階段應實行不同的制度,而人類社會會不斷地進步,最後則實現康氏《大同書》上所描繪的理想世界。這種歷史觀和唯物史觀的思想模式十分類似:(一)兩者皆為歷史演化的階段論,只是一為三階段,一為五階段。(二)演變的最後階段都是烏托邦世界,康有為的「太平世」有濃厚的社會主義色彩。(三)都認為歷史是無法抗拒的潮流。(四)都以歷史為政治服務,為政治運動尋找歷史的根據。因此筆者認為在唯物史觀還沒有傳入中國之前,一些傳統的觀念已經為它奠下了基礎,用庫恩的話來說,即一切概念的範疇(conceptual categories)都已事先準備齊全了。筆者當然無意將史料學派與史觀學派比附為清代今古文之爭,因為事實的情況遠較此為複雜。史料學派重視史料真實性之考訂受康有為《孔子改制考》的影響,余文也指出古文派的章太炎和康氏的弟子梁啟超都有史觀學派的傾向;而史料學派和史觀學派之背後同樣具有「科學主義」的心態。拙文對史料學派和史觀學派的溯源工作,只是希望進一步釐清余文之背景。

其次,余文背後所展現的章學誠、錢穆之史學思想亦值得加以分疏。余氏曾深入分析章實齋,稱之為中國二千年來唯一的歷史哲學家,也是中國傳統歷史思想之集大成者。[2]章氏的史學思想有下列四個

1　Michael Dennis Freeman, "Lo-yang and the Opposition to Wang An-shih: The Rise of Confucian Conservatism, 1068-1086," Ph.D. Dissertation, Yale University, 1972, pp.133-168.

2　余英時:《章實齋與柯靈烏的歷史思想》,收入氏著:《歷史與思想》,臺北:聯經出版公司,1976,頁186、209。

重點：

（一）「六經皆史」說的提出──使史學脫離經學而獨立，甚至可以籠罩經學，同時認為六經只是古代的政典，而事變出於後者，六經不能言。此一觀念也使「變遷」具有學術研究的價值。這個看法有助於「經典神聖性」觀念之破壞，具有韋伯所謂「神話袪除」（disenchantment）的意義。[1]

（二）反對「道」的永恆性──認為「道」具有歷史的性質，透過歷史研究才能充分掌握「在時間之流中演變」的道。因此史家必須「不離事而言理」。[2]

（三）記注與撰述的分別──記注是指史料的保存與編纂，撰述則為「成一家之言」的歷史著作。

（四）史學的經世精神──為學應切於人倫日用。

從以上觀點出發，章學誠對當時盛行的考據學風十分不滿，他認為學者應探求大本大原，而勿流於煩瑣，考據為「補苴裒輯」，只是基礎工作。「立言之士，讀書但觀大意，專門考索，名數究於細微，二者之於大道，交相為功。」[3]所以「整輯排比，謂之史纂；參互搜討，

---

[1] 此觀念之介紹見高承恕：〈布勞岱與韋伯：歷史對社會學理論與方法的意義〉，收入黃俊傑編譯：《史學方法論叢》，臺北：臺灣學生書局，1981年增訂再版，頁146；亦見高承恕：〈從馬克斯・韋伯的再詮釋談社會史研究與社會學的關聯〉，收入「中研院」三民主義研究所編：《第一屆歷史與中國社會變遷（中國社會史）研討會》，臺北：「中研院」三民主義研究所，1982，頁33。在此意義之下，章氏「六經皆史說」對疑古派產生影響，顧頡剛在《史林雜識》小引曾說「六經本古史料也」，他雖然把「六經皆史」的「史」化約為史料，但不承認「經典神聖性」的精神卻與章實齋的觀點有類似之處。

[2] David S. Nivison, *The Life and Thought of Chang Hsueh-ch'eng, 1738-1801*, Stanford: Stanford University Press, 1966, pp.139-190.

[3] 章學誠：〈外篇三・答沈楓墀論學〉，《文史通義》，臺北：史學出版社，1974，頁309。

謂之史考；皆非史學」。[1]而史學之異於史纂和史考是在於掌握到「史義」，史義有兩層含義，一方面是「綱紀天人，推明大道」，[2]另一方面則為「史學所以經世」。[3]因此余氏在《章實齋與柯靈烏的歷史思想》一文中認為：章實齋對清代學術的批評，在二十世紀上半葉，中國史學將乾嘉考證和蘭克以後的歷史主義匯合之潮流中，「尚未完全失去時效」。[4]筆者認為余氏對史料學派的不滿與章氏對考據學風的批評如出一轍，對史學未來的展望也和章氏史學理想符合。

至於章氏觀點和近代史觀學派的關係不易掌握，因為「事變出於後者」章氏不能言，但是我們可以透過章氏觀念在今古文兩派的不同見解而得到一些訊息。古文派重考據訓詁與章氏之旨不合，但章氏的觀點與今文派「尋先聖微言大意於語言文字之外」的基本精神相同，而且兩者同為乾嘉考據之迴響，只是一從經學立場，一從史學立場。因此今文派之龔自珍深受章氏影響，他主張通經致用，重思想、發揮，不僅為個別事實之考訂，亦追求原理原則的探討，正是結合了莊存與和章實齋而成。但今文派從龔自珍到康有為的發展卻逐漸地遠離此一路向，變成了「不經不史」。郭斌龢在《章實齋在清代學術史上之地位》一文對此有所批評：章氏思想與今文學家有暗合之處：「惟今文學家，每言大而誇，師心自用。好以簡單之公式解釋複雜之史實。削足適履，牽強附會。流弊所及，至束書不觀為荒誕不經之議論，或且鹵莽滅裂，為實際政治之冒險。此與實齋精神根本不侔。」[5]

1　章學誠：《內篇二・浙東學術》，《文史通義》，頁52。
2　章學誠：《內篇四・答客問上》，《文史通義》，頁136。
3　章學誠：《內篇二・浙東學術》，《文史通義》，頁52。
4　余英時：《章實齋與柯靈烏的歷史思想》，頁206。
5　郭斌龢：《章實齋在清代學術史上之地位》，《國立浙江大學文學院集刊》，卷1（1941），頁57。

從以上的討論可見：如果以章氏史學精神來批評史料學派與史觀學派，發現史料學派偏於「事」，史觀學派則偏於「理」，而歷史是人類以往一系列發展的行動，每一行動都包含了事與理，因此史家應「不離事而言理」——此一見解正是余文的重要基礎。

除了章學誠的觀念之外，錢穆史學思想亦對余文有影響。錢氏在《中國史學名著》中盛讚章實齋，而且該書結束於章之《文史通義》，因為「其下無合於標準的史學名著可講」，[1]並指出治中國史學應跳出道咸以下至目前之學風，而游神放眼於章實齋之前。這樣的結束似乎暗示：錢穆將自己的史學上接於章實齋。當然我們也承認，錢穆史學已經在傳統的基礎上建立了一個新的體系，這個體系對余文有直接的影響。

錢穆史學的一個重要觀念是「不站在史學立場來講史學，而是在學術全體的大流變之下談史學」，[2]因此他希望「諸位不要把眼光心胸專限在史學上，史學並不能獨立成為史學……學問與學問間都有其相通互足處，諸位該懂得從通學中來成專家」。[3]

余文中亦呈現出此一精神：

（一）余文一開始就指出：現在中國史學的衰弱並不是一個孤立而突出的現象，實際上它只是整個學術荒蕪的一個環節而已，因為史學必須不斷而廣泛地從其他學科中吸取養料。這個看法不但點出了病因，也指出瞭解決問題的方向是：重振史學不能只重視史學本身，根本之途必須培養社會中整體學術的生機。

1　錢穆：《中國史學名著》，臺北：三民書局，1973，頁336。
2　錢穆：《中國史學名著》，頁336。
3　錢穆：《中國史學名著》，頁336。

（二）錢穆史學雖然是「社會科學史學前的史學」,[1]但卻帶有開放的精神,使余氏「能出錢穆史學方法論之上,敞開大門接受社會科學的解釋法則」。[2]

錢穆對史料學派與史觀學派的批評也與余文是一致的。從這點來看,余文與錢穆史學的脈絡關係就更清楚了。余氏所謂之史料學派,錢穆稱為科學派或考訂派,其缺點為「震於科學方法之美名,往往割裂史實,為局部窄狹之研究,以活的人事換為死的材料」,[3]「要瞭解在方法與材料之外,尚別有所謂學問」。他並以泡茶來比喻,「一杯茶亦要好多片茶葉沖上開水,始成一杯茶,若把茶葉一片片分開,單獨泡,便不能泡出茶味來」,[4]史料考證便是將茶葉一片片地分開,單獨泡茶。余文所謂之史觀學派,錢穆稱為革新派或宣傳派,此派優點為「治史為有意義,能具系統,能努力使史學與當身現實縎合,能求把握全史」；缺點則為「急於求知識而怠於問材料」,「其縎合歷史於現實也,特借歷史口號為其宣傳改革現實之工具,彼非能真切沈浸於已往之歷史智識中,而透露出改革現實之方案」。[5]

在對以上缺點加以反省之後,錢穆指出：今日所需要之「國史新本」要具備兩個條件,一、是使人瞭解中國已往政治、社會、文化、思想的種種演變,及其獨特精神之所在；二、要從歷史統貫之中映照出現在中國種種複雜難解之問題,作為有志革新之參考。[6]

---

[1] 胡昌智：《〈錢穆的國史大綱〉與德國史歷史主義》,《史學評論》,期 6（臺北,1983）,頁 16。此語主要指《國史大綱》一書。

[2] 胡昌智：《從庫恩的「典範」觀念談〈史學評論〉發刊辭》,《史學評論》,期 6（臺北,1983）,頁 160。

[3] 錢穆：《引論》,《國史大綱》,臺北：臺灣商務印書館,1975 年修訂二版,頁 3。

[4] 錢穆：《中國史學名著》,頁 326。

[5] 錢穆：《引論》,《國史大綱》,頁 4。

[6] 錢穆：《引論》,《國史大綱》,頁 7。

余文所謂「中國文化獨特形態與發展歷程」即錢穆之第一個條件，而「對過去的確切瞭解可以照明我們今天的歷史處境」、「認清勢的作用與性質，對我們眼前的處境有指點方向之功」則為錢穆所要求的第二個條件。

以上筆者從余文中承舊的一面作初步地分析，認為余文扣緊了章實齋的史學觀念和錢穆對國史的反省而展開。章氏對考據學風的不滿，錢氏對史料、史觀學派的批評與余文有類似之處，但余文的典範意義不是單從傳統的內在演變所能解釋，章氏在十七世紀所受到的考證壓力，錢氏在抗戰時所見國人對歷史的漠視與誤解，和一九七九年余氏撰寫此文的背景有所不同，余文的出現有其時代的意義。從整個發展趨勢來看：章實齋的歷史思想已經逼近了一個新典範，但在清代學術風氣之下，他雖想力挽狂瀾，最後卻鬱鬱而終；錢穆的歷史思想則為新典範立下初步規模，然而他的看法也沒有獲得普遍的迴響，很多人對錢穆的作品充滿誤解，傅斯年甚至宣稱「向不讀錢某書文一字」。[1]一直到余氏在傳統的基礎之上融入許多新的見解，才有比較重要的轉變。

首先余文所面對的是近三十年來中國史學界的極端發展，因此余氏針對史料學派和史觀學派的基本主張提出反省，然而極有意義的是，余文的反省中只有兩派的看法，沒有提到任何一位歷史學者的名字，這種處理在方法學上屬於韋伯所謂的「理想型」（ideal type），因為現實的史學狀況不可能那麼涇渭分明。如史料學派的主流——「中研院」歷史語言研究所，從傅斯年和李濟到今天許倬云、毛漢光諸先

---

[1] 錢穆：《八十憶雙親・師友雜憶合刊》，臺北：東大圖書公司，1983，頁 202。此語雖系錢氏晚年之回憶，真實性待考，但至少反映錢氏認為自己的看法並未被普遍地接受。

生，看法不斷地調整與改變，有些人早就放棄「史學即史料學」的工作旨趣；而大陸史學界中亦有不少依賴馬克思主義框架，而內容很紮實的史學作品。所以我們只能說史料與史觀的劃分是為討論上的方便而指出的趨勢，現實中並不是那麼清楚。但這樣的處理卻可以增加新典範在解釋上的應用，因為這二種研究趨勢可能在不同的地區以不同的方式表現，例如中國大陸史學從史觀折回偏重史料的舊路，臺灣地區史學界某些作品是以歷史為特殊的政治主張服務，或以設定的架構套用於歷史現象之上，這些態度應該是同樣地受到余文的批判。

其次，余氏對研究態度主張「史學研究上理性和情感是能夠而且必須取得平衡」，筆者發現余文中隱去了強烈的民族激情，他不像錢穆那樣強調「對其本國已往歷史之溫情與敬意」，[1] 取而代之的是以世界的眼光或全球的視野來觀察中國文化的特色，這一點是余文與錢穆史學不同之處。近代以來中國在內憂外患之下民族意識高漲，民族主義幾乎成為一種新的宗教，史家的著作之中都充滿了濃郁的民族情感，甚至產生民族的偏見，余氏所表現之世界眼光正是希望平衡民族主義的褊狹。在此前提下，余文所謂「中國文化的基本形態及其發展過程」之目標更具深刻的意義。然而民族激情和世界眼光是否無法協調？「世界史家」的境界是否必然高於「民族史家」？這些問題仍然值得思考。

為了達到余氏所倡導的目標，他主要提出了下列幾種方法：（一）比較研究，（二）史學與社會科學的結合，[2] （三）基本功力的長期累積，（四）分析、綜合的交互運用。第三點和第四點都是切實可行，爭論和困難較少，下文中筆者只討論第一點和第二點。

比較研究主要是配合上述之世界眼光，使中國文化之特色能在與

---

[1] 錢穆：《引論》，《國史大綱》，頁1：「凡讀本書請先具下列諸信念。」
[2] 余文之中有時強調「吸收有關科學的方法以為己用」，有關科學主要即指社會科學。

其他文化比較中凸顯出來。消極地說，要避免比附，不應將目標定為追求發展中的「通則」或「規律」；積極而言，比較之時不但要異中求同，還要同中求異，所以異文化的歷史進展足資參證，小區域研究的文化體認也可用於中國史的分析。余氏所談的比較方法對史學界來說，還是一個有待努力的方向，這牽涉學者的素養，治本國史者多半不接觸外國史的著作，甚至外國史的經典作品在國內也不易找到，這些缺陷不但「削弱了史學家提出新問題的能力」，也使史家對問題的解答不夠深入。

　　史學與社會科學的結合亦值得加以檢討，此一看法從民初以來就不斷地有人提倡，如何炳松翻譯魯濱遜（James Robinson）的《新史學》，著《通史新義》，一直到《食貨》與《思與言》雜誌的鼓吹，所以黃俊傑教授認為：近十年來，國內史學研究方法的基本特徵是「史學與社會科學之理論與研究方法的結合」，[1]余文的見解正是配合此一動向。但余氏卻別有會心地提出「史無定法以切己為要」的基本原則。[2]史無定法的法，胡昌智從研究程序的角度指出：不是指一般的史學研究技術──如找尋史料、考證真偽、論文與批註的形式等，而是指「社會科學提供出的解釋規則」，[3]也就是說就前者而言，歷史學有其紀律，但後者則並無成法。我們嘗試以 Abraham Kaplan 的比喻作一詮釋，如果把史學研究比喻為球賽，則社會科學所提供的方法，不是裁判，也不是制定規則的委員，它只是球隊教練為適應實際狀況所提出的對策，它的好壞端賴能否有效地贏球而定。[4]能夠使我方贏球的方法應該

1　黃俊傑：《近十年來國內史學方法論的研究及其新動向（上）》，《漢學研究通訊》，卷2期2（1983），頁69。
2　此原則不專用於史學與社會科學的結合，亦可廣泛地指一切史學方法的運用。
3　胡昌智：《從庫恩的「典範」觀念談〈史學評論〉發刊辭》，頁157。
4　康樂、黃進興編：《歷史學與社會科學》，臺北：華世出版社，1981，頁39。

就是余文所謂的切己。然而「史無定法切己為要」之說仍然值得討論，有經驗的史學研究者對這種說法可能會認為「與我心有戚戚焉」，但對初學者而言，這一個原則卻顯得空泛，不易掌握，常常會在面對史料時仍是手足無措。不過史學之所以引人入勝或許正在於此，它不是一種一加一的學問，它不但需要基本功力的長期累積，更需要內在心靈的細緻領悟。

余英時先生不但討論了歷史寫作之原則，也將這些原則落實到具體的研究。例如他在《論戴震與章學誠》一書中以心理分析的觀點研究章實齋早年的認同危機；在《近代紅學的發展與紅學革命：一個學術史的分析》和《〈中國哲學史大綱〉與史學革命》兩文中以庫恩的「典範論」來分析學術史的發展。[1]最近出版的《論天人之際：中國古代思想起源試探》則利用「軸心時代」作為分析的概念，他認為只有在與其他古文化——特別是西方——的對照之下，中國軸心突破的文化特色才能充分地顯現出來。[2]上述的作品在方法的運用上都可謂是圓融無礙，對「史無定法切己為要」的原則而言，具有示範的作用。

然而當前史學界中有類似水平的作品並不多見。臺灣學界中史學與社會科學的結合還牽涉社會科學研究的問題，今日我們所接觸的社會科學理論與方法都有濃厚的西方性格，產生於特殊的歷史文化脈絡，這些理論與方法應用到本土研究時，必然有其限制性，因此一九八〇年，「中研院」民族所召開「社會及行為科學研究的中國化」研討會，就是要追求學術研究的本土化，希望從中國的歷史文化中建立社會科學理論。這和余文所謂：脫離佛教史上的「格義」階段，實現自

---

[1] 余英時：《近代紅學的發展與紅學革命：一個學術史的分析》，收于氏著：《歷史與思想》，臺北：聯經出版公司，1976，頁 381-418；余英時：《〈中國哲學史大綱〉與史學革命》，《中國近代思想史上的胡適》，頁 77-92。

[2] 余英時：《論天人之際：中國古代思想起源試探》，臺北：聯經出版公司，2014。

創天臺、華嚴的理想境界，在精神上完全一致。但是從該研討會的論文之中也顯示了一些問題，提倡社會科學研究中國化的學者，多半缺乏對中國歷史文化的深入瞭解，也就是心思為善，其學不足以濟之，這可能使社會科學研究中國化的理想徒成具文。[1]

　　以上筆者分別從承舊和創新（指超出傳統史學之外的部分）的兩個角度對余文作一反省，在承舊的方面本文釐清章、錢的史學淵源，在創新的方面則嘗試以近年來國內的學術經驗回觀余文。余文具有深厚的史學根源，尤其可貴的是它能適當地結合傳統與現代，以此批判史料學派與史觀學派，再系統地指出一些切實可行的研究路向。當史料、史觀學派逐漸為人質疑甚至放棄的時刻，此文「指點方向之功」，具有十分深遠的意義。因此，余氏的發刊辭和與此相呼應的史學作品，對現代史學而言應具有建立典範的意義。在理論層面上：他指出歷史的多樣性與發展性，而從發展的脈絡之中可以瞭解未來的動向；在方法層面上：他強調適當地應用比較研究與社會科學的解釋法則，在堅實的史料基礎上從事疏通知遠的工作；在價值層面上：第一，史家應關懷時代，但要與現實政治保持距離；第二，應以世界的眼光超越民族主義的褊狹態度。這一系列的看法已經逐漸地為人們所接受，而成為史學界的共識，在未來的一段時間內，史學工作者或許將繼續在此一典範所啟示的方向上，展開進一步的研究工作。

1　對此問題的反省見楊懋春、黃俊傑：《史學、社會學與社會科學研究的中國化》，黃俊傑：《儒學傳統與文化創新》，臺北：東大圖書公司，1983。

晚清史的反省

經世文編與中國近代經世思想研究[1]

前言

　　從二十世紀八〇年代開始中國經世思想的研究逐漸受到國內外學者的重視。一九八三年八月,「中研院」近代史研究所在劉廣京和陸寶千教授的主持下召開「近世中國經世思想研討會」,首開其風;一九八六年一月,美國學術團體聯合會(ACLS)舉辦「宋代經世思想與行動研討會」;同年三月,臺灣清華大學歷史研究所亦在黃俊傑教授的主持下召開「中國思想史上的經世傳統研討會」,經世思想的研究蔚為風氣。

　　經世思想的範圍十分廣泛,表達的方式亦多彩多姿,[2]很難給予清楚的界定。在近史所及清大所召開的研討會中,學者們曾熱烈地討論經世思想的「定義」問題。有人認為只要關懷外在世界秩序的思想就是經世思想,所以經世思想不限於儒家,墨家、道家、法家、佛家都有經世思想,甚至無政府主義、錢穆的「國史大綱」、托尼(R·H·Tawney, 1880-1962)對中國農業的看法皆屬經世,這種看法被批評為「泛經世」,經世思想等同於政治思想;也有人認為只有自稱經世,或

---

[1] 本文原刊於《近代中國史研究通訊》,期2(臺北,1986),頁83-96。
[2] 見劉子健:「經世——關於英譯名詞和史科分類的討論」(未刊稿,臺灣清華大學「中國思想史上的經世傳統研討會」參考數據),劉氏認為經世之學的目標可以大別為道德、制度、專項事功三類;其根據也有經書、心性哲理、歷史三類,兩者交織可分成九項不同的史料,由此可見經世之學的複雜性。

被同時代學者視為經世的思想家才有經世思想，這種看法又被認為範圍太狹窄。從上述的討論中我們發現依靠現有的研究成果，仍無法對經世下一定義，目前對經世思想的研究或許應拋開定義問題，先深入探討不同時代經世思想家對「經世」的具體看法，在研究過多數的個案後，才可以歸納出一個較恰當的定義。

在各類有關經世思想的著作中，「經世文編」是一個值得研究的對象，它是明朝末年至民國初年間知識分子表達經世思想的一個重要方式。由於明顯地標出「經世」之名，故屬於經世思想絕無疑問，詳細研究「經世文編」將有助於瞭解中國近代經世思想。「經世文編」的共同特色是藉著文章的纂集而表達編者的經世意念，在近三百年中（明末至民初）「經世文編」的編纂前後相承，形成一個延綿不斷的經世傳統，這批數量龐大的史料（據估計總字數超過三千萬字）仍是一片有待開闢的領域。本文的目的是對晚明以來各種的「經世文編」以及初步的研究成果作一介紹，並反省研究方法，展望未來的發展。[1]

---

[1] 本文所探討的對象僅限於 1980 年代中期的研究狀況，有關其後的發展可以參考丘為君、張運宗：《戰後臺灣學界對經世問題的探討與反省》，《新史學》，卷 7 期 2（臺北，1996 年 6 月），頁 181-231。韓承樺：《評介兩岸學界近十年有關〈經世文編〉的研究概況》，《史原》，復刊期 2，總第 23 期（臺北，2011），頁 205-238。「中研院」近代史研究所開發了「清代經世文編」數字數據庫（收入「近代史料全文數據庫」之內），計有賀長齡《皇朝經世文編》、葛士濬《皇朝經世文續編》、盛康《皇朝經世文續編》、邵之棠《皇朝經世文統編》與陳忠倚、麥仲華、何良棟、甘韓等人所編的經世叢書等。這幾部書成書時間起自道光，迄於光緒年間，在記載方面亦各具特色，可說是晚清時期最重要的史料之一。此一數據庫可供檢索，使用十分方便。

「經世文編」簡介

　　近代「經世文編」的編輯一般多溯源到《皇明經世文編》,[1]此書編於崇禎十一年(1638),編者主要是隸屬「幾社」的陳子龍(臥子,1608-1647)、徐孚遠(闇公,1599-1665)、宋征璧(尚木,生卒待考)三人,全書網羅明洪武至天啟年間臣僚著作三千餘篇,正文五百零四卷,補遺四卷,共五百零八卷。編排方式是以人物為中心,多數是一人一卷,少部分為一人數卷或數人一卷,收錄的文章包括奏摺、文集中的作品、往來書信等。清初因政治因素,將此書列入「應銷毀書目檔」,故道光以前該書流傳並不廣泛。[2]日本學者曾出版了一本明代經世文分類目錄,包含了《皇明經世文編》等十一部明代的「經世文編」,使數據的運用更為方便。[3]清朝第一部較著名的「經世文編」是乾隆四十一年(1776)出版的《切問齋文鈔》(以下簡稱《文鈔》),

---

1　其實在《皇明經世文編》出版之前已有經世文編性質的書籍,如萬表(1498-1556)在嘉靖三十三年(1554)即編有《皇明經濟文錄》,41卷;此外江右的馮應京(1555-1606)在萬曆三十一年(1603)亦編有《皇明經世實用編》,28卷,內容包括《皇明祖訓》《六部事務》《禮樂射御書數》《諸儒語錄》等。見 L. Carrington Goodrich and Chaoyin Fang, eds., *Dictionary of Ming Biography,* New York: Columbia University Press, 1976, pp.1141, 1339。

2　李光濤:《正在影印中的皇明經世文編》,載《大陸雜誌》,卷25期9(臺北,1962),頁10。

3　該目錄由東洋文庫明代史研究委員會編纂:《明代經世文分類目錄》,東京:東洋文庫,1986年3月,附作者姓名索引。收錄的書籍如下:(1)陳子龍等編:《皇明經世文編》,508卷。(2)萬表編:《皇明經濟文錄》,41卷。(3)汪少泉編:《皇明奏疏類鈔》,61卷。(4)張瀚編:《皇明疏議輯略》,37卷。(5)孫旬編:《皇明疏鈔》,70卷。(6)王嘉賓等編:《皇明兩朝疏鈔》,12卷。(7)黃訓編:《皇明名臣經濟錄》,53卷。(8)陳九德編:《皇明名臣經濟錄》,18卷。(9)黃仁溥編:《皇明經世要略》,5卷。(10)陳子莊編:《昭代經濟言》,14卷。(11)吳亮編:《萬曆疏鈔》,50卷。

編者為山東地方官陸耀（朗夫，1723-1785），全書蒐集清初以來各類文章四百餘篇，計三十卷。該書的編輯方式與《皇明經世文編》不同，不採人物為中心，而以類別為分類標準，將性質相同的文章集合在一特定項目之下。全書分為學術、風俗、教家、服官、選舉、財賦、荒政、保甲、兵制、刑法、時憲、河防等十二項。這種以類別為中心的分類方式，以及將「學術」置於卷首統領全書的方法為道咸以下各「經世文編」所傚倣。《文鈔》出版之後陸續再版，道光初年河南布政使楊國禎曾重刊此書；同治八年（1869）江陵錢氏再度重印，並將書名改為《皇朝經世文鈔》，目前「中研院」史語所、臺大、近史所分別收藏了一種版本。《文鈔》出版於考據學風大盛之時，足證乾嘉時期士人的經世傳統仍未斷絕。[1]

　　《文鈔》出版後的半個世紀，又出現了第二部重要的「經世文編」，此即魏源（1794-1857）應賀長齡（1785-1848）之邀而編輯的《皇朝經世文編》（以下簡稱《文編》），該書於道光六年（1826）出版，書中收錄清初至道光三年間文章兩千兩百多篇，共一百二十卷。全書分為八個部分，第一部分是「學術」，為全書之綱領；其次是「治體」，說明政治的基本原則；再其次則依六部順序分為「吏政」、「戶政」、「禮政」、「兵政」、「刑政」、「工政」，討論具體的行政技術，各部分之下編者再細分為六十五個小目。由此可見《文編》不但條理清晰，且籠罩面更為完備。就思想內涵而言，《文編》出版於鴉片戰爭前十四年，足可反映西方衝擊前夕中國知識分子的思想狀況，同時也說明儒家求變的精神絕不能單純地解釋為對西方挑戰的反應，而是中國思想史自

1　筆者曾撰一文討論此書對清代官僚制度改革之意見，見黃克武：《乾隆末年經世思想論清初官僚行政：〈切問齋文鈔〉服官、選舉部分之分析》，《近代初期歷史研討會論文集》，臺北：「中研院」近代史研究所，1989，頁579-618。

身的一種發展。[1]

　《文編》出版後廣受學者歡迎，中國近代史上重要人物如曾國藩（1811-1872）、左宗棠（1812-1885）、張之洞（1837-1909）、康有為（1858-1927）等人早年都曾批讀此書。[2]俞樾（1821-1907）尤其給予好評：

> 自賀耦耕先生用前明陳臥子之例，輯《皇朝經世文編》，數十年來風行海內，凡講求經濟者，無不奉此書為矩矱，幾於家有此書。[3]

　由於《文編》廣受士人歡迎，出版之後的六七十年間，以《補編》、《續編》為名的書籍接踵而出，前後有二十多種。這些出版物不僅在名稱上沿用《經世文編》之名、體例上多數與《皇朝經世文編》類似，甚至有些書的卷數亦保持一百二十卷。學術界曾有多篇文章介紹這批史料，為了說明上的方便，我們綜合各文，將《皇朝經世文編》之後的各《經世文編》列成下表：[4]

1　余英時：《清代學術思想史重要觀念通釋》，「經世致用」條，《史學評論》，期5（臺北，1983），頁45。

2　曾國藩在日記中表示「經濟之學吾之從事者二書焉，曰《會典》，曰《皇朝經世文編》」，見王啟原校編：《求闕齋日記類鈔》，長沙：傳忠書局，光緒二年（1876）刊印，捲上，頁8下。左宗棠早年曾仔細閱讀《皇朝經世文編》，所藏該書「丹黃殆遍」，見羅正鈞：《左文襄公年譜》，湘陰左氏刻本，清光緒二十三年（1897），卷1，頁7上，「道光九年」條。張之洞認為《文編》為最為切用，故將之列入《書目答問》，建議士子閱覽。張之洞：《書目答問》，臺北：臺灣商務印書館國學基本叢書簡編，1948，頁68。康有為閱讀《文編》的記錄見康有為：《康南海自編年譜》，臺北：文海出版社，1966，頁11，光緒五年項下。

3　俞樾：《皇朝經世文續集序》，《春在堂雜文》，4編，卷7，頁20上—下。

4　表中所列僅限於沿用《經世文編》為書名者，除此之外還有《時務叢鈔》《邊事叢錄》《洋務叢鈔》《策論匯海》《治平十議》等書亦由《經世文編》衍生而成，為免龐雜，擬日後再予介紹。參考王爾敏：《經世思想之義界問題》，載《「中研院」近代史研究所集刊》，期13（臺北，1984），頁34。

	名稱	編者	刊行年代	卷數	附記	數據源
1	《皇朝經世文編》	魏源 賀長齡	道光六年 1826	120		①②③④
2	《皇朝經世文編補》	張鵬飛	道光二十九年 1849	58	原120卷中62卷有目無文	①②③④
3	《皇朝經世文續編》	饒玉成	光緒七年 1881	104	原120卷中16卷有目無文	①②③④
4	《皇朝經世文續編》	管窺居士	光緒十四年 1888	120		②
5	《皇朝經世文續編》	葛士濬	光緒十四年 1888	120		①②③④
6	《皇朝經世文續編》	盛康	光緒二十三年 1897	120	盛宣懷與繆荃孫協助	①②③④
7	《皇朝經世文三編》	陳忠倚	光緒二十三年 1897	80		①②③④
8	《時務經世分類文編》	求是齋主人	光緒二十三年 1897	32		②④
9	《皇朝經世文新增時務洋務續編》	甘翰	光緒二十三年 1897	時務40卷 洋務8卷	亦名《皇朝經世文三編增附時事洋務》	①②③④
10	《皇朝經世文新編》	麥仲華	光緒二十四年 1898	21		①②③④
11	《皇朝經世文新編》	麥仲華	光緒二十八年 1902	21	為上書之改訂本，刪除一百多篇	①②④
12	《皇朝經濟文編》	求自強齋主人	光緒二十七年 1901	128		②④
13	《皇朝經濟文新編》	宜今室	光緒二十七年 1901	62		①

	名稱	編者	刊行年代	卷數	附記	數據源
14	《皇朝經世文統編》	潤甫（邵之棠）	光緒二十七年 1901	107		①②③④
15	《皇朝經世文統編》（增輯經世文統編）	闕名	光緒二十七年 1901	120		②③④
16	《皇朝經世文四編》	何良棟	光緒二十八年 1902	52		①②③④
17	《皇朝經世文五編》	求是齋	光緒二十八年 1902	32		①②④
18	《皇朝經世文五編》	闕鑄	光緒二十八年 1902	26		③
19	《皇朝經世文續新編》	儲桂山	光緒二十八年 1902	20		④
20	《皇朝經世文新編續集》	甘韓 楊鳳藻	光緒二十八年 1902	21		①②③④
21	《皇朝蓄艾文編》	于寶軒	光緒二十九年 1903	80		①③④
22	《民國經世文編》	上海經世文社	民國二年 1913	40（冊）		①③④

數據源：

① 日本近代中國研究委員會：《經世文編總目錄》，東京：近代中國研究委員會，1956。

② 平凡社：《アジア歷史事典》，東京：平凡社，1960，卷3，頁283-284，百瀨弘撰「皇朝經世文編」條。

③ 錢實甫：《關於經世文編》，載《歷史教學》，1968年8月，頁13-18。

④ 黃麗鏞：《魏源年譜》，長沙：湖南人民出版社，1985，頁266-268。

當代學術界中首先注意到這批史料的是日人百瀨弘，他在一九四一年撰成《清末の經世文編に就いて》，對於《文鈔》以後的十部「經世文編」的編者、成書背景、收錄文章作簡明的介紹。他強調時代的變遷會促使文編內容與編纂形式的變化，故文中詳細地討論各書綱目的增減及其代表的意義。他認為陸耀的《文鈔》是以朱子學思想為基礎，故注意各種典禮，強調政治與道德的結合；至魏源所纂《皇朝經世文編》加強了實際傾向，故刪除了天文、樂律部分，而增加水利、河防方面的文章。鴉片戰後中國局勢發生變化，光緒年間葛士濬、盛康的續編為適應新情況，增加「洋務」部分，介紹新知；至陳忠倚的三編，更明言《皇朝經世文編》中儒行、宗法、禮論、婚禮、喪禮、服制、祭禮等項對富強之術毫無裨益，故多予刪除，而另增測算、格致、化學、礦務等。麥仲華的新編在「經世文編」發展之上是一大突破，作者認為該書不但在體例上打破了以「六部」為中心的編輯格式，內涵上亦有所創新，書中宣傳康、梁的維新變法，收錄外人著作，介紹泰西史地。總結清代的幾部《經世文編》，百瀨弘認為這些書籍先則主張繼承傳統逐步修改，後則力倡維新變法追求富強，反映出清末中國讀書人政治思想的變遷。[1]

　　日本學者對「經世文編」一直有濃厚的興趣，一九五六年日本近代中國研究委員會在市古宙三（1913-2014）的提議下，蒐集了十七種《經世文編》，編成《經世文編總目錄》，並附作者索引及各書綱目變化的對照表，該書的編成使這批史料更為人所知，對於「經世文編」的研究有很大的貢獻。一九六八年大陸亦有學者撰文介紹「經世文編」，即錢實甫《關於經世文編》一文，文中介紹了十六部《經世文編》的

---

[1] 百瀨弘：《清末の經世文編に就いて》，加藤繁編：《池內博士還曆記念東洋史論叢》，東京：座右寶刊行會，1940，頁 877-892。

編者、綱目與內容大要，錢氏亦談到各書收錄文章的差異可以反映編者的不同立場。例如邵之棠輯《皇朝經世文統編》，「主要蒐集清季以來有關新政言論，混合中外著述編排」；闕名所輯《皇朝經世文統編》，「主要是封建文士和洋務官僚以及帝國主義侵略分子的言論，維新色彩較少」；于寶軒所輯的《皇朝蓄艾文編》則「選輯馮桂芬以後各家有關變法的著述」；至於《民國經世文編》則明顯地偏向袁世凱：

> 很像「公牘彙編」的性質，主要的侵略分子如古德諾和有賀長雄等也被選入，但全書無孫中山一文，對袁世凱則稱「大總統」而不名。關於張振武被害和宋教仁被刺，以及鎮壓「二次革命」的材料，全部列入內政門的「定亂」目中，其態度可知。

錢文對於《經世文編》內容的介紹十分豐富，但分析不及百瀨弘之細膩。

美國方面也有學者注意到這批材料，不過僅限於《皇朝經世文編》。據說費正清曾建議張灝以《皇朝經世文編》作為博士論文的題目。在介紹文字方面，一九六九年魏斐德（Frederic Wakeman）在《清史問題》上撰寫「The Huang ch'ao ching shih wen-pien」，次年 Peter Mitchell 又在同刊物發表「A Further note on the HCCSWP」，兩文均為簡短的介紹性質。[1]此後似乎並無學者從事「經世文編」思想內涵的分析，至一九七八年《劍橋中國史》晚清篇出版時，Susan Mann Jones 和 Philip A. Kuhn 在討論到道光初年經世思想時，仍然認為《皇朝經世文

---

[1] Frederic Wakeman, "The Huang ch'ao ching shih wen pien", Ching-Shih Wei-T'i, 1.10(Feb., 1969), pp.8-22; Peter Mitchell, Ching-Shih Wei-T'i, "A Further note on the HCCSWP," 2.3(July, 1970), pp.40-46.

編》值得作進一步的研究。[1]

綜上所述,我們發現從二次大戰期間日本學者就已經注意到「經世文編」的資料,但半個世紀以來對「經世文編」的研究卻僅限於內容的介紹,至多觀察綱目的變遷。雖然也有不少文章引用「經世文編」中的史料,不過多數是從事制度史的研究,並沒有學者以「經世文編」作為一個整體,深入分析其思想內涵。關鍵的問題是「經世文編」一方面有編者主觀的選輯排比,另一方面又包括數百位作者不同的意見,它如何能成為一個思想的「整體」?又應該採用何種方法來分析?或許是由於這樣的困難,以「經世文編」研究中國近代經世思想的工作一直沒有推展。這種情況從一九八〇年代中期開始逐漸改觀,下面我們先介紹初步的研究成果,接著再反省研究方法上的一些問題。

1　Susan Mann Jones and Philip A. Kuhn, "Dynastic Decline and the Roots of Rebellion" in John K. Fairbank ed., *The Cambridge History of China*, vol. 10, Late Ch'ing, Part 1., Cambridge: Cambridge University Press, 1978, pp.149-150.

「經世文編」思想內涵之分析

從一九八五年六月至一九八六年六月間先後有四篇論文分析「經世文編」的思想內涵，分別是：

(一)《皇明經世文編》部分：許淑玲：《幾社及其經世思想》，1986年6月，臺灣師範大學歷史研究所碩士論文。

(二)《切問齋文鈔》部分：黃克武：《從理學到經世——清初〈切問齋文鈔〉學術部分之分析》，1986年3月發表於臺灣清華大學「中國思想史上的經世傳統研討會」。後正式出版：《理學與經世——清初〈切問齋文鈔〉學術立場之分析》，《「中研院」近代史研究所集刊》，期16（臺北，1987年6月），頁37-65。

(三)《皇朝經世文編》部分：有兩篇
1. 黃克武：《〈皇朝經世文編〉學術、治體部分思想之分析》，1985年6月，臺灣師範大學歷史研究所碩士論文。
2. 劉廣京、周啟榮：《〈皇朝經世文編〉關於「經世之學」的理論》，1985年12月於「中研院」近代史研究所發表專題演講，全文刊於《「中研院」近代史研究所集刊》，期15（臺北，1986年6月），頁33-99。

下面介紹各文的主要論點：
(一) 許淑玲《幾社及其經世思想》

該文由李國祁教授和墨子刻教授指導，全書主旨在分析幾社的組織活動與經世思想，其中經世思想部分主要即以《皇明經世文編》作為分析對象。作者從「歷史觀」、「經世目標」、「濟世方策」三項討論

該書的思想內涵。

在歷史觀方面,幾社同意三代是理想的時代,而三代以後則有盛有衰,例如秦晉隋是衰世,漢唐宋元則有不錯的表現。較特殊的是幾社認為明朝初年是一個理想的黃金時代,足可媲美周、漢,但明中葉以後逐漸步入衰微。對於歷史人物他們特別推崇張居正。

在經世目標方面,幾社主張追求王道,但他們認為王道不離富強,因為王霸之辨在於「心」不在「跡」,所以只要出於愛民之念,不必諱言追求富強。富強的目標具體而言包括武功強盛、社會均富、風俗淳美。此外,他們反對實施高遠而不切實際的井田制度與封建制度,主張在現行的郡縣制度之下實現上述的理想,同時對明初的盛世感到不勝嚮往。

在濟世方策方面,幾社特別強調制度應隨時勢而不斷調整,要「以昭代(當代)之人文,經昭代之國事」,故全書收錄各種有關制度改革的意見。作者以影響深遠的「一條鞭法」為例,說明幾社對制度改革的看法,她認為幾社傾向於支持一條鞭法的各種改革,從大量的選文與編者的眉批,足以顯示他們的立場,作者並分析這種肯定一條鞭法的主張是由於幾社所居的江南地區適合實行這種新制度所致。但是《皇明經世文編》亦收錄少數(如葛守禮和何瑭等)反對一條鞭法的意見,這種情形顯示幾社也瞭解地理位置的差別會影響制度實施的效果,所以他們亦提出「條鞭有利有弊」的觀點。上述對一條鞭法的複雜意見充分反映幾社經世思想中的調適精神。

為了凸顯幾社經世思想的特色,作者將之與東林黨人和明末清初的經世思想家作一比較。她認為東林經世思想有濃厚的道德色彩,幾社基本上肯定道德的意義,但重心卻在制度的因革損益,與東林不同。此外,顧炎武(1613-1682)、黃宗羲(1610-1695)有強烈的復古傾向,要求恢復封建;幾社卻主張法後王、行郡縣,反對泥古。幾社

這種重視變通的精神反而與王夫之（1619-1692）的思想頗為契合。

　　從以上的描述可知作者雖然沒有全面地分析《皇明經世文編》的思想內涵，因此遺漏了許多幾社對制度改革的精彩意見，但大致已勾勒出該書的特色。

（二）黃克武《理學與經世——清初〈切問齋文鈔〉學術立場之分析》

　　本文藉著分析《文鈔》學術部分的五十一篇文章解決兩個問題：第一，乾隆末年出現的《文鈔》是在何種學術基礎之上提出其經世的主張？第二，該書與道光初年的《皇朝經世文編》有何關係？

　　對於第一個問題，作者認為《文鈔》經世思想主要淵源於清初的程朱理學，而與顧、黃、王等大儒者的經世思想沒有直接的關係。它繼承了理學長期以來由抽象轉向具體的趨勢，進一步地不再討論太極、理氣、心性等抽象問題，而將焦點置於日用事物；此外它放棄了清初理學中強烈的宗派色彩，改採尊崇程朱但不排擠陸王的調和主張。在思想內涵上《文鈔》學術部分各篇文章環繞著「體用兼備」、「有體有用」、「明體達用」的理想，細繹其「體」的含意主要指道德與知識的涵養而較少宇宙論的意味，而「用」則確指外在的事功。這種體用合一的理想一方面矯正了理學末流已流於空疏無用的弊病，另一方面亦使士人在關懷外在事物時不致落入法家或功利思想的「邪說」。《文鈔》各文反覆地提出這種觀念使理學思想「外轉」，開出一條通往經世的道路。《文鈔》正是處於這種思想轉向的關鍵地位。

　　但是清初理學不是《文鈔》的唯一淵源，書中還包含了其他的思想因素。例如編者強調官僚制度內部的技術改革，他亦提出「文以載道」的觀念，認為士人撰寫有意義的文章或將這些文章集結出版是經世的一個重要方式；此外在編者的觀念中學術具有準備、嘗試與諮詢討論的精神，不一定要立即實現內聖外王的理想等。這些觀念都與理學的看法不同，而共同塑造該書經世思想的另一種特色。

對於第二個問題作者首先指出，魏源所編《皇朝經世文編》在編輯形式與文章選裁方面都受到《文鈔》的影響，兩書前後承接的關係十分明顯。但《文編》除了繼承主要源於清初理學的經世思想外，還受到許多其他思想的影響，其中明末清初經世思想家顧炎武、唐甄（1630-1704）等人的影響力尤其顯著。因此作者認為道光初年經世思想的興起背後有兩股重要的推動力量，一為主要源於清初程朱理學的經世思想，一為明末清初顧炎武、唐甄等人的經世思想，而與今文學派並無直接而密切的關係。

（三）黃克武《〈皇朝經世文編〉學術、治體部分思想之分析》與劉廣京、周啟榮《〈皇朝經世文編〉關於「經世之學」的理論》

《皇朝經世文編》學術、治體部分是全書的理論部分，與後面討論行政技術的「六政」部分各篇文章性質不同，構成獨立分析的對象。這兩篇文章是在互不影響下選擇了相同的史料從事分析，因此予以合併介紹。拙著碩士論文是由李國祁教授與墨子刻教授指導，劉廣京先生的大作則是與他的學生周啟榮先生合作完成。

首先在研究方法上，拙文是以一套分析架構為基礎，打散各篇文章的界限，用歸納的方法描述《文編》學術、治體部分的思想內涵；接著再以「轉化—調適」的分析架構，配合比較方法觀察其思想的特點。劉文則依循《文編》的編排順序，逐篇介紹學術六卷與治體八卷中各文的內容；其次再綜合分析其學術取向與政治立場。比較兩文的大綱可以看出作者處理方式的差異：

拙文	劉文
一、導論	一、導論
二、背景	二、學術六卷內容大要
三、《皇朝經世文編》學術、治體部分思想之內涵	三、治體八卷內容大要
（一）知識的來源	四、綜合分析
（二）現實世界的基本組成與活動	（一）學術
（三）目標	1. 立志與經世
（四）對歷史的看法	2. 經世致用
（五）經濟之策	3. 對考證學之態度
（六）經世思想家對目標、障礙和濟世之策的綜合評估	4. 對道學之態度
四、《皇朝經世文編》學術、治體部分思想之特點	（二）治道
（一）轉化思想與調適思想	1. 君道
（二）文編學術、治體部分思想之特點	2. 臣道
五、結論	3. 行政功效
	（三）天人觀
	1. 以氣為本之宇宙觀
	2. 福禍報應
	（四）重勢通變之歷史觀
	（五）王霸之辨與變法
	五、結論

這兩種不同的思想史研究法很難比較其優劣，或許只能說是風格上的差異。

在結論上，兩者的主張如下：

拙文認為《文編》經世思想中有很重要的一部分源於先秦儒家思想與宋明理學。從各文對諸葛亮的推崇顯示，只要是出於愛民之念，儒家也可以改革制度、追求實效，甚至可以推行嚴刑峻法，藉著諸葛亮的例子，經世思想家說明儒家注意外在事功的合法性。但是《文編》除了承襲儒家傳統外還受到其他因素的影響，如儒家思想的法家化、官僚制度的經驗、民間宗教中「福善禍淫」的觀念等。再者，《文編》特別強調儒家傳統中「兼內外」的理想，因此調和了理學與功利學派，對於內在道德的涵養，與外在事功的表現賦予同等的重視。此外它亦

調和了漢學與宋學，主張以宋學為本、漢學為末的調和論。若與明末清初的經世思想比較，《文編》避免了顧炎武、黃宗羲等人復古和反清復明的主張，亦與《皇明經世文編》過度尊重當代政治權威，要求返回明初祖制的思想形態有所不同。作者認為《文編》的經世理論結合了重視理想、主張徹底改造的轉化思想，與重視現實、主張逐步改良的調適思想兩種形態，因此它一方面以高遠的王道為理想，堅持道尊於勢；另一方面則反對復古（恢復井田、封建），肯定現存的政治秩序。這種思想趨向理想與現實並重，而要求在現實世界中實現其理想。

劉廣京先生的大作指出《文編》首十四卷具有體制嚴謹，立場鮮明的特點，同時以「經世之學」為一門學問，足與漢學、宋學分庭抗禮，並非如《皇明經世文編》僅為施政文牘之彙編而已。

其次，作者認為《文編》「經世之學」的含義十分複雜。舉凡為學為政之原則，以及學者之志向、為學方向、個人道德修養，以及對人性、天道、歷史之瞭解等，凡與政事及致用之原則有關者，皆屬其範圍，故《文編》經世之學可視為大學八條目之具體發揮。但就《文編》史料而言經世之學雖牽涉甚廣，仍有三個原則決定其範圍：

1. 須以能「致用」為目的。
2. 以政府施政為立場，特別重視君主與朝廷，但亦不輕視各省及州縣地方行政。一切經世活動均以合法之政府為權威之泉源。
3. 專取以民為本之經世觀，此點顯示《文編》仍基於儒家愛民的立場，而非法家尊君的立場。

最後作者點出《文編》在中國近世思想史上的意義。他們認為《文編》「經世之學」在鴉片戰後擴大而為救時之學問，成為近代講求經濟、變法及各種學術、政治運動之先趨。就十九、二十世紀中國思想史而言，《文編》楬櫫之「經世之學」乃一「基線」，道光初年以後思想學說之發展，皆須憑此基線衡量比較。

由以上的敘述可以發現兩文的結論不完全一致,但可以互相補足加深讀者對《皇朝經世文編》經世理論的瞭解。

以上我們簡單地介紹過去一年中對於三部《經世文編》的研究,各文顯示這三部《經世文編》並非漫無中心的文牘彙編,而是表現出一套特殊的價值取向,不同時代的編者面對了不同的挑戰,選擇不同的文章,因此也反映出不同的思想特色。

研究方法的反省

最後我們嘗試依據以上的四篇論文提出研究《經世文編》時值得思考的一些問題。

(一)《經世文編》要成為一個思想的整體,必須假設該書的編者在編輯過程中表現出高度的選擇性。因此研究《經世文編》首先必須掌握住「編者的選擇性」。例如在該書序例中,編者是否談到編書的動機與標準?這些標準與選文是否配合?又如編者在書中是否有眉批或圈識?此外,編者的選擇性可能表現在以下幾個方面:

1. 對不同作者而言,編者為何選擇某個人的文章而不選另一個人文章?文章選入數目較多的作者有哪幾位?他們是否具有某些相同的背景?
2. 對同一位作者而言,為什麼書中選擇這一篇文章而不選另一篇文章?亦即某一位作者本來的形象與他在《經世文編》中被塑造出來的形像有無不同?
3. 就同一篇文章而言,在作者文集上的標題和內容與它在《文編》中的標題和內容有無出入?亦即編者有無更改標題或刪除內容?如果有,他的動機何在?

對於「編者的選擇性」而言,目前初步的看法是:《經世文編》的

編者對於學術、政治的基本原則往往抱持著一套較鮮明的立場；然而對於技術層次的問題（如治河、禮儀、開礦等）常常並不提出一個固定的答案，而是提供兩個以上的選擇，但是這些選擇仍然包含在一個特定範圍之內，並非漫無邊際。研究《經世文編》必須針對其史料性質來解釋，對哪些問題編者持有確定的立場，對哪些問題則提出一系列「意見的光譜」（spectrum of the opinions）？

（二）為了較清楚地掌握《經世文編》的思想傾向，可以運用兩組觀念來對照。第一，該書經世思想的目標較接近徹底改變的轉化思想，還是逐步改良的調適思想？[1]第二，書中所採取的經世手段是強調政治核心的改革，還是偏重政治核心之外的各種行動？上述一組觀念交織成四種思想形態，即強調政治核心的轉化思想、強調政治核心的調適思想、政治核心之外的轉化思想，以及政治核心之外的調適思想，研究者可據以從事思想形態的分類，並比較其異同。

（三）研究《經世文編》時值得注意的另一個問題是各書對歷史的看法。例如他們認為歷史上有哪些黃金時代，是三代？三代以後？還是本朝？對黃金時代的看法往往影響到目標的設定與方法的抉擇。此外書中認為歷史上有哪些值得傚法的英雄人物或應該警戒的前車之鑒？例如許淑玲的文章談到《皇明經世文編》對張居正的推崇，拙著碩士論文談到《皇朝經世文編》各文推崇諸葛亮、貶抑王安石，劉廣京先生的大作認為《皇朝經世文編》之理想乃仿效管仲之政法。這些對歷史人物的評價都反映出各書經世思想的特色。

（四）研究《經世文編》不但要考慮編者所肯定的觀念，也要掌握

---

[1] 轉化與調適的對照請參考墨子刻：*The Internal Organization of Ch'ing Bureaucracy: Legal, Normative, and Communication Aspect,* Cambridge: Harvard University Press, 1973，第一章；*Escape from Predicament: Neo- Confucianism and China's Evolving Political Culture,* New York: Columbia University Press, 1977，第四章。

他所拒絕或否定的觀念,因為他所拒絕的部分影響到他所肯定部分的意義。例如拙文分析《皇朝經世文編》學術立場時談到《文編》一致反對的學術或思想計有老莊佛道、「王安石」類型的儒家思想、考證訓詁、辭章之學、市井小民的逐利態度,不完全反對的學術思想有法家和功利學派,只有小部分人反對但大多數人都支持的學術思想為宋明理學。這樣的研究可以從另一面烘托其基本立場。

（五）具體而言,研究《經世文編》主要是利用歸納法與比較法,前者適合分析思想內涵,後者則可凸顯其思想特點。用歸納法研究思想內涵可細分為以下幾個步驟：

1. 仔細閱讀《經世文編》中的史料。
2. 歸納出各文所討論的重要議題（agenda）。
3. 對於每一個議題編者採取一個固定的立場？還是收錄了一系列「意見的光譜」？
4. 各議題之間是否有內在的關聯或邏輯上的順序？如何能做一較清楚的敘述？

瞭解思想內涵後可以進一步運用比較法觀察其特點,比較的對象可選擇同時代或異時代的思想主體。例如許淑玲的文章將《皇明經世文編》與東林經世思想、顧、黃、王等人的經世思想作一比較；拙文討論《文鈔》時將之與《性理精義》、《皇朝經世文編》作一比較；劉廣京先生則將《皇朝經世文編》與《皇明經世文編》、宋代理學和功利學派等作一比較。

以上各項是綜合四篇研究成果,從研究方法的角度所作的反省,而然誠如余英時先生所謂「史無定法」,[1]上述各項僅為從事研究時值得考慮的一些問題。

1　余英時：《中國史學的現階段：反省與展望——代「發刊辭」》,《史學評論》,期1（臺北,1979）,頁14。

研究展望

　　一九八五年由於墨子刻教授和劉廣京教授的提倡，逐漸有人開始利用《經世文編》從事中國近代經世思想的研究。但還有十幾種《經世文編》仍乏人問津，[1]在這批為數高達三千多萬字的史料中，包含了中國近代知識分子對學術、政治、社會、經濟、軍事、科技等方面的複雜看法，這是中國近代史研究中不可忽略的一環。以上述的研究為基礎，還可以從事許多的研究工作，例如：

（一）目前對《文編》的研究多偏向學術、政治基本立場之分析，沒有從事有關六部行政技術的探討，而這一部分的數據是各《經世文編》中數量最龐大的部分。因此我們還不瞭解各書對行政技術的看法，也不瞭解學術、政治基本立場與行政技術之間的關聯。這項研究工作同時涉及制度史與思想史兩個層面，極具挑戰性。

（二）在分析工作進行的同時也不可忽略綜合的工作，亦即如何利用已有的研究成果來重建明清經世思想的「地圖」。例如我們可以列出明清時代各種形態的經世思想：（1）東林黨人的經世思想。（2）幾社編輯的《皇明經世文編》。（3）顧炎武、黃宗羲的經世思想。（4）王夫之的經世思想。（5）唐甄的經世思想。（6）陸耀編輯的《切問齋文鈔》。（7）魏源、賀長齡編輯的《皇朝經世文編》等。我們還可能列出其他的經世思想，然而值得考慮的是他們之間有何異同？我們又應如何透過已有的研究成果掌握明清經世思想的發展？這樣的工作可以擴大視

---

[1] 筆者指導的一篇碩士論文曾研究一個個案：楊玓潔：《晚清科舉改制與經世思想的變遷──〈最新經世文編〉（1903）為中心》，臺北：臺灣師範大學歷史系碩士論文，2013。本論文以 1903 年出版之《最新經世文編》為例，觀察該文編的編纂與出版，以展示科舉制度如何在轉型時期產生作用；同時亦分析文本內容，以瞭解晚清時期民間的經世思想在轉型時期新資源的刺激之下所產生的思想變化。

野,將研究的對象放在歷史脈絡中來思考。

（三）誠如劉廣京先生所謂：《皇朝經世文編》為一「基線」,可據以衡量鴉片戰後中國思想的發展。因此我們可以問鴉片戰爭以後一連串的《經世文編》各有何特色？它們與鴉片戰前的經世思想又有何異同？研究這些問題將有助於我們瞭解現代化時期中國思想的延續與變遷。

清代考證學的淵源——
民初以來研究成果之評介[1]

　　清代考證學的興起可以追溯到明末中國思想界的巨大變化,這個變化伴隨著明亡清興的歷史變局、社會經濟的變遷,以及耶穌會士引進西學的衝擊,對中國近三百年的學術思想產生相當深遠的影響。明末思想轉變的基線是從「理學」轉向「實學」,亦即從道德形上學的關注轉移到對實際事物的高度興趣。具體而言,這個轉變的過程包括三個主要的學術方向,一為氣的哲學,一為經世之學,一為考證學。這三者後來成為清代學術思想的主流,其影響一直延續到十九和二十世紀。以考證來說,甚至一直到今天還是一個具有相當支配力量的學術理念。[2]

　　氣的哲學、經世、考證三者雖同時展現了儒學由抽象轉向具體的精神,其間有互相增強的作用,但亦各自有其獨立的起源與發展。以氣的哲學(亦稱「氣的一元論」)來說,它為理學內部的發展,是針對程朱理氣二元論而起的反動,這種哲學強調本體論的基礎是物質性的「氣」(英文多譯為 material force 或 ether of materialization),認

1　本文曾刊於《近代中國史研究通訊》,期 11(臺北,1991),頁 140-154。
2　現在許多學者仍從事考證的工作,傅斯年曾說「中研院」歷史語言研究所的工作旨趣是「保持亭林(顧炎武)百詩(閻若璩)的遺訓」,杜維運也曾在 1972 年「二十年來我國的史學發展」討論會中指出近二十年來「考據仍然是史學的主流」,考據傳統在臺灣地區史學界延續不斷。至於在中國大陸,「文化大革命」之後「實事求是」——清代考證學的口號——又為學術界所強調。這個口號雖是針對「影射史學」而發,但與乾嘉傳統不無關係。見傅斯年:《歷史語言研究所工作之旨趣》,《「中研院」歷史語言研究所集刊》,第一本,1928。《二十年來我國的史學發展討論會記錄》,李弘祺等:《史學與史學方法論集》,臺北:食貨出版社,1980,頁 376-383。

為理與氣合而為一,而理只是氣的一方面。其思想可追溯到明代程朱學者羅欽順(1465-1547)以及王學中從劉宗周(1578-1645)到黃宗羲(1610-1695)一系列的發展,至清代則以王夫之(1619-1692)、戴震(1724-1777)、阮元(1764-1849)的哲學為代表。[1]至於氣的哲學與考證的關係則頗為歧異,例如黃宗羲、戴震的考證學可能與其氣的哲學有密切的關係,但楊慎(1488-1559)、陳第(1541-1617)、方以智(1611-1671)的考證工作則與氣的哲學之關係不深。經世與考證二者也有分途與合流的錯綜關係,有些學者的考證工作源於經世之志,並以考證來表達經世的意念;有的學者的考證工作則純粹出於知識上的興趣,與經世的理想背道而馳。至清末二者的關係更為複雜,舉例言之,康有為(1858-1927)的《新學偽經考》與《孔子改制考》是以考證的形式來建構經世的理論;而錢穆(1895-1990)的《劉向劉歆父子年譜》則以考證的作品來批評康有為。[2]總之,由於這三種學術取向的交錯發展,再加上數百年來理學的背景與西學的衝擊,近世實學的起

---

[1] 山井湧:〈明清時代における氣の哲學〉,《哲學雜誌》,46:711,1951,頁 82-103。後收入氏著:《明清思想史の研究》,東京:東京大學出版會,1980,頁 149-175。

[2] 有關考證學興起與經世思想的關係見陸寶千:〈論清代經學〉,《臺灣師範大學歷史學報》,期 3(1975),頁 1-22。後收入氏著:《清代思想史》,臺北:廣文書局,1978。余英時也指出戴震、錢大昕、汪中等考證學者始終不能忘懷經世致用,見余英時:〈清代學術思想史重要觀念通釋〉,收入氏著:《中國思想傳統的現代詮釋》,臺北:聯經出版公司,1987,頁 429-430。有關汪中思想之中考據與經世的關係,見周啟榮:"Scholar and Society: The Textual Scholarship and Social Concerns of Wang Chung(1745-1794)",載《漢學研究》,卷 4 期 1(臺北,1986),頁 297-313。考證與經世的衝突反映在章學誠對考證的批評之上,他以為考據學只知「補苴襞績」,未能掌握「史義」;史義有兩層含義,一方面是「綱紀天人,推明大道」,另一方面則是「史學所以經世」。見章學誠:〈浙東學術〉與〈答客問上〉,收入《文史通義》,臺北:史學出版社,1974。對康有為「二考」的精彩研究見王汎森:《古史辨運動的興起》,臺北:允晨文化實業股份有限公司,1987,頁 61-208。

源問題成為一個迷人的學術挑戰,而學者們在相互辯論的過程中提出了許多不同的解釋。有關近世氣的哲學與經世思想的研究成果相當豐碩,在此不擬細述,[1]本文的焦點是近世考證學的源起,作者企圖澄清自民初以來中西學術界對此問題的解釋及其互相辯論的歷程,並思考未來研究的方向。

民初以來學者多同意考證學的興起涉及多方面的因素,但各學者因著重點不同,有下列六類的解釋:

1. 考證學源於明末前後七子的復古以及楊慎、陳第、方以智等人個人的經歷與博學的雅好。
2. 考證學受到耶穌會士所傳西學的影響。
3. 由於清廷高壓統治與籠絡,士人參加政府學術計劃或自行從事與政治無關的考證工作;並有學者由此評估考證學者精神上的淪落。
4. 考證學與社會經濟變化有關,社會中的許多成員如官員、商人的獎掖、出版印刷業的發達以及人口的成長,都直接或間接促成此運動的發展。

---

[1] 有關近世經世思想的研究甚多,見「中研院」近代史研究所編,《近世中國經世思想研討會論文集》,臺北:「中研院」近代史研究所,1984,在《「中研院」近代史研究所集刊》上也有多篇重要著作,有關《經世文編》之研究的評介見黃克武:《經世文編與中國近代經世思想研究》,《近代中國史研究通訊》,期2(臺北,1986),頁 83-96。英文方面有 Benjamin A. Elman, *Classicism, Politics, and Kinship-The Ch'ang-chou School of New Text Confucianism in Late Imperial China*, Berkeley: University of California Press, 1990。而有關氣的哲學之研究除了山井湧之外還有胡適:《戴東原的哲學》,臺北:臺灣商務印書館,1967;唐君毅:《中國哲學原論——原性篇》,香港:新亞書院研究所,1974;Wm. T. de Bary ed., *The Unfolding of Neo-Confucianism,* New York: Columbia University Press, 1975. 書中有多篇論文與此有關,如 Ian McMorran, "Wang Fu-chih and the Neo-Confucian Tradition," Chung-ying Cheng, "Reason, Substance, and Human Desires in Seventeenth-Century Neo-Confucianism",另有 Irene Boom 對羅欽順的《困知記》之翻譯與研究,見 Irene Boom, Knowledge Painfully Acquired, New York: Columbia University Press, 1987。

5. 考證學源於思想性的因素或儒學內部的發展，例如認為考證的興起涉及對宋明理學「空談心性」之反動，或認為受程朱陸王的辯論、氣的一元論的提出或經世思想的出現等因素影響。
6. 認為考證學的出現是內在因素與外在因素的交互影響，並強調上述第四項社會經濟變化的重要性。

上述解釋因素的排列順序主要不在提出時間的先後，而在性質上的不同。

有關考證學興起的第一個解釋將之追溯到明末前後七子文章之復古，以及楊慎、陳第、方以智等人個人的經歷與博學的雅好。例如朱希祖（1879-1944）與蕭一山（1902-1978）認為：

> 竊謂清代考據之學，其淵源實在乎明弘治嘉靖間前後七子文章之復古……然欲作秦漢之文，必先能讀古書，欲讀古書，必先能識古字；於是說文之學興焉。……然古書之難讀，不僅在字形而尤在字音；於是音韻之學興焉。

他們認為楊慎的《古音叢目》、《古音餘》，陳第的《毛詩古音考》是由此而來，而顧炎武（1613-1682）的《音學五書》也是繼承此傳統。[1]

錢穆雖然沒有提到明末前後七子，但同樣地將顧炎武、閻若璩（1636-1704）考證工作追溯到楊慎、陳第、梅鷟（約 1483-1553，主要活動時間在十六世紀初葉）、焦竑（1540-1620）、方以智等人，他引用

---

[1] 蕭一山：《清代通史》，臺北：臺灣商務印書館，1967，冊 1，頁 941-942。所謂前七子是：李夢陽（1472-1529）、何景明（1483-1521）、徐禎卿（1479-1511）、邊貢（1476-1532）、王廷相（1474-1544）、康海（1475-1540）、王九思（1468-1551）。後七子是：李攀龍（1514-1570）、王世貞（1526-1590）、謝榛（1495-1575）、宗臣（1525-1560）、梁有譽（1521-1556）、徐中行（1517-1578）、吳國倫（1524-1593）。

《四庫全書總目》子部雜家論方以智通雅：

> 明之中葉，以博洽著者稱楊慎，而陳耀文起而與爭。然慎好偽說以售欺，耀文好蔓引以求勝。次則焦竑亦喜考證，而習與李贄游，動則牽綴佛書，傷於雜蕪。唯以智崛起崇禎中，考據精核，迥出其上，風氣既開，國初顧炎武、閻若璩、朱彝尊等沿波而起，一掃懸揣之空談。

而這些明末先驅者的考證興趣一方面是個人對博學的喜好與友朋之間相互辯論而起，另一方面似乎也有宋元的傳統。[1]

至於個人經歷對考證興起的影響可以以陳第為例，根據容肇祖（1897-1994）的研究，陳第考證的方法「大約本著他的家庭傳習的法律的觀念（其父為老吏），而推用到考證古書上」。陳第自己也說他讀書時常參看傳注不同的解釋而作判斷，有如斷獄。[2] 其後的學者也同意前後七子的復古與楊慎的特起，以及受楊慎影響的焦竑、陳第等人對晚明考證學的興起有相當的助力。[3]

有關考證學興起的第二個解釋是強調耶穌會士的影響。梁啟超（1873-1929）指出：

---

1 錢穆：《中國近三百年學術史》，冊1，頁135-136。錢氏雖詳細分析了陳第與顧炎武考證作品的連續性，但並沒有說明陳第等人考證的淵源，筆者推測他認為這些人是襲自宋元以來考證之風，例如錢穆在《朱子新學案》一書中詳細地說明了朱子的考證學，見《朱子新學案》，臺北：三民書局，1971，第五章。
2 容肇祖：《明代思想史》，臺北：臺灣開明書局，1962，頁279。
3 林慶彰：《實證精神的探求──明清考據學的發展》，林慶彰主編：《中國文化新論‧學術篇：浩瀚的學海》，臺北：聯經出版公司，1981，頁298。

> 自明之末葉，利瑪竇等輸入當時所謂西學者於中國，而學問研究方法上，生一種外來的變化；其初惟治天算者宗之，後則漸應用於他學。[1]

事實上，明末清初學者如焦竑、陳第以及劉獻廷（1648-1695）似乎都受到利瑪竇所譯有關拉丁拼音字母之著作的影響，而認識到拉丁字母在拼寫古音上的價值，三人在考證音韻的研究上有重要成就，成為清代考證學者的先驅。[2]

彼德生（Willard Peterson）有關方以智的研究也顯示耶穌會士所傳西學與十七世紀思想變動有關。方氏一方面是一個耶穌會士傳入西學的評註者，另一方面他又從未真正地醉心於理學；他個人選擇了以考證與有益社會之研究工作，來作為安身立命之處。[3]方氏的生平經歷成為十七世紀思想變動的一個重要案例，這個案例顯示在主流的學術辯論（理學對心性的辯論，下詳）之外，其他因素如個人的抉擇或西學的影響也促成考證學的興起。

有關考證學興起的第三種解釋則著眼於當時的政治環境，亦即認為：由於滿洲貴族對士人的壓迫，因而促使他們轉向考證學研究。首持此說的可能是清末民族主義史家章炳麟（1869-1936）。[4]梁啟超也指出：「異族入主中夏，有志節者恥立乎其朝；故刊落聲華，專集精力以

---

1 梁啟超：《清代學術概論》，長沙：商務印書館，1921 年初版、1940 年國難後四版，頁 46。
2 Benjamin A. Elman, *From Philosophy to Philology: Intellectual and Social Aspects of Change in Late Imperial China*, Cambridge: Harvard University Press, 1984, p.216. 有關劉獻廷的貢獻見梁啟超：《清代學術概論》，頁 41-44。
3 現Willard J. Peterson, "Fang I-chih: Western Learning and the Investigation of Things," in W. T. de Bary ed., *The Unfolding of Neo-Confucianism*, pp.369-411; *Bitter Gourd, Fang I-chih and the Impetus for Intellectual Change,* New Haven: Yale University Press, 1979.
4 章炳麟：《清儒》，《檢論》，臺北：廣文書局，1970，卷 4，頁 23 上。

治樸學。」[1]此外，亦有人強調清初文字獄更對士人造成內心的強烈恐懼，故轉而從事考證，例如 Luther Goodrich 與 Lawrence D. Kessler 的作品詳細描述了清初皇帝為消解士人反清情緒發起了各種不同運動，[2]在這種環境下，不具政治色彩的（apolitical）考證學逐漸興盛起來。

錢穆與唐君毅（1909-1978）都支持此說。錢穆認為宋明學者的理想是得君行道，以天下為己任，但乾隆時期皇帝卻公然表示「以天下治亂為己任尤大不可」，難怪「乾嘉學術一趨訓詁考訂，以古書為消遣神明之林囿」。唐君毅在《人文精神之重建》中分析考證學之起因時強調：「當時因無講學自由，為避免遭禍而埋首陳編。」同時錢、唐二人均認為考證學者因避禍而走入故紙堆中，精神上便有一種委屈感，其後又以文物之發明而沾沾自喜，因此氣度狹窄，喪失了知識分子的崇高精神。[3]

在中國大陸的馬克思主義史家侯外廬（1903-1987）也強調政治方面的解釋。他認為考證學的興起主要是受到康熙以來「反動文化政策」的影響。這些政策包括文字獄、薦舉山林隱逸與博學鴻詞，以及一些像《古今圖書集成》和《四庫全書》等大型的編纂工作。尤其是四庫計劃徵集了數百位包括戴震在內的有名的學者，成為考證學的大本營。侯氏認為：皇室的鼓勵與「封鎖」限制了士人的學術興趣並形

---

1 梁啟超：《清代學術概論》，頁 45。
2 Luther C. Goodrich, *The Literary Inquisition of Ch'ien-lung*, Baltimore: Waverly Press, 1935. Lawrence D. Kessler, "Chinese Scholars and the Early Manchu State," *Harvard Journal of Asiatic Studies*, 31:179-200（1971）. 亦見吳哲夫：《清代禁毀書目研究》，臺北：嘉新水泥公司，1969。
3 錢穆：《自序》，《中國近三百年學術史》，臺北：臺灣商務印書館，1968，冊 1，頁 2；唐君毅：《人文精神之重建》，香港：新亞研究所，1955，頁 113-114；然而錢、唐二人對考證之批評重點亦有不同，錢氏強調士人經世理想之淪落；唐氏則重視考證學者喪失了精神價值，「不願亦不能，直接與活潑新鮮之宇宙人生，自然，社會之事之理接觸」以及「使學術成私人之事，而不能以樹立民族之公共精神為目的」。

成了新的學術潮流。[1]

上述環繞著政治因素的解釋著重文字獄與四庫計劃等歷史事件，但筆者覺得最近一本有關《四庫全書》編纂過程的研究，對上述觀點提出了新的挑戰。該書作者蓋博堅（R. Kent Guy）認為四庫計劃並不是一個完全貫徹皇帝旨意的計劃，相反地，它是在士紳、官僚以及皇室之利益的互動情況之下成長，它受到所有力量的形塑，而並非受到任何力量的完全控制（shaped by all but dominated by none）。該書作者發現在實行這個計劃的過程中知識分子不僅沒有受到壓迫，而且還積極地利用這個計劃來為本身謀利。這本著作間接地修正了上述視考證為滿洲貴族壓迫之結果的解釋，此書顯示滿洲貴族的控制與籠絡政策並不足以完全解釋新學術風氣的源起，而清代政治與學術之關係也不像我們過去所想像的那樣單純而直接，士人學術思想發展有其自主性的一面。[2]

此外，許多學者都同意文字獄雖會影響士人論政，但論政之外有許多學術選擇，不一定非得從事考證，故文字獄等政策是考證學興起的外緣而非本因，其本因要從內在的演變來探討。[3]

---

[1] 侯外廬：《中國思想通史》，北京：人民出版社，1956，卷5，頁410-411。

[2] R. Kent Guy, *The Emperor's Four Treasuries: Scholars and the State in the Late Ch'ien-lung Era,* Cambridge: Harvard University Press, 1987.

[3] 強調內在因素的學者如余英時與陸寶千都有這種看法。知識分子對文字獄這類思想箝制的反應有許多方式，例如 Leo Strauss 認為西方的思想迫害使學者發展出特殊的寫作技巧，將寓意隱藏在字裡行間（writing between the lines），而只有會心的讀者才能讀出其真正的意涵。如 Swift 的《格列佛遊記》與 Montesquieu 的《波斯書簡》以想像出的幽默故事對專製作嚴厲的批判，就是很好的例子。余英時也指出清初士人在專制淫威下常有「象徵性之隱語」。這些都是對思想箝制的他種反應。見 Leo Strauss, *Persecution and the Art of Writing,* Glencoe, Illinois: The Free Press, 1952, pp.22-37; Jonathan Swift, *Gulliver's Travel,* Harmondsworth, Middlesex England: Penguin Books, 1985; *Charles-Louis de Secondat Baron de Montesquieu : Persian Letters,* Oxford, New York: Oxford University Press, 2008。余英時：《方以智自沉惶恐灘考》，氏著：《中國思想傳統的現代詮釋》，頁511-512。

有關考證學興起的第四個解釋強調社會經濟變化對學術思想的影響。例如倪德衛（David Nivison）在討論章學誠（1738-1801）思想一書中注意到考證和清初士人階層之成長的關係，他指出對於那些因為社會上職位有限，無法借此博取聲名的士人而言，考證學成為一個自我實現的方法。[1] 雖然他並沒有進一步分析這一問題，但卻已指出由於人口增加造成士人階層的擴大是考證學出現的一個重要的社會背景。

比較廣泛地注意到考證學之社會背景的作者仍推梁啟超。他第一個將考證視為是一個整體的社會運動，而且指出「當運動熱度最高時，可以舉全社會各部分之人人，悉參加於此運動」。他提到當時官員的生活形態、家中藏書、相互討論質疑的風氣；當時豪商閥族的獎掖，例如淮南鹽商「既窮極奢欲，亦趨時尚，思自附於風雅，競蓄書畫圖器，邀名士鑑定，潔亭舍豐館谷以待」；著名的書肆以及出版業聘名流擔任校讎工作等。梁氏認為當時除了學者對考證的興起有所貢獻之外，其他的社會角色亦直接間接地推動此一運動。[2]

或許最企圖將中國思想史放在社會經濟脈絡中來觀察的學者是馬克思主義的史學家，上述的侯外廬是這一研究取向的重要代表。在《中國思想通史》一書中，他將明末清初的變遷視為是「封建」秩序的解體以及商業經濟（資本主義）的萌芽，他認為這一時期的思想發展——他稱為「啟蒙運動」——是社會經濟變遷的反映。根據他的看法，啟蒙運動的領導者像顧炎武、黃宗羲等人，代表了城市中等階級的利益，所以黃宗羲提出了「工商蓋皆本也」的觀念。不過侯氏否認十七世紀顧、黃等人的考證工作與十八世紀考證運動之間的關聯。因

---

1 David Nivison, *The Life and Thought of Chang Hsüeh-ch'eng, 1738-1801,* Stanford: Stanford University Press, 1966, p.15.
2 梁啟超：《清代學術概論》，頁 106-109。

為對前者而言,考證是經世的手段,但在後者考證卻喪失這種崇高的精神而淪為清廷統治的工具。[1]在書中作者花了很長的篇幅描述十八世紀商業的發展,但遺憾的是他卻沒有澄清這種經濟變遷和學術興起的關係。這種解釋的空隙留給後人繼續研究的機會,艾爾曼的書後來補足了這方面的缺憾(下詳)。

對於近代考證學興起的第五個解釋認為:考證學的興起涉及儒學內部的發展。其中最普遍的看法認為考證是針對理學空談心性而起的反動,故轉而研究經史實學。這個意見至少可以追溯到顧炎武、黃宗羲等人。顧氏在《與友人論學書》中指出:「今之君子,聚賓客門人數十百人,與之言心言性;舍多學而識以求一貫之方,置四海困窮不言,而講危微精一,我弗敢知也。」[2]黃宗羲也反對理學家束書游談,力主「窮經」與「讀史」,[3]在清初有不少的學者和他們有相同的看法。其後樑啟超在《清代學術概論》一書中,根據顧、黃等人的意見,更力持這種觀點。他在書中開宗明義地指出:清代思潮是對宋明理學的大反動。因為理學研究的是「昭昭靈靈不可捉摸之一物」,後來產生「狂禪」一派,不避酒色財氣;同時士人又受科舉制度的腐化,至明末學術界已無生機。梁氏認為清代的考證學的興起其基本動力是對晚明學風的攻擊與反彈:

---

1 侯外廬:《中國思想通史》,卷5,頁29。有關侯氏論點之描述與批評見 Thomas A. Metzger: "Ching-shih Thought and the Societal Changes in the Late Ming and Early Ch'ing Period: Some Preliminary Considerations,"「中研院」近代史研究所編:《近世中國經世思想研討會論文集》,頁21-34。
2 顧炎武:《與友人論學書》,《亭林文集》,《顧亭林遺書彙集》,臺北:中華文獻出版社,1969,冊6,卷3,頁1下。
3 見全祖望:《梨洲先生神道碑文》,《鮚埼亭集》,臺北:文海出版社,1967,卷11,頁9下。

> 承明學極空虛之後，人心厭倦，相率反於沉實。
> 因矯晚明不學之敝，乃讀古書，愈讀愈覺求真解之不易，則先求諸訓詁名物典章制度等等，於是考證一派出。[1]

這一種解釋在一段很長的時間被人們廣泛接受，成為明清思想變遷的一個正統解釋。例如蕭一山於一九二三年完成的《清代通史》以理學的反動為清學成立的第一背景；[2]而被譽為民國以來影響力最大的學者胡適（1891-1962）也十分同意這個觀點。胡適認為宋明理學討論了五百年的玄學，結果導致政治腐敗與異族入侵，因此十七、十八世紀反理學運動興起，反對空虛冥想並注重實證。他並大力讚賞考證學中的「歸納方法」合乎西方的科學精神。[3]

李文孫（Joseph R. Levenson，1920-1969）在《儒家中國及其現代命運》（*Confucian China and Its Modern Fate*）一書中也討論到清代的考證學，他將之置於「經驗主義」（empiricism）的範疇之下。與梁啟超和胡適相類似的是，李文孫同樣將清代的經驗主義視為是對理學的批判，並認為經驗主義具有現代科學中反玄學、重視理性推理與經驗事實的精神。但他認為清代經驗主義雖在反玄學這一點上與西方科學一致，然它本身卻不是科學的，也不必然會導致現代科學的興起，關鍵在於清代學者所問的問題，以及所提出的答案，與現代科學家大相

---

[1] 梁啟超：《清代學術概論》，頁 45-46。此書於 1959 年由徐中約譯為英文，並由史華慈作序，Liang Ch'i-ch'ao, translated by Immanuel Hsu, *Intellectual Trends in the Ch'ing Period*, Cambridge: Harvard University Press, 1959.

[2] 蕭一山：《清代通史》，冊 1，頁 940。

[3] 胡適：《幾個反理學的思想家》《清代學者的治學方法》，均收入《胡適文存》，臺北：遠東圖書公司，1975，卷 3，頁 53-107 與卷 1，頁 383-412。其後的學者，如杜維運也持同樣的觀點，見杜維運：《顧炎武與清代歷史考據學派之形成》，《清代史家與史學》，臺北：東大圖書公司，1984，頁 95。

迥庭。他指出顧炎武等學者雖提出實事求是的口號,但他們卻很少探索事物間之秩序的彼此關聯,或像培根(Francis Bacon,1561-1626)那樣,以實驗工作與理性推理來建立對自然世界的瞭解。

在結論中李文孫用「流產的」(abortive)一詞來形容清代的考證學。由此可見他對清代學術思想的根本關懷在於探討:為何考證學無法導致現代科學的興起?[1]這種研究取向在西方漢學界曾產生相當大的影響,但近年來卻受到嚴厲的批評,許多人指出這種問題的方式沿襲自韋伯(Max Weber,1864-1920)學風,帶有強烈的西方中心論與目的論的色彩。[2]但李文孫式的思考方式無疑地是根深蒂固的,在艾爾曼(Benjamin A. Elman)有關清代考證學的重要著作中,他仍然問了一個李文孫式的問題:為什麼考證學無法發展成「現代科學」?[3]

這些主張考證學源於對宋明理學之反動的學者強調宋學與清學之間的不連續性,但有些學者則對這種不連續性有所質疑。最直接對此提出挑戰的是余英時,余英時認為上述的滿洲壓迫論、社會經濟變遷的解釋,以及反理學說都是「外緣」,這些因素雖有助於學術的轉向,但卻無法說明為何學者們選擇特殊的題目作為考證的對象,他認為這一問題必須從學術發展的內部變遷來尋找解答。他嘗試以「內在理路」的觀點闡明宋明理學和清學之間的連續性關係。他的觀點相當有創見,但亦有其學術上的淵源,在他之前有好幾位學者曾強調宋明理學

---

[1] Joseph R. Levenson, *Confucian China and Its Modern Fate,* Berkeley: California University Press, 1958. pp.3-14.

[2] 對西方漢學中西方中心與目的論取向的批判見 Paul Cohen, *Discovering History in China: American Historical Writing on the Recent Chinese Past,* New York: Columbia University Press, 1984, pp.61-79.

[3] 艾爾曼所提的問題見 Benjamin A. Elman, *From Philosophy to Philology: Intellectual and Social Aspects of Change in Late Imperial China,* pp.83-34.該書主旨將於下文作進一步介紹。

與清代考證學的連續性關係,這些看法對余氏都有不同程度的影響。

　　第一位是章學誠,在《朱陸異同》與《浙東學術》(分別作於1777年與1800年)二文中,章氏認為顧炎武與閻若璩的學術立場源於朱熹(1130-1200);而黃宗羲與萬斯同(1638-1702)則襲自陸九淵(1139-1193)與王陽明(1472-1529)。雖然這兩條學術譜系是章氏所自創,其原因在此無法細論,[1]但無疑地他的觀點刺激學者重新評估宋明理學與考證學的關係。因此研究章氏思想的學者多注意到思想的連續性,倪德衛就是一個很好的例子。[2]余英時的觀念一方面直接受章氏啟發,另一方面似乎也受到倪德衛的影響。

　　另一位注意到理學與考證學之連續性的是錢穆,錢氏是余英時在香港新亞書院時的老師。錢穆在《中國近三百年學術史》中以《兩宋學術》與《晚明東林學派》為引論,說明清學有其宋明的淵源,這是針對梁啟超對清代學術史之見解所提出的批判。他並指出許多考證學者都深受宋明理學的影響,而且一個學者在漢學(考證學)上的成就要從宋學(理學)的角度來評估。[3]

　　馮友蘭(1895-1990)也看到理學與清學的關係。馮友蘭認為當清

1　二文均收於《文史通義》,有關章氏建立學術譜系的詳細分析見余英時:《論戴震與章學誠》,香港:龍門書店,1976,頁45-81。

2　倪氏對理學與清學連續性的強調可以追溯到他於1953年在哈佛大學所寫的博士論"The Literary and Historical Thought of Chang Hsüeh-ch'eng",當1959年史華慈為徐中約所譯《清代學術》概論寫序時,他表示這種連續性或可適用於章學誠,但他懷疑可用於說明整個清代的考證傳統。Benjamin I. Schwartz, "Foreword," in Liang Ch'i ch'ao, *Intellectual Trends in the Ch'ing Period*, p.xiv.

3　錢穆:《中國近三百年學術史》,冊1,頁1。他說:「言漢學淵源者必溯諸晚明諸遺老,然其時如夏峰、梨洲、二曲、船山、桴亭、亭林、蒿庵、習齋,一世魁儒者碩,靡不寢饋於宋學,繼此而降,如恕谷、望溪、穆堂、謝山,乃至慎修諸人,皆於宋學有甚深契詣。而於時已及乾隆漢學之名,始稍稍起。而漢學諸家之高下淺深,亦往往視其所得於宋學之高下深淺以為判。」

代漢學家討論「義理之學」時，他們討論的主題以及用的經典文獻仍與宋明理學家相同，就此而言清代的漢學是宋明理學的延續發展。[1]

在西方學術界狄百瑞（William. Theodore de Bary，1919-2017）也可屬於此一範疇。狄氏認為明代思想有其本身的活力與多樣性，不可一言以蔽之地說是「空虛」，他並指出在宋明理學之內就有一實學的傳統，這些實學家居於十七世紀思想變動的起點。[2]狄氏對宋明理學的重新評估使後來學者進一步思考宋學與清學的連續性問題。總之，這些學者均已認識到反理學情緒之本身不足以完全孕育考證學的興起，理學與實學之間雖有牴觸，但也有連續性的一面。筆者認為上述這些作品所形成的學術背景使余氏注意到理學與考證學之間的「內在」關係。

余氏以為宋明以來儒學發展的一個內部動力是程朱學派和陸王學派之間的辯論，這個辯論是長久以來儒學之中「尊德性」與「道問學」之間的衝突。至晚明這二派都各自堅持本身的學術立場，而無法說服對方，雙方卻又都堅持本身所言是儒學的原始意涵，因此義理的辯論就演變為如何發明經典之真正意涵的辯論，而玄學思考也就逐漸為經史考證所取代。

為了支持以上的論斷，余氏指出清代學者的考證作品很多是以考證的方式來談義理問題，而延續了程朱與陸王的辯論，例如顧炎武和閻若璩的考證作品是為了反陸王，而陳確（1604-1677）、毛奇齡

---

[1] Fung Yu-lan, *A History of Chinese Philosophy,* Princeton: Princeton University Press, 1957, Tr. by Derk Bodde, vol. Ⅱ, pp.630-31.

[2] 狄百瑞曾編好幾本這方面的書，可謂西方漢學界中研究理學之先導，見 Wm. Theodore de Bary, *Self and Society in Ming Thought,* New York: Columbia University Press, 1970; *The Unfolding of Neo-Confucianism,* New York: Columbia University Press, 1975; *Principle and Practicality: Essay in Neo-Confucianism and Practical Learning,* New York: Columbia University Press, 1979。

（1623-1716）的考證工作實際上是將矛頭對準了程朱。至此學術的戰場已從玄學思辨轉到考據。同時他認為就儒家思想的整體演變而言，明學至清學的轉變是從「尊德性」到「道問學」，亦即是從強調道德面轉向強調知識面。清學中考證與經世二者都顯示了儒學「道問學」精神的高度發揚，所以他將這整個過程描述為清代知識主義的興起。[1]

除了余英時之外，從程朱、陸王之爭的角度觀察考證學之興起的學者還有陸寶千。他在《論清代經學》一文指出明中葉之後朝政日非、邊患日亟，而有經世思想的興起，由於要求經世所以轉向儒家經典來汲求治道之泉源，因而造成經學研究的盛行。因雙方力圖互相否定，在爭辯中除了運用玄學思辨之外，也注意文獻的探討，以「取證於經書」來支持自身的論點，學者因而從事考證；陸氏並更進一步從程朱、陸王哲學上的差異認為陸王主張心理為一，故不以讀書為必然；程朱以心、理析為二，心以經書為對象，故程朱理學蘊含有從經書體認義理的精神，而正音讀、通訓詁是瞭解經書的第一步。所以陸氏認為「考據為程朱理學中所必蘊之物」，清初官方力倡朱學，為考據學的興起奠定基礎。[2]陸氏的解釋不但與余英時的看法不謀而合，更重要的是點出了經世思想興盛對考證的影響。

也有學者從氣的哲學之角度分析考證學的淵源。日本學者山井湧早在一九五〇年就注意到這一點，他詳細地追溯明清時期以「氣」為

---

[1] 余英時的觀點見上述《論戴震與章學誠》之外，尚有《從宋明儒學的發展論清代思想史》，原載《中國學人》，期2（1970），頁19-41，後收入氏著：《歷史與思想》，臺北：聯經出版公司，1976；《清代思想史的一個新解釋》，《歷史與思想》，頁121-156；英文論文見Ying-shih Yu, "Some Preliminary Observations on the Rise of Ch'ing Confucian Intellectualism," *Tsing Hua Journal of Chinese Studies*, 11(1975), pp.105-146.

[2] 陸寶千：《論清代經學》，《臺灣師範大學歷史學報》期3，（臺北，1975），頁1-22。

主之哲學取代朱熹以「理」為主之哲學的過程。他認為氣的哲學至戴震而完成，而此過程可溯及明代羅欽順、王畿（1498-1583）、呂坤（1536-1618）、劉宗周，至清初則有陳確、黃宗羲、王夫之、顏元（1635-1704）、李塨（1659-1733），到十八世紀除戴震之外還有程瑤田（1725-1814）、凌廷堪（1755-1809）、焦循（1763-1820）、阮元等二十四位學者，而上述學者中有多位是著名的考證學家。他認為這二者之間所展現的一致性並非偶然，這展現了氣的哲學與考證學的內在關聯。因氣的哲學之興起與王學有關，在結論中他指出：以考證學是「源於以左派王學為中心之明代心學之反動」的論點有重新檢討之必要。[1]

　　錢新祖（1940-1996）對焦竑的個案研究也從思想史的觀點對考證的源起提出一個新的見解，而與上述山井湧的論點不無關係。他以明末對考據甚感興趣的陸王學者焦竑為例，說明考證學源於陸王。他指出焦竑一方面支持陸王學派反對程朱學派，另一方面又對佛道思想有高度的興趣，但他對佛道的興趣並沒有導致對儒學的否定，他是由儒進於佛道，並認為佛道是儒學的進一步開展，最後他並由此而達到對儒學的重建。重建後的儒學對程朱學派「理氣二元」（the li in ch'i），變成「氣之理」（the li of ch'i）。作者認為重建的儒學對後來清代的發展有相當有意義的啟示，尤其重要的是它構成了清代考證學運作的脈絡。他同意前述梁啟超視考證為理學之反動的說法並非全無事實根據，但他以為考證學者對王學與王學左派的批評之邏輯是出於上述重建後的儒家思想。他以下棋做比喻，認為晚明的「狂禪」論者和清考證學家雖然互相攻伐，但玩的卻是同樣的棋。傾向陸王又主張三教合一的焦竑、反理學並為漢學代言人戴震，與攻擊戴震的章學誠雖學術立場截然不同，從「氣的一元論」之角度來看三者卻是屬於同一論述

---

[1] 山井湧：《明清時代における氣の哲學》，頁 82-103。

傳統（discursive tradition），所以他認為考證學是從陸王學派一系發展出來的。[1]

錢氏的論點遭到余英時強烈的批評，他的批評有以下幾點：

一、余英時認為錢氏的論點太模糊，書中有許多地方在用字與論證上讓讀者捉摸不定而似懂非懂。

二、余英時從史料運用的角度質疑，他認為作者引《焦氏筆乘》為史料有些時候並不適當，因為該書為焦竑的讀書筆記，許多部分是抄自他人著作，不可一概視為焦氏的思想。余氏發現有許多關鍵性的史料實際上是焦竑引趙貞吉（1508-1576）的作品。對於余氏這一點批評筆者並不完全同意，《焦氏筆乘》中雖有不少引自他人的話，這些部分在運用時要十分謹慎，但未嘗不可在其中找到焦氏思想的線索。事實上每一個人的思想中都包含了他人的思想。

三、余英時以為焦竑的考證興趣不是受其哲學立場的影響，而是從閱讀楊慎、梅鷟等人的作品而得到的刺激。他認為焦竑作為一個理學家、考證學者以及文人不可分別從明代三個學術潮流——哲學、考證、文學——來理解，這三者雖非無關然有其自身脈絡的發展。例如他指出明代的考證即是繼承了宋元傳統而發展。余氏反對將焦竑的理學與考證兩方面的興趣建立內在的關係。

四、最後余氏剖析氣的一元論與考證的關係。他強調氣的一元論源於程朱學者羅欽順，並引章炳麟的看法認為戴震有關理氣的理論是從羅欽順來的。因此若要從理學傳統中找尋考證的根源，余氏以為與其強調陸王還不如強調程朱。他並懷疑可以將焦竑、章學誠認定為氣的

---

[1] Edward T. Ch'ien, *Chiao Hung and the Restructuring of Neo-Confucianism in the Late Ming*, New York: Columbia University Press, 1986. 中譯本：錢新祖著，宋家復譯：《焦竑與晚明新儒思想的重構》，臺北：臺大出版中心，2014。

一元論者。總之,他同意建立氣的哲學與考證之聯繫是一個迷人的課題,但必須謹慎處理。他認為 Irene Bloom 的說法較恰當:

> 許多主要清代思想家,包括十七世紀的王夫之與十八世紀的戴震,亦支持氣的哲學,因此可以辯稱氣的哲學雖不是考證的先決條件,卻必然是伴隨著清代考證的新形態而發展。氣的哲學雖然無疑地是清代思想的重要主題以及許多著名思想家關懷的重點,但是在大多數的時候它卻似乎不是興趣之所在與辯論之焦點。[1]

上述的學者分別研究了影響清初考證學興起的內在與外在因素,至此綜合性的研究方有其可能,一九八四年一本有關清代考證學的專書終於出現了,該書雖早於錢與余的辯論,卻綜合了上述多數的論點,此即艾爾曼的《從哲學到考證——帝制晚期思想與社會方面的變遷》。該書的主旨是研究明清江南地區考證的源起、發展與意義,而他同時注意到內在與外在兩方面的因素。全書三分之一的篇幅用來描述內在思想的演變,山井湧、Irene Bloom 與余英時的作品都為作者所引用,而三分之二的篇幅則分析促成江南地區考證成長的社會與制度因素。該書對內在因素的介紹多依靠二手的研究;有關外在因素的分析則頗有創意,上述梁啟超所提到的社會因素作者都做了深入的探討。他提到豪門巨室的支持、官方與私人圖書館的設立、出版與印刷業的興盛等。尤其重要的是他以引自庫恩(Thomas Kuhn,1922-1996)的

---

[1] Ying-shih Yu, "The Intellectual World of Chiao Hung Revised: A Review Article," in *Ming Studies*, 25(1988), pp.24-62.所引 Irene Bloom 的意見見 *Knowledge Painfully Acquired*, pp.31-32。

學術社群的概念闡明社群內知識溝通的管道,例如共有的研究方法、通信、集會、集體合作等,這些因素構成學術社群的共識。作者以為這種共識的產生對考證的發展十分重要。[1]

艾氏著作成功之處有兩點:第一,他澄清了考證運動的社會根源,因此我們可以瞭解考證不僅是思想變遷的產物,或是對政治情況的反動,它同時也受社會組織與溝通形態的影響;第二,他的討論結合了促成考證興起之內在與外在兩方面的因素,使讀者對此一運動有一持平的瞭解。這兩方面的貢獻使該書成為有關此一主題的重要著作。但筆者也覺得該書有些美中不足之處,例如上述李文孫式的問題仍帶有西方中心的線性史觀,似宜避免,中國文化的發展,不一定非得走西方文化所曾走過的路;如果改問「考證學與中國近代科學發展的關係」或較適合。其次是作者似乎假設所有的讀者對清代學術史有相當的瞭解,因此對一些專有名詞如「漢學」、「宋學」、「今文」、「古文」以及其間相互關係並沒有詳細說明,因此對背景知識不強的讀者來說,閱讀上十分困難。

在過去七八十年間有關考證起源的研究經歷了很大的變遷。這個變遷饒富趣味地展現了不同方法論之間的互動,在這過程中最重要的著作無疑要推梁啟超、余英時與艾爾曼三人的作品,而累積的研究成果使歷史的圖像日益清晰。最後我們再回顧這些解釋:

1. 考證源於明末前後七子的復古以及楊慎、陳第、方以智等人個人的經歷與博學的雅好。
2. 考證學受到耶穌會士所傳西學的影響。
3. 由於清廷高壓統治與籠絡,士人參加政府學術計劃或自行從事與政

---

[1] Benjamin A. Elman, *From Philosophy to Philology: Intellectual and Social Aspects of Change in Late Imperial China*.該書的中文評介見黃進興:《評 Benjamin Elman 的 *From Philosophy to Philology*》,《漢學研究》,4 卷 1 期(臺北,1986),頁 339-343。

治無關的考證工作；並有學者由此評估考證學者精神上的淪落。
4. 考證學與社會經濟變化有關，社會中的許多成員如官員、商人的獎掖、出版印刷業的發達以及人口的成長都直接間接促成此運動的發展。
5. 考證學源於思想性的因素或儒學內部的發展，例如認為考證的興起涉及對宋明理學「空談心性」之反動，或認為受程朱陸王的辯論、氣的一元論的提出、經世思想的出現等因素影響。
6. 認為考證學的出現是內在因素與外在因素的交互影響，並強調上述第四項社會經濟變化的重要性。

　　上述的解釋雖已建構了大致的輪廓，但筆者認為還有幾個相互有關的工作值得繼續努力：第一，可以對更多的明清考證學家作個案的研究，以進一步檢驗上述觀點的有效性，尤其是當各項解釋因素間有衝突時，應釐清何者為主、何者為從，以及何者無關。最後我們必須承認考證學的源起是多元性的，不同的個案適用不同的解釋因素。[1]第二，清代另外兩個學術主流——氣的哲學與經世之學——以及考證學興起之間的關係還說明得不夠清楚，在研究過更多的個案之後，對此問題有進一步澄清的必要。第三，明清之際社會變遷對考證學（或實學）的影響還可再作深入探討，由於人口與商業活動的激增，士人所處的環境有根本的改變，這些改變對士人的生活以及傳統儒家理想構成一新的挑戰，而它所產生的影響除了倪德衛所指出的一點之外還有哪些？第四，考證學（或實學）與近代中國科學發展的關係如何？如果不從目的論的角度觀察，可以試問它在中國科學發展史上扮演何種角色？第五，近代考證學的興起對中國近代社會文化或現代化的過程有何影響？例如考證帶起的今文學運動與古史辨運動已有學者做過研

---

[1] 筆者認為如陳第、梅鷟、劉獻廷、陳確、毛奇齡等人都可再作深入的探討。

究,¹但是在其他方面還有哪些衝擊?第六,除了歷史性的描寫與分析之外,亦不可忽略哲學性的評估工作,唐君毅與錢穆對考證的歷史角色已有評論,他們的評論是否恰當?筆者認為這些研究工作將會增加我們對清代考證運動乃至整個近代思想史的瞭解。

1　王汎森:《古史辨運動的興起》。

評介倪德衛《章學誠的生平與思想（1738-1801）》[1]

　　章學誠是中國史學史上的一位奇才，生前默默無聞、窮困潦倒，死後才逐漸地受到人們的重視，余英時甚至譽之為中國兩千年來唯一的歷史哲學家。[2]他有許多超越時代的特殊見解，因此直到目前，章氏深邃的思想對學術界而言仍具有高度的吸引力。

　　倪德衛（1923-2014）的著作在章學誠研究之中有其重要的地位，該書雖出版至今已超過半世紀，然對於章學誠的研究仍有參考的價值，因此筆者不揣譾陋撰此評介。然而如果我們要從近年來學術研究成果的標準來批評此書，這種批評必然不夠公允，因此本文嘗試將此書置於學術史的背景之中來觀察，希望能較客觀地呈現此書的成就與限制。下面拙文首先介紹有關章學誠研究的重要成果，接著談到倪著中主要見解，最後則提出筆者對這本書的看法。

　　一九〇二年，也是在章學誠死後的一百零一年，日本歷史學者內藤虎次郎（內藤湖南，1866-1934）開始對章學誠產生興趣。[3]他利用一部抄本《章氏遺書》，首度完成《章實齋先生年譜》一文，一九二〇年發表於《中國學》第一卷三至四號，這是章學誠研究的開山之作。

---

[1] David S. Nivison, *The Life and Thought of Chang Hsüeh-ch'eng, 1738-1801*, Stanford: Stanford University Press, 1966).本文原刊於《史學評論》，期9（臺北，1985），頁217-228。

[2] 余英時：《章實齋與柯靈烏的歷史思想》，收於氏著：《歷史與思想》，臺北：聯經出版公司，1988，頁172。

[3] 有關內藤湖南生平與思想的代表性著作是：Joshua A. Fogel, *Politics and Sinology: The Case of Naito Konan*, 1866-1934, Cambridge: Harvard University Asia Center, 1984

胡適（1891-1962）讀了這篇由日本學者寫成的文章之後深感慚愧，因此對照浙江圖書館出版的《章氏遺書》，訂正內藤上文之中錯誤及遺漏處，另作了一本新的年譜，這本年譜後又經姚名達（1905-1942）訂補、何炳松作序，在一九二八年出版。胡適自謙地說：

> 此書是我的一種玩意兒，但這也可見對於一個人作詳細研究的不容易。我費了半年的閒空功夫，方才真正瞭解一個章學誠。作學史真不容易！……我現在只希望開山闢地，大刀闊斧的砍去，讓後來的能者來做細緻的功夫。但用大刀闊斧的人也需要有拿得起繡花針兒的本領。我這本《年譜》雖是一時高興之作，他卻也給了我一點拿繡花針的訓練。[1]

此書將年譜的體裁擴大到學術思想研究，不但在體例上是一大創新，而且為章學誠的學術研究奠定了初步規模。[2]一九三七年錢穆（1895-1990）將九一八事變以來在北大教書時所撰《中國近三百年學術史》[3]講義付印出版，其中第九章對章氏的思想有深刻的分析，特別指出章氏《文史通義》為針砭當時經學之流弊而作，書中指出道不在六經而在人倫日用之中。錢穆這篇文章最重要的貢獻是從清代學術演變之中來闡明章氏思想的意義，該文對倪德衛和余英時都有很大的影響。

---

[1] 胡適著，曹伯言編：《胡適日記全集》，臺北：聯經出版公司，2004，冊3，頁446，1922年2月26日。

[2] 胡適、姚名達著：《章實齋先生年譜》，上海：商務印書館萬有文庫本，1929。相關的研究參見張愛芳：《論胡適〈章實齋先生年譜〉的學術價值》，《浙江學刊》2000年期1（杭州），頁130-135。

[3] 錢穆：《中國近三百年學術史》，臺北：臺灣商務印書館，1995。

一九四七年侯外廬（1903-1987）出版《近代中國思想學說史》,[1] 其中第八章為《繼承清初文化傳統底文化史學家章學誠》，侯文一方面指出了章氏為「文化史學家」，另一方面則對章氏學術思想的淵源提出了一些見解。

一九六一年法國學者戴密微（P. Demieville，1894-1979）在蒲立本（E. G. Pulleyblank，1922-2013）所編之《中日史學家》[2]中撰寫《章學誠及其史學》一文，章氏開始受到西方學術界的注意，倪德衛對章學誠的研究與此文有密切的關係。

一九六六年倪氏所著《章學誠的生平與思想》出版。

一九七七年餘英時撰《論戴震與章學誠──清代中期學術思想史研究》,[3] 此書透過戴震與章學誠的交互影響，從心理史學的觀點提出章氏所承受之「考證壓力」，並將全文置之於宋明以來知識主義之興起的內在理路來分析章氏的思想。

以上我們簡單地對章學誠的研究作一學術史的回顧，由此我們可以較清楚地瞭解倪著在整個學術傳承上的地位。

倪德衛一九二三年生，二戰結束後他在哈佛大學進入研究生課程，受到 J.R. Hightower、Edwin O. Reischauer 與 John K. Fairbank 的指導，他的中文老師是楊聯陞與洪業。一九五三年獲得哈佛大學哲學博士學位，論文為《章學誠的文學和歷史思想：他的生平與著作之研究》，論文改寫之後出版，即為本書。一九六七年此書得到法國法蘭西文學院所頒發的漢學獎項「儒蓮獎」。一九六六年起倪德衛擔任斯坦福

---

[1] 侯外廬：《近代中國思想學說史》，重慶：生活書店，1947。

[2] P. Demieville, "Chang Hsüeh-Ch'eng and His Historiography," in W.G. Beasley and E.G. Pulleyblank eds., *Historians of China and Japan*, Oxford: Oxford University Press, 1961.

[3] 余英時：《論戴震與章學誠──清代中期學術思想史研究》，臺北：東大圖書公司，1996。

大學哲學和中國語言教授，專長為倫理學、歷史哲學和中國古代史、思想史。他的著作除了本書之外還有下列各文：《共產道德與中國傳統》[1]、《和珅與他的控訴者：十八世紀的意理以及政治行為》[2]、《王陽明以來中國思想中的知行問題》[3]等文。有關倪德衛教授的學術貢獻可以參考他的學生 Peter J. Ivanhoe 所編的一本書，*Chinese Language, Thought, and Culture: Nivison and His Critics*（Chicago: Open Court, 1996）。

倪著全書除前言與導論外共分十章，第一、二、四章討論章氏的生平與經歷；第三、五章則分別談章氏的校讎學與文學理論；第六、七、八三章為全書的重心，討論道的觀念、史學思想與歷史著述；第九章之內容為章氏晚年的事蹟；第十章為後人對章氏之評價及其影響。下面我們簡單地敘述各章的內容。

倪氏在前言之中首先說明他的研究動機，他認為對中國歷史的研究長久以來似乎分裂為兩個陣營，一部分人專注於傳統文化的研究，另外一部分人則探討近代以來中國對西方的反應，這種分裂使中國歷史變成沒有思想上相聯貫的兩個獨立領域。倪氏希望能突破這種限制，兼顧上述的兩個部分。他發現章學誠的研究正符合這個要求，在時間上十八世紀屬於傳統時代，但在思想上章氏卻能不受傳統的限制而與現代接榫，因此他以章學誠作為研究的主題。倪氏認為過去對

---

[1] David S. Nivison, "Communist Ethics and Chinese Tradition," *The Journal of Asian Studies*, 16:1(1956), pp.51-74.

[2] David S. Nivison, "Ho-shen and His Accusers: Ideology and Political Behavior in the Eighteenth Century" in David S. Nivison and Arthur Frederick Wright eds.: *Confucianism in Action*, Stanford: Stanford University Press, 1959, pp.209-243.

[3] David S. Nivison, "The Problem of 'Knowledge' and 'Action' in Chinese Thought since Wang Yang-ming" in *A. F. Wright, ed., Studies in Chinese Thought,* Chicago: University of Chicago Press, 1953, pp.112-145.

章學誠的研究多偏於方志學方面，部分學者談及他的校讎學與文學批評，但還沒有人指出他在歷史哲學上的重要成就，因此他嘗試從這個角度來看章氏的思想。其次，作者分別由政治、社會經濟和智識背景三方面觀察章氏生活的時代。在政治上，清廷的統治已十分穩固，對知識分子採取籠絡和高壓政策，而章氏似乎毫無保留地接受當時的政治權威。在經濟上，讀書人沒有獨立的經濟基礎，當時士人謀生的方式有做官、擔任幕府、教書，以及參與官方的編纂計劃等，上述的途徑除了做官之外章氏都曾經歷過，由於缺乏固定的職業，章氏一生一直處於經濟困窘的狀態。在智識背景方面，當時官方提倡的為宋代朱熹之理學，而一般讀書人的興趣則在考證，章氏對於這些零碎的考證工作十分厭惡。以上是章氏所處的世界。他一直覺得自己不適合這個環境，但是讓我們感興趣的是：章氏面對當時每一個人所面對的問題，思考當時每一個人所思考的觀念，然而卻得到截然不同的結論。

第一章《背景與教育》，敘述一七三八至一七七一年間章氏的生平，特別著重家世以及祖父、父親和朋友對他的影響。二十九歲時章氏與戴震（1724-1777）第一次見面，在他心中留下了深刻的印象。後遷居北京師事朱筠（1729-1781），協助編纂《續通典》，並認識好友汪輝祖（1730-1807）。

第二章《成功》，敘述一七七一至一七七八年章氏的生活，一七七一年章氏離開北京，至太平隨朱筠讀書，在此認識了邵晉涵（1743-1796）。這時他開始撰寫《文史通義》，又完成了第一部方志──《合州志》。一七七三年章氏與戴震二次會面，他對戴震的《原善》十分欣賞，但是在方志修纂方面兩人卻有不同的意見，戴氏以為方志只談地理就夠了，章氏則以為方志是歷史的工作。後來雙方又見了一次面，兩人對鄭樵（1104-1162）的《通志》也有截然不同的看法。倪氏敏銳地指出：與戴震的會面為章學誠帶來很大的刺激，後來的二十多年

中，章氏的許多文章都在處理與戴震不同的論點。一七七八年章氏中進士，這時他在思想上已逐漸成形。

　　第三章《校讎學》，校讎學是指研究書籍的源流、分類，並探討書籍的真實性、完整性等問題的學問。一七七九年章氏寫成《校讎通義》，此書是從《合州志》之中發展出來，而《合州志》中的藝文書又仿自班固（32-92）的《藝文志》與劉歆（西元前50-西元23）的《七略》。在《校讎通義》中他認為古代官與師合而為一，至周代知與行分離，官不復為師，學術上才出現私家的著述。校讎的工作就是要分辨官師分離之後各種著述的源流。章氏的方法是採用「家」的觀念，將各種著述歸入某一家，再尋出其「家法」。家是一種歷史的實體，也是一種邏輯的分類。最後章氏提出兩個重要的建議：一、古代的各種資料與文集都由官方收錄，後來私人著述漸多，官方收錄漸少，章氏建議恢復這種古老的傳統，把收集書籍當成政府的例行工作，這種工作的好處之一是可以查禁邪書，因此倪氏認為章氏的這個建議與文字獄的精神完全一致。二、建議將收集來的書依《佩文韻府》的編排方式加以分類，這種分類法與現代圖書館的分類方式很類似。

　　第四章《書院中的老師》，敘述一七七七至一七八九年章氏在各書院中教學與著述的狀況。章氏前後在五所書院任教，這段時間經濟狀況較穩定。一七八七年他認識了學術界的名人畢沅（1730-1797），當時畢氏正從事《史籍考》的編輯，需要人手幫忙，章氏奮力自薦而為任用。編輯時他認為史學目錄中除了包括傳統認為的歷史著作之外，還應包括經學、文集和哲學等著作，這種看法與章氏「六經皆史」的觀念有關。一七八九年他回到太平，在此地完成了二十三篇文章，計有《原道》、《原學》、《知難》、《感遇》、《博約》等文，章氏認為這些文章是他一生之中的得意之作。

　　第五章《文與質》，文是指文章的形式（即作者如何表達），質是

指文章的內容（即作者表達什麼）。此二者為章氏文學理論的基礎，他認為文學的目的是表達作者的思想與情感，只要具有深刻的思想與真摯的情感自然會產生適當的表達形式，所以他主張質先於文，文附於質。三代時官師治教合一，文與質亦合而為一，至周朝末年舊的社會解體，文與質不復完全相合。在《詩教》一文中章氏認為所有的著述都源於六藝，文學作品是源出於《詩經》，而文學中象徵的手法出於《易經》的傳統。

第六章《歷史與道》，倪德衛指出章氏所謂的道不是固定的、永恆的，而是在歷史之中逐漸呈現。這種觀念在錢穆與戴密微的文章中都已經提及，倪氏則將此命題發揮得更完全。他指出章氏在五十歲之前一直希望能將自己的思想連接為一個系統，這個願望在一七八九年他寫成《原道》一文後終於實現。在章氏的觀念裡「道」是在人類歷史中逐漸呈現，且與實際的事務、制度有不可分離的關係，它不是在歷史之外的永恆價值。三代以上治教合一，周公為制作之聖王，是古代文化的集大成者，而孔子有德卻無位，他為了保存古代聖王之製作而編訂六經，這些經典是要人們在具體的事物之中瞭解道在過去的呈現。

第七章《史家的技藝》，一七九〇至一七九四年章氏住在武昌，此時期主要是思考史學方面的問題，寫成《答客問》、《釋道》、《史德》、《方志立三書議》等文。又完成了《亳州志》一書，此書有二大創新：一為增加掌故，依六部的分類保存地方政府的有關史料；一為附上人物表，仿班固的體例記載人物，但是並不加以評價。其次討論章氏「六經皆史」的觀念，一般多認為它的意思是指把經典當成史料，但實際上章氏不是從方法的角度而是從哲學的角度來談這個問題。六經是古代的政典，記載當時具體的事物，這些具體事物之中呈現出道在古代的進程。歷史源出於經典，故歷史也一樣地呈現「道」。此外章氏參加《續通鑑》的編纂工作，亦完成《湖北通志》，後者尤為成功，記載了

許多珍貴的數據，梁啟超（1873-1929）便十分推崇此書。[1]

第八章《歷史哲學》，處理章氏史學中之意義與價值的問題。首先討論史學的發展，章氏以為它與歷史著作的形式有密切的關系。三代以上收集數據有固定的方法，而歷史著作並無固定的形式；三代以後則剛好相反，歷史著作有固定的形式而收集數據則無固定的方法。當史著有固定的形式則成書很容易，成書很容易的結果是「文勝於質」（形式勝於內容），因此史學體例的固定最後卻摧毀了史學的創造性，正史形式的固定即為最好的例子。由此可見章氏對史學史的看法與他對純文學的觀念一致：史學的形式應依內容而定，不應為形式所限制。此外史著應求通，通是一種全盤的瞭解，綱紀天人，推明大道，絕非史料收集上的完全。而章氏史學最重要的目的是追尋「史意」，作者認為章氏的史意涵有道德的意義。最後對於優秀史家，章氏在劉知幾（661-721）所謂的才、學、識之外，又加上「史德」，即史家之心術，作為重要的條件。第九章《最後的辯論》，敘述章氏晚年的生活，其中與汪中（1745-1794）、袁枚（1716-1797）的辯論最有名，關於辯論的內容胡適所著之年譜早已有詳細的敘述，作者則注意到原因的分析。例如他認為章、袁不和的原因一方面與章氏嫉妒袁枚的心理有關，袁枚是一個成功的人，而章氏的境遇卻一直不如意；另外則牽涉道德因素，章氏認為袁枚是一個無恥的諂媚者。一七九九年嘉慶皇帝（1760-1820）親政，賜死和珅（1750-1799），整頓政治，一時人心頗為振奮，此時章氏數度上書討論時政，他認為國家敗壞的根源是道德問題。此後二年章氏貧病交迫，寫成了《文史通義》中最後一篇文章《浙東學術》。一八〇一年十一月章氏去世。

---

[1] 梁啟超：《中國近三百年學術史》，北京：東方出版社，2004，頁 330。

第十章《遲來的讚美》，討論章氏一生的成就及其思想對後代的影響。從十九世紀初期的觀點來看章氏的一生並不成功，當時的學術界對他不感興趣，而章氏對這種評價也不在乎，到他死了以後，才逐漸產生重要的影響。例如《史籍考》一書頗受一些考證學者的喜好，方志的編纂對後世有很大的啟發，更重要的是章氏對十九世紀的思想產生深遠的影響。章氏對十九世紀學者的影響，錢穆在《中國近三百年學術史》中已有很好的分析，他指出龔自珍（1792-1841）與章學誠在思想脈絡上的延續性，[1]倪氏則進一步地討論到今文學家廖平（1852-1932）、康有為（1858-1927）和古文學家章炳麟（1868-1936）與章學誠在思想上的關聯，而且談到後來的顧頡剛（1893-1980年）、馮友蘭（1895-1990）亦曾受到章氏的影響。最後，作者從西方歷史哲學的兩大派別：玄想的歷史哲學與批評的歷史哲學來看章氏的思想，玄想的歷史哲學意指注重歷史事件在整個發展過程中的意義，以及歷史發展的歸趨；批評的歷史哲學則注意歷史知識本身，探索如何才能確定所發生過的事實為真實不虛。作者認為章氏所問的問題多為玄想的歷史哲學的問題。

倪著之中有不少值得注意之處，首先，就整體結構而言，全文統貫在章氏對古代文化史的見解之中，作者指出章氏將三代時官師合一、治教不分的社會視為最高的理想，而這個理想的崩壞對各方面都造成深遠的影響。由於主張官師合一，所以認為六經是古代的政典，因此學為實用並非空言，而產生了重視實際的經世精神；同時官師合一亦代表政統與道德的結合，政統應該掌握道統，因此在政治方面主張「貴時王之制度」，帶有尊重現實政治權威的意味，這種觀念又與章氏不反對文字獄以及主張官方主動查緝禁書的提議連在一起，上述的

---

[1] 錢穆：《中國近三百年學術史》，頁594-595。

各種看法彼此之間環環相扣不可分割。官師合一的理想破壞之後,在文學方面的影響是私家著述的出現,從文質合一到文質分離;在校讎學方面則因官師分離而產生各家流派。上述的看法作者雖然沒有直接說出來,但是讀者在閱讀之後卻會感受到這種內在的聯繫,全書環繞此點展開敘述不但觸類而旁通,更使全文凝聚緊密,極有意義的是這一特點亦正是章氏思想的核心。其次,在章節的安排上,作者將「生平」與「思想」兩部分十分融洽地結合在一起,以生平的階段當作發展的軸心,順此而說明各時期思想的特色,而各階段的劃分也是作者在深入瞭解章學誠之後而設計出來的,這種安排無疑地比編年式的年譜更能讓讀者瞭解章氏的一生。

在內容方面,倪著綜合了前人對章學誠的研究,並進一步地從事分析的工作,如上述「道」、「六經皆史」等觀念都是很好的例子。在生平方面也是如此,我們將胡適所著的年譜與本書稍加對照即可發現作者用心之處。例如一七八七年章氏前往北京,在吏部投牒,希望能取得官職,胡著年譜記載:「冬間,已垂得知縣矣,忽決計捨去。」[1] 倪著則進一步地推測當時章學誠的心理和思想狀況,解釋為何他在即將獲得官職時卻決定放棄。

在方法方面最特殊的是作者由於深入瞭解西方歷史哲學的傳統,因此往往利用對照、比較的方法呈現章氏思想的特色。這種方法在中國人研究章學誠的文章中並不多見,但是法國學者戴密微則已經注意到這一點,他曾將章氏與韋柯(Vico,1668-1744)對比。倪著之中提及的西方史學家和哲學家除了韋柯之外還有黑格爾(Hegel,1770-1831)、柯林伍德(R. G Collingwood,1889-1943)等人,在第十章之

---

[1] 胡適:《章實齋先生年譜》,歐陽哲生編:《胡適文集》(7),北京:北京大學出版社,1998,頁 67。

中作者又以玄想的歷史哲學和批評的歷史哲學來看章氏思想，上述各項都是作者運用比較方法的例子。這種方法的長處是分析較敏銳，尤其可以顯示出不同文化間對某些問題看法的同異，短處則為會陷於從西方歷史的觀念來看中國思想，不易深入中國思想本身的脈絡之中。大致而言倪著中比較方法的應用並無不當。

此書亦有一些個人覺得美中不足的地方。在結構上本書有些章下分細目，有些章則渾然一體，體例上並不一致。誠然章學誠主張文章的形式應隨內容而定，不應拘執，但若能適度地加入細目可使讀者更容易掌握全書的內容。此外本書沒有「結論」，作者可能希望以第十章代結論，但兩者似乎不完全相等，若能再加入結論一章，綜合討論章氏生平與思想，並以古代文化史的觀念貫穿其中，則讀者能在分章分析之後再得到一完整的印象。本書的另一缺陷是沒有中英文對照表，使讀者在閱讀時產生了一些困擾，而書目部分亦不完全，希望再版時能補充改正。

最後我們嘗試從余英時《論戴震與章學誠》一書回觀倪氏的著作，首先余書扣緊了透過宋明以來儒家思想中知識主義的興起來看章學誠的地位，使讀者對背後思潮的推演有清晰的瞭解；相對而言倪書似乎只就章學誠本身思想系統來探討，沒有掌握到在此背後思想上的脈絡發展，我們只瞭解章學誠本身，卻不瞭解宋代以來儒家思想大趨勢之下章氏的角色。當然，從此觀點來批評倪著是不公平的，但是卻可以呈現出這本書研究視野上的限制。其次，余書之中曾對倪著作了一些修正：（1）章學誠與戴震第一次見面時介紹人為鄭誠齋而非朱筠。[1]（2）章氏參加科舉考試的次數，倪氏認為是六次鄉試、一次會試，余

1　余英時：《論戴震與章學誠——清代中期學術思想史研究》，頁9。

氏則詳考清代制度斷定仍為「七應鄉試」。[1]（3）倪氏懷疑章學誠屬於浙東學派，並舉出數項理由證明其論點，余氏認為「浙東學派」不應視為組織嚴密而延續不斷的「學派」，它只是指大體上具有共同的治學精神，倪氏上述的駁論有無的放矢之嫌。[2]以上是余英時對倪著所作的修正。然而我們也發現他受到倪著不少的啟發，例如倪氏已經注意到戴震對章學誠的影響，並指出章氏的著作是針對戴震而寫；其次，倪氏斷定「實齋對浙東學派的自我認同是一種晚年追認之論」，余氏雖然認為是「作者甚淺而觀者甚深」，但亦承認「這是一個富於啟示性的說法」。[3]

總之，從學術史的演變來看，二十世紀以來對章學誠的研究有三個重要的里程碑，第一次是胡適、姚名達的《章實齋先生年譜》，第二次是倪德衛的《章學誠的生平與思想》，第三次是余英時的《論戴震與章學誠》，這三本書一次較一次深入，一本較一本精彩。就倪著而言，它一方面總結了胡適、姚名達、錢穆、侯外廬、戴密微以來的研究成果，另外一方面亦為余著的出現提供助力，到目前為止它仍是全面性地掌握章氏生平與思想的著作中十分重要的一本書，我們相信未來任何對章學誠的研究都必須站在它的肩上才能看得更清楚。

1　余英時：《論戴震與章學誠——清代中期學術思想史研究》，頁 151 注 1。
2　余英時：《論戴震與章學誠——清代中期學術思想史研究》，頁 70。
3　余英時：《論戴震與章學誠——清代中期學術思想史研究》，頁 70。

評柯文著《歷史中的三個基調：作為事件、經驗與神話的義和團》[1]

前言：著述背景

美國的中國近代史研究者柯文（Paul A. Cohen）是費正清（John King Fairbank）在哈佛大學訓練出來的第一代弟子，曾任教於 Wellesley College，現已退休。在費正清的影響之下，柯文持續關注的問題圍繞在近代中國與西方之間的關係。他在一九六三年出版的第一本書是有關基督教在華傳教事業及排外運動的研究，[2] 一九七四年的第二個作品《傳統與現代之間：晚清王韜及其改革》，則藉著信仰基督教且與西方傳教士有密切往來的士人王韜（1828-1897），來看清末變局之下的改革問題。柯文特別注意到傳統與現代之間的交織互動，他指出「王韜把孔子看成潛在的改革者，從而給某些具體的改革方案提供依據；同時他也把一種肯定改革的看法引進儒家思想」。[3] 在寫作過程中柯文深刻地感受到當時學界流行的「傳統—現代」的兩極分法有待商榷，此一質疑醞釀了他對戰後美國中國史研究所採取的框架或模式（paradigms）

---

[1] 本文原刊於國史館編：《中國現代史書評選輯》，輯 26（2001），頁 47-78（與李仁淵合著）。

[2] Paul A. Cohen, *China and Christianity: The Missionary Movement and the Growth of Chinese Antiforeignism, 1860-1870,* Cambridge: Harvard University Press, 1963.

[3] Paul A. Cohen, *Between Tradition and Modernity: Wang T'ao and Reform in Late Ch'ing China,* Cambridge: Harvard University Press, 1987, pp.152-153.

作一較全面的反省。

隨後柯文開始研究一九五〇年代以來美國漢學界有關中國近代史的發展過程。一九八四年引起廣泛討論的作品《在中國發現歷史：中國中心觀在美國的興起》一書中，他檢討美國的中國史學界在一九五〇年代、一九六〇年代以李文孫、費正清等人為首建立起來的「衝擊—反應」、「傳統—現代」取向，以及「帝國主義侵略」等理論框架，並提出「中國中心觀」的主張，作為未來發展的方向。[1]

從這本書我們可以瞭解柯文對「歷史」採取的一些基本立場。首先，在序言中他假定有一個獨立於史家個人意識之外的過去，而且盡量尋找此一過去的真相，是史家義不容辭的責任。但是他也意識到此一真相最終是無法探知的，因為：

> 雖然事實俱在，但它們數量無窮，而且一貫是沉默不語，一旦開口卻又往往是相互矛盾、無法理解……選擇什麼事實，賦予這些事實以什麼含意，在很大程度上取決於我們提出的是什麼問題，和我們進行研究的前提假定是什麼。（頁 ix）
>
> 所有的人在一定程度上都是自己環境的囚徒，囚禁在自己所關切的狹隘事物之中。我們每個人勢必通過自我的語詞與概念，使自己思想上、情感上所專注之事物影響各自的歷史研究，從而限定了我們所尋回的歷史真理。（頁 198）

他也同意以《東方主義》一書聞名於世的作者扎伊爾德（Edward W. Said）的觀點：

---

[1] Paul A. Cohen, *Discovering History in China: American Historical Writing on Recent Chinese Past,* New York: Columbia University Press, 1984.

在知識與真理、現實與被再次表達出來的現實之間,並不存在簡單的對等關係。因為「所有的再次表達,正因為是再次表達,首先就得嵌陷在表達者的語言之中,然後又嵌陷在表達者所處的文化、制度與政治環境之中」。總之,所有的再次表達勢必是錯誤的表達,是一種「知者」對「被知者」實行的思想支配。(頁 150)

由此可見柯文對史家可否摒除偏見、追尋歷史真實抱持著一種既悲觀、又樂觀的折中觀點,在該書的結尾部分他特別凸顯出樂觀的一面,「因為一切歷史真理無不受到限定⋯⋯這其實不成問題」,他認為任何人只要反省到上述的缺失,「充分地意識到自己提出的問題的前提假設⋯⋯認真地對待它,就可以在一定程度上設法減弱其影響」。(頁198)這一觀點與墨子刻教授所謂知識分子應追求「自覺」、「批判意識」,儘可能地把自己的預設或思想規矩挖掘出來,是很一致的。[1]

柯文歷史思想中悲觀的一面與他對「經驗」的強調是結合在一起的。他繼承了美國經驗主義(推崇事實、輕視理論)的傳統、人文主義的史學思潮,也受到人類學的影響,認為歷史研究的對象歸根究底是瞭解過去某些特定人物或人群(即局中人)的直接經驗(即人類學者所謂 emic views)。他主張以「移情」(empathy)的方式,將自我滲入被研究的對象之中,這一觀點是他提出「中國中心觀」的重要基礎。[2]他說我們應該「力圖設身處地按照中國人自己的體驗去重建中國的過

1　墨子刻:《道統的世界化:論牟宗三、鄭家棟與追求批判意識的歷程》,香港理工大學應用社會系編:《社會理論學報》,卷 5 期 1(香港,2002),頁 79-152。
2　書末為「中國中心觀」的研究提出的幾項特點包括:1.以中國內部為標準而非以西方外部的標準來評價歷史。2.橫向分解,研究區域與地方歷史。3.縱向分解,研究社會中不同階層,尤其是下層階級。4.結合歷史學以外的各種學科。

去」。（頁219）難怪他特別肯定美國史家歐大年（Daniel Overmyer）與韓書瑞（Susan Naquin）所採取的「內部的看法」，「把當時的現實視為虔誠的當事人所實際體驗的那樣，而不是遠在異方（而且是往往懷有敵意）的局外人所勾畫的那樣」。（頁175）柯文尤其欣賞韓書瑞有關八卦教的研究，他說「這本書的重大優點在於它把我們引進一個以前很少有機會接觸的世界。作者敘事緊湊，不惜用大量筆墨描繪細節，引導我們走進此一世界，並且在很大的程度上使這個世界的人物栩栩如生」。（頁178）由此可見他對下層社會生活經驗的研究興趣。

柯文所提出的中國中心觀顯然要求史家要摒除「局外人」的種種偏見，以便進入「局中人」的世界。然而當史家一旦進入局中人的世界他就失去了局外人的優勢，亦即喪失了綜觀全局、疏通脈絡與整體把握的可能。因此有一位評論者指出柯文所提出的中國中心觀所具有的一個潛在的矛盾：未能「把多元分散的『局中人』觀點和觀照全局的史家個人的觀點統一起來」。[1]同時他對歷史真實性、客觀性所提出折中主義式的解說其實並沒有解決歷史相對主義的挑戰。

上述《在中國發現歷史》一書中的觀點招致許多的響應與批評，也開啟廣闊的思索、討論的空間。[2]在這時期（1980年代中葉以後）西

---

[1] 林同奇：《譯者代序：中國中心觀——特點、思潮與內在張力》，《在中國發現歷史：中國中心觀在美國的興起》，北京：中華書局，1997，頁20-21。英文版見 Lin Tongqi, "The China-Centered Approach: Traits, Tendencies, and Tensions," *Bulletin of Concerned Asian Scholars* 18.4(1986).

[2] Philip Huang, "The Paradigmatic Crisis in Chinese Studies: Paradoxes in Social and Economic History," *Modern China* 17.3(1991); Judith Farquhar and James Hevia, "Culture and Postwar American Historiography of China", *Positions* 1.2(1993); Arif Dirlik: "Reversals, Ironies, Hegemonies: Notes on the Contemporary Historiography of Modern China," *Modern China* 22.3(1996); Stephan Averill：《中國與「非西方」世界的歷史研究之若干新趨勢》，吳哲和、孫慧敏譯：《新史學》11.3（臺北，2000），頁157-194。

方學界有了新的發展,其中特別重要的衝擊是與歷史相對論相關的「後現代主義」。[1] 後現代主義是對啟蒙運動以來以理性、線性歷史為中心之現代性的質疑。簡單來說有以下的重點,反對以中心(特別是西歐、男性、統治者、殖民者)為出發點,轉而注重邊陲、下層社會,如被殖民者、婦女與少數民族等以往被忽略的研究對象,以及以文本理論企圖取消歷史與文學、過去與現在,和真實與虛構的界線。[2] 根據詹京斯(Keith Jenkins)的說法,此一觀點之下所謂的「歷史」:

> 可說是一種語言的虛構物,一種敘事散文體的論述,依懷特(Hayden White)所言,其內容為杜撰的與發現到的參半,並由具有當下觀念和意識形態立場之工作者⋯⋯在各種反觀性的層次上操作所建構出來的。[3]

後現代主義對史學界產生了不小的衝擊。其中最關鍵的議題是歷史作品的真實與虛構。以往的歷史學者多半相信史學建構的過去與歷史真相有對應的關係,然而後現代主義者則宣稱史學建構的過去只是學者用語言所組成自以為真相的東西。這種看法推到極端將史學的專業性,以及史家長期以來所依賴的「追求真相」的理想徹底摧毀。

柯文所撰寫《歷史中的三個基調:作為事件、經驗與神話的義和

---

[1] 關於1990年代以來哲學革命、解構主義、後現代主義等對於歷史寫作的挑戰,在中國近代史領域上造成的焦慮與再思考,恰巧在發表於1990年代初國內學術期刊、兩篇回顧思想文化史研究的文章中,均是作者不得不正視的危機之一。見Benjamin A. Elman:《中國文化史的新方向:一些有待討論的意見》,《臺灣社會研究季刊》期12(臺北,1992),頁1-25; Peter Zarrow:《近期西方有關中國近代思想史的研究》,《新史學》5.3(臺北,1994),頁73-117。

[2] 王晴佳、古偉瀛:《後現代與歷史學:中西比較》,臺北:巨流出版社,2000,頁200。

[3] 詹京斯著,江政寬譯:《後現代歷史學》,臺北:麥田出版社,1999,頁293。

團》一書與上述長期的學術關懷,以及一九八〇年代、一九九〇年代以來的學界動向,有非常密切的關係。此書一方面是延續了《在中國發現歷史》一書所討論的相關課題,運用科際整合的方法、肯定個人經驗的意義、關注史家的歷史意識,並企圖解決局中人與局外人的整合問題;另一方面則是以一個實際的案例來回應相對主義、後現代歷史學對史家專業性的質疑,從而辯護歷史寫作的合法性,以及掌握歷史真相的可能性。然而我們不能忽略的是柯文在某種程度也接受後現代史學所揭櫫的一些想法,例如反對西歐中心論、注重下層社會與婦女、強調 Clifford Geertz 所謂「厚敘述」(thick description)等。此書可以代表(美國的)中國史學界針對後現代主義的挑戰,在考慮對手的質疑並吸收對手的長處之後,所做出的一個重要的響應。

理論架構

柯文的《歷史中的三個基調:作為事件、經驗與神話的義和團》一書在出版之後得到許多討論與迴響,幾乎在所有重要的史學刊物中均有書評。[1]本書以一八九八到一九〇〇年之間「規模最大、影響最巨

---

[1] 根據筆者概略的蒐集,舉其要者,James L. Hevia 在 *The Journal of Asian Studies* 57.2(1998)、Joseph W. Esherick 在 *Journal of Social History* 32.1 (1998)與 David D. Buck 在 China Review International 5.2(1998)均對本書有簡短評論。而篇幅較長的書評論文有 R. G. Tiedemann, "Boxers, Christians and the Culture of Violence in North China," *The Journal of Peasant Studies* 25.4(1998); Jeffrey N. Wasserstrom, "The Boxer Rebellion and the Communist Revolution," *Times Literature Supplement* 4972(1998); Greg Dening, Enigma Variations on History in Three Keys: A Conversational Essay," *History and Theory* 39.2(2000).其中 Greg Dening 在 *History and Theory* 自言為一個「對中國史外行」的讀者與作者對話,為本書所做的專題論文,對本書提出許多相當有趣的響應。

的反教排外運動」義和團事件為研究對象。他對這個在中國近代史上爭議不休的課題,採用一種具有強烈企圖心的理論架構——將「過去」或「歷史」分為三種層次的「基調」(keys,亦有進入歷史之鑰的雙關意涵):事件(event)、經驗(experience)與神話(myth)——使得此書不僅是單純有關中國近代歷史的專題研究,而更嘗試去討論甚至解決許多歷史寫作與認識論上的基本議題。

　　作者從上述「事件」、「經驗」、「神話」三個層次,分別檢討拳亂的歷史,以及研究拳亂歷史之歷史。這三個層次構成全書三大部分,而每一個部分之前都有一篇導言,以簡練的文字闡述作者的基本立場,並說明與其他兩部分的關係。

　　作者提出的一個基本問題是:歷史家重建的過去是歷史重演,還是另行製作一部新戲?為解答此一問題,作者從理論上將「過去」分為上述三個層次。在此區分之下,史家建構的歷史(historians/history),與經驗者之主觀經驗(experiencer/experience)和神話製造者之神話(mythmaker/myth)有所不同。在界定三者之差異時,作者特別提及三者之間各有其範圍與適用性,沒有高下之別,它們「在其自身的領域內都擁有其基礎穩固的合法性」(a solid kind of legitimacy within its sphere,頁294)。但他也強調史家,好的史家及其所建構的歷史,有獨特的價值,從而確認歷史書寫的意義與史家在瞭解過去所占有的優勢地位。

　　作者在前言便點出,「歷史」一詞在本書中具有雙重意義,其一泛指所有一般性的、過去實際發生的事;其二是專業史家所撰寫的歷史。這種區分顯現出作者不再堅持「歷史是如實地重現過去」,而承認歷史是史家對於過去事實的重建。然而歷史學者所重建的過去,與事件參與者所實際「經驗的過去」有何不同?根據一部分哲學家與文學理論家的說法(本書特別指出的是 Hayden White 與 Paul Ricoeur,亦即

上述後現代主義者的觀點），歷史在形式上必然採取敘述（narrative）的方式，而這種形式與無秩序可言的過去事實（reality）是相悖的，必然會將之套入不相干的設計與結構之中。因而歷史家所重建的過去與實際發生的過去之間存在著不連續性（discontinuity）。

另一些學者如 David Carr 則有不同的看法。Carr 認為敘述的形式在人們日常生活中隨時存在，人們必須透過敘述的形式方能經驗世界，因此敘述結構本身便是過去事實的一個必然成分。歷史學家對於過去事實的敘述並不會在史家重建的過去（即「歷史」）與經驗者經驗的過去（the experienced past）之中造成斷裂，反而是標示出其中的連續性。作者的立場在上述兩者之間，而較為接近 David Carr，他同意重建的歷史與經驗之間有連續性，但是由於史家對過去的簡化與壓縮，也造成兩者之間的斷裂；換一個角度來觀察的話，史家的局外性一方面是一個負擔，另一方面也是一個資產，因而得以成為溝通過去與現在的橋樑。此一觀點與上述《在中國發現歷史》一書的折中看法其實是一致的。

然而歷史與經驗究竟有何不同？許多人都同意歷史學者嘗試以系統化、敘述化的方式來瞭解原為混沌、模糊、混亂的實際經驗。但是柯文認為「經驗」對於經驗者而言，從來不會是混亂的，無論是個人或集體，都會將其經驗敘述化，並尋求解釋。值得注意的是經驗者對於過去事實的敘述、解釋主要是出自心理方面的動機，他們會對自己不斷地「重述」，以響應不同的情況，其目的在保持個人（或群體）內在的統合。換言之，經驗者具有「自傳意識」（biographical consciousness），他們對於過去事實的認知不僅依據歷史時間的發展，而更是將之置於個人生命的軌跡之上。經驗者與所謂歷史「事件」之間有一「聚合—消散」（coalescence-dispersion）的過程，亦即個人隨著生命軌跡，自然地與經驗相聚合，也自然地與之分離。簡言之，當事

者在聚散之間，反覆地記憶、遺忘與詮釋其自身的經驗。

　　具有歷史意識的史家與上述具有「自傳意識」的經驗者有所不同。相較於經驗者從心理上的動機解釋過去經驗的意義，史家重建過去的動機基本上是智識的。他們努力追求過去事實之真相，並意圖進一步地遵行社會所認定的標準，來尋求對歷史事件的瞭解與詮釋。然而此一工作並不是一蹴可就，而是需要不斷地以誠實的態度挖掘、探索和往復辯難。

　　再者，經驗者對於整個歷史事件而言，因為身處其中，在時間上不知道事件日後的走向，在空間上無法瞭解事件在其他地方所呈現的大勢。因此根據個人情感、視野對經驗所尋求的心理解釋，常常是被扭曲的。相對來說，史家則在某種程度上擁有一種廣角視界，超越了時空的侷限，他們知道事件發展的結果，具後見之明，史家因而可以為特定的過去創造其「邊界」，標誌出事情的開始與結束。作者因而宣稱史家在瞭解事件真相上，較經驗者更具優勢，然而這種優勢有時也是一種限制。就時間因素而言，事先知道結果而回溯其因果關係是歷史家一般的操作模式，在此視野之下，微小的事件可能因為這樣的回溯而被賦予過於重大的意義，成為某個事件的開端。與此類似的是史家要面對事件的「部分──整體」之關係，亦即如何將事件加以定位，而放進一個更大的解釋框架之內。無論是回溯或定位，可能遭遇到的困難是獨斷地認為某件事是其後另一個重大事件的成因，或者某件事情是發展過程之中的轉折點等，這兩種失誤都會造成扭曲，而讓歷史變成神話，神話的產生與史料的留存亦有關聯。史家比起經驗者來說，可以接觸到較多的數據，然而由於與事件的距離，接觸到的數據常常不足，而留存下來的數據又容易帶有偏見，例如對於庶民心態與日常生活方面的數據往往不見於上層菁英的文字中。依靠有限而又具偏見的史料來撰寫歷史，也很容易讓歷史變成神話。

史家必須承認歷史與神話的創造，在操作方式上常常差異不大，因而雙方的界線是非常模糊的，然而兩者仍不可混為一談。史家對過去事實的重建重視其複雜性、曖昧之處與細微差異；神話製造者則傾向以單一面向對待過去，神話當中有一部分是符合過去事實的，但是所有不符合當代關懷的部分則被忽略或扭曲，再強加以主觀的詮釋。上述不同的視角源於兩者在動機上的區別。相較於史家所具有智識上的動機，神話製造者的出發點偏向當下的、情感的、認同的、政治的關懷，他們嘗試在過去事實當中找尋現實的意義，至於事實正確與否，往往並不十分措意。這種根源自當下關懷對過去的解釋時常隨著時代變遷便不再適用。最後作者說明：並不是對事情知道得越多，便越能避免將歷史變為神話，神話往往以各種不同的形式，包括文學作品、週年紀念，甚至地方改良意識等充斥在人們日常生活之中。

　　作者一方面釐清歷史、經驗與神話的分別，另一方面也認識到三者之間的關係有時非常模糊，同時史家在重建過去時有不少的限制。對於視歷史寫作不過是一種「較精緻的欺騙」者，作者認為「因為我們不可能達到他們所認為的標準，我們努力的價值因而被視為可疑，而遭到全盤摒棄」，[1]這顯然是不公平的。作者申言：「我們不應該要求史家去做他們無法做到的事情——亦即如實呈現過去；而是應該體認到史家在瞭解與解釋過去上，傳達出不同於經驗者／神話製造者的詮釋，這才是歷史工作的價值之所在。」

　　作者最終仍肯定史家在瞭解過去上所展現的技藝與意義。在本書的結論部分，他提出史家的「局外性」。史家對於其所研究的對象常常扮演著局外人的角色：男性史家之於女性史、白人史家之於黑人史、美國史家之於中國史，甚至身處當代史家面對所有已過去的事件，無

---

[1] 柯文：《歷史中的三個基調：作為事件、經驗與神話的義和團》，頁12。

一不是局外人。這樣的局外角色對史家而言,雖可能帶來誤解過去的危險,但另一方面此局外特質卻是史家的資產,使得史家與經驗者和神話製造者不同,不處於過去也不囿於當代,得以利用其廣角視界與過去事實本身的距離,以較公允的位置追究兩者的意識,溝通經驗與神話、過去與現在。史家必須留意且利用其局外性,並且一如能夠瞭解過去與現在兩種語言的翻譯者,誠實地、敏感地不斷悠遊於此兩個非常不同的領域之間,以中介者的立場在過去與現在之間持續交涉。「這是歷史工作中出現緊張狀態的終極根源。」(頁297)

實例展演

本書不僅在理論上重新肯定史家的角色與歷史學作為一專業的意義,更以實際的個案研究,嘗試糅合理論與實踐,以「史家的技藝」來呈現歷史寫作的價值。

第一部分《作為事件的義和團》作者綜合以往史家的研究,簡要地敘述拳亂始末。這一部分可以說是對史學界在這個主題上的總整理,許多評論者都稱讚該部分為近來對於拳亂最完整而又精要的描述。[1]一如本章副標題「敘事史」(A Narrative History)所顯示,作者清楚展現史學家重建過去事實的關鍵所在,即將此一事件以清楚的方式陳述出來——釐清因果、截斷始末、賦予秩序與一貫之邏輯,並且尋求解釋,從而形成一完整的論述。簡言之,作者將混亂、繁雜的事實組織成可以述說並讓讀者能夠瞭解的一個「事件」。

第二部分《作為經驗的義和團》,作者透過各種來源的史料以及跨學科的研究成果,重建當時各種不同人群——尤其是下層農民——的

1　Hevia, p485; Buck, p397.

「經驗」。首章《旱災與外國勢力介入》借由當時留下來的日記或書信等文件，說明旱災對當時人們的心理影響。此一災害和預期的饑饉造成農民內心的恐慌，而天人關係的信仰讓人們亟於替天象異常找尋人事上的理由。此時在農村或邊緣地帶由於中央勢力衰微而逐漸滲透進來的西方傳教士，便成為代罪羔羊。作者從災亂造成的不安全感，來解釋當時農村排外心態的興起與拳亂的起源。

接下來的兩章《集體著魔》與《魔法與女污》是從民俗信仰來討論拳民的信心基礎。前者中，作者運用近年來對於中國民俗信仰（以南方為主）的研究，與當時留下的文件記載和後來的口述歷史資料作對照，說明像乩童、神明附身、刀槍不入等，一直是中國的民間信仰中十分重要的一部分。這種信仰通常在個人或集體遭遇到信心危機時，具有更強烈的影響力，中國北方在此時的「集體著魔」，便是社會危機下的產物。拳亂的擴散除了這些因素以外，作者也從心理學上提出兩種可能原因：其一是年輕信徒尋求認同；其二是飢餓之下造成精神恍惚的狀態，對其擴散有推波助瀾之效。關於後者，作者也是運用人類學等研究與史料相配合，認為拳民宣稱的魔法其實不論在民間信仰，甚至在基督教都是常見的現象。對於人們常常質疑拳民刀槍不入等魔法的有效性問題，作者認為魔法的施行並不一定與其有效性有單純的因果關係，例如即使祈禱不一定有效，但是基督信徒仍然繼續祈禱。而對於法術的失效，信徒常常會以施行方法有誤、不夠虔誠等方式來解釋，而女性污物的介入也是一個重要的理由。由此作者也討論了女性在魔法施行中的特殊位置，例如宣稱以女陰或女污施法可以刀槍不入的「陰門陣」，以及純由年輕未婚女性組成的組織「紅燈照」等。

本部分最後兩章分別從《謠言與恐慌》和《死亡》來討論當時人們的心理狀態。謠言在十九世紀末、二十世紀初廣泛流傳，對於洋人／教民或拳民的各種謠言，常常造成人們的集體恐慌。作者透過社會

學家對於謠言的研究，指出謠言的流行與社會變動下群眾生活的不確定感，以及信息不流通等因素相關，同時謠言也顯現與他者之間的緊張關係。末章《死亡》，作者以大量個人史料分別由「目擊者」、「加害者」、「受害者」三種角度，從人們留下來的各種對於死亡的敘述，刻畫當時對於「死亡隨時在身邊發生」的情況，心理上所產生的極度不安全感。

　　作者以跨學科（尤其是上述「厚敘述」、文化比較等源於人類學的觀點與方法）、跨地域的比較，運用各式各樣的史料，試圖重建中下階層民眾的心理經驗。作者建構的北方農村圖像是因災荒而惶惶不安，被各種民間信仰、謠言、不確定與死亡的恐懼所籠罩，借此呈現出義和拳運動擴散之際的群眾心理。透過此一觀點，作者一方面表現出義和團事件在人類文化中的普同部分，另一方面也幫助史家探索事件參與者的特殊經驗。此一部分占全書篇幅比重最大，又觸及了以往義和團研究中普遍受到忽略的課題，因而最為評論者所注意，且多予以高度評價。[1]

　　第三部分《作為神話的義和團》敘述義和拳運動被神話化的經過。所謂的「神話化」，即是不注重「過去」本身，切斷其歷史性，而加以當代的、政治性的關懷，使之成為一種「象徵符號」（symbol）。對於拳亂因為政治的關係被加以正面或負面的解釋，作者主要分成「新文化運動」、「反帝運動」、「文化大革命」三個時期來討論。

　　從民初的新文化運動到「文化大革命」，對於義和團事件的詮釋大致由負面趨向正面，從鄒容的《革命軍》開始，新一代的論述者脫離實際經驗脈絡，義和團事件逐漸開始被神話化。在新文化運動時期，

---

[1] Wasserstrom, p6; Esherick, p227；以及 Charles A. Desnoyers 在 *History: Reviews of New Book* 26.1(1997)上的簡介。

論者與西方世界分享對義和團的負面意見：迷信、退步、排外，視之為中國落後的象徵。然而相較西方世界對義和團形象的全盤否定，一九二〇年代以來中國知識分子對義和團的評價開始有了變化。一方面其非理性性質被視為是「封建」遺毒，故應予排除；另一方面，其排外的一面開始被視為是反帝國主義的先驅。先前的無知亂民此時被視為民族精神的代表，鼓吹要像他們一樣具有愛國心，五卅運動則屢屢與拳亂相提並論。先前遭受批評的迷信那一面在愛國主義下被原諒，他們同時惋惜義和團因為組織及方法不夠現代而招致失敗。此時對於義和團的多重意見（multivoices）顯現出神話化的一個重要特質：依據當代的關懷來重建過去，當時代處於變遷之際，神話的內容也開始轉變。從陳獨秀前後對於義和團的不同意見中可以清楚看見此種傾向。

作者認為在「文化大革命」期間，義和團的神話化與二十世紀前半段的情況有所不同。首先是為了符合此時期的特殊需要，神話的內容改變了。其次，對於過去的瞭解在政治正確的前提之下，神話的義和團完全取代了歷史的義和團。

從這裡作者要進一步討論「神話化」與「可信度」（credibility）的問題。「文化大革命」時期史家並非有意地製造神話，另一方面神話製造者亦並非完全與過去事實脫節。在神話化過程中，即使是為了當代的政治目標，也不忘在表面上維持歷史的可信度。人們不但收集文件、挖掘並出版史料，並有詳細的引證。然而這些史料的收集運用是為了神話宣傳，他們對資料做了高度選擇，如故意忽略義和團運動中魔法的一面，以符合其神話圖像。

從一九八〇年代以降，中國史家開始以較公正客觀的態度對義和團事件做歷史研究，並且反省「文革」時期的詮釋。然而作者認為，以西方史家的「有利點」（vantage point）來觀察，將「歷史的」義和團從神話中脫離出來並不容易。即使中國史家得以擺脫政治動機來

研究義和團,仍然難以跳脫五四以來對於義和團事件的兩種神話塑造——迷信與反帝愛國。這兩種神話的塑造來自從五四以來影響二十世紀中國知識分子的兩種強力論述,亦即對理性與科學的信仰,以及對於民族國家主權的強調。作者認為正是這兩點妨礙中國知識分子對義和團的瞭解,他們或是將拳民的民間信仰負面地視為迷信,無法進一步進入拳民的情感與知識世界;或者以愛國、反帝來簡化義和團的動機,忽略各種交錯的可能背景與因素。

作者認為中國史家難以擺脫此二神話的限制在於義和團事件觸及中國近代文化認同上的核心問題,即面對西方時的曖昧兩難。對十九到二十世紀中國而言,西方一方面代表「好的」現代化與「壞的」帝國主義,而此二者與義和團運動密切相關。如果西方被定義為帝國主義侵略者,拳民便被讚頌成為愛國主義的實現;如果西方被定義為帶來現代化生活的泉源,拳民就因為破壞文明而遭受譴責。作者總結,只要中國對於西方那種愛恨交織的感覺持續存在,義和團仍不免繼續成為神話與象徵符號的來源。

反省與評估

面對史學所受到後現代主義的挑戰,柯文一方面承認史家只能「重建」過去,即史家所敘述的歷史與過去事實有所不同,然而並不代表兩者之間必然是斷裂的關係;另一方面則區分出三種敘述過去的方式:史家的敘述之所以和經驗者與神話製造者不同,主要在於史家的動機/意圖,以及操作方式,使之有別於站在過去對待過去事實的經驗者,以及站在現在對待過去的神話制造者,因而可以在過去與未來之間扮演中介的角色,提供對於過去的不同解釋。史家的智識動機與廣角視界之所以能夠發揮功效,形塑史家的特殊地位,主要關鍵在於

史家與過去事實之間的「局外性」。這種「局外性」儘管有時妨礙史家對過去的瞭解，然而也因此史家作為過去之局外人——以及美國史家作為中國歷史之局外人——其有別於經驗者／神話製造者之理解過去的方式，因而具有不可磨滅的價值。

在理論上，作者從史家的「位置」出發，描畫出史家與過去之間的關係，從而重新肯定歷史敘述的價值。[1]在理論探討上，作者以簡練的散文陳述其立場，[2]不僅並未直接提及後現代主義及其影響，並且似乎有意地迴避了由理論家所發明及掌控的語彙，諸如：論述、客觀性、文本等；相反地，其運用的語彙和論述方式，如事件、經驗等，可以說是很「歷史」的。捨棄部分詞彙、術語一方面或許避免陷入理論家無止境的爭論泥淖，另一方面則宣示了史家對於歷史研究方法，至少在語彙上的主導權。

作為一個專業史家，作者同時也配合以實際的歷史研究，以展現出「史家的技藝」來說明史家在解釋過去上所具有的優越性。除了傳統的史料收集與分析外，獨到的視野以及對於其他學科方法的運用亦是本書在實踐上值得注意的地方，尤其後者更呼應《在中國發現歷史》中所述科際整合原則。如果第二部分運用人類學、社會學、心理分析等方式重建過去之經驗，響應了社會學科對於歷史學在方法論上的挑戰的話；第三部分對於神話之解析——套用另一套語彙是為對義和團

---

1 在理論建構上，從徵引書刊看來，作者主要援引 David Carr 與 G. R. Elton 的理論，而反對 Hayden White。對於以上三人歷史理論的討論，可以參考 Keith Jenkins, *On "What Is History?" : From Carr and Elton to Rorty and White,* London, New York: Routledge, 1995.

2 許多評論者注意到作者以散文呈現理論的寫作特點。如 Wasserstrom, p.6，而 Charles A. Desnoyers 在 *History: Reviews of New Book* 26.1(1997)上對本書的簡短介紹亦提及其對拳亂陳述清晰明確，且不陷入後現代術語，使之能夠吸引更多的讀者。

「論述」之探討[1]——相當程度則是響應了文本分析等取向對於歷史真實性的探討，反省歷史家的職責，並且把歷史中的神話部分——或者說是「不好」的史家所寫的作品——與比較真實的歷史著作區分出來。

無論在理論及實踐上本書都展現出深刻自省與企圖心，並且展現了一個傑出史家的高超技藝。然而避免不了的質疑是如何清楚地對此三個「基調」做區分，[2]尤其這三層次認知過去的方式，正是全書架構所以成立的關鍵。儘管作者當然注意到此三個層次之間的界線往往十分模糊，並且體認到史家技藝的侷限，其仍相信以史家的專業規範與「局外性」，可以將歷史敘述從神話與經驗間區分出來。

然而問題核心始終未能，或許根本不可能被合理解決。史家是否可以重現經驗者逝去的經驗遭受質疑，尤其當經驗者重述，一如作者所指出的，常常受到歷史與神話的影響，常已經遭到扭曲。而以意圖區分神話製造者與史家亦值得商榷：何以區辨不同敘述背後的意圖？史家的敘述本身（除了智識之動機）豈無其他的意圖可言？作者雖以「局外性」作為史家客觀性的來源依據，並希企史家的專業技術可以在區辨事實上發揮效能。然而這也使得作者必須要不停地強調「職業」史家與「好」的史家，在肯定歷史學科價值的前提之下，捍衛歷史寫作在面對過去時所占有的主導位置。

儘管提出的是妥協或慰藉，作者仍然是在對學科信心不減的情形下，對於史家正當性的「重新」確認。但是對於歷史的信心不必要那麼堅貞的「外人」——或者說歷史學科的「局外人」——或者是信心已經遭受打擊的學界同僚，作者捍衛歷史的努力與對史家的同情便不一定能夠發生足夠的效用。從這裡以及書中一貫的口吻可以看得出

---

[1] 儘管全書幾乎未使用流行的 discourse 一詞。

[2] Wasserstrom, p.6; Esherick, p.228.

來，在這個部分作者所欲對話與關懷的對像是「史家」；有趣的是，儘管本書也同時指明希望非中國史研究者、對義和團事件不熟悉者，可以從中引發其興趣，[1]然而唯一自言對中國史一無所知的評論者，研究大洋洲原住民與移民史不得不運用人類學方法的史家 Greg Dening，批評本書的著眼點卻正是從史家「反身自省性」（reflexivity）的考慮。[2]

同樣自他者（the Other）立場反省研究者角色的人類學，從反省研究者與被研究者之間（或許再加上學術社群與機構）的學術倫理、權力關係，到後來對與交互主體性（inter-subjectivity）的討論，趨向於認為民族誌不可能是對於異文化的客觀描述，甚至強調在著作中呈現出研究者—被研究者之間的交互關係，讓讀者與公眾可以介入民族誌的寫作過程，從而判斷民族誌的參考價值。人類學家在做田野調查之際，仍要不斷將兩者之間的關係抽出來檢視，面對沉默而無法響應、因偏見而殘留的史料，很難看得出歷史家可以擁有更多的信心。然而作者從人類學中得到的啟示卻是「務求做到不偏不倚」、「如非絕對必要，決不在他們的專業判斷中摻入個人信念與價值觀」，[3]而在呈現他者經驗時，追求的仍是盡量「如實地」描述過去的經驗。然而在史家主觀地揀選安排下，其實使用的已經是史家自己的語言，已經不再是單純的經驗重現。一如柯文在第二部分的編排中，實已透露出史家欲強調災荒及傳統信仰影響義和團起因的預設意圖，無怪乎許多評論者以此為作者對義和團成因的見解，而就評者本身關懷在「解釋義和團成因」的脈絡下加以討論[4]——然而這顯然已經不是當事者「當下呈現」之經驗，而是史家的事業了。

---

1 柯文：《歷史中的三個基調：作為事件、經驗與神話的義和團》，頁 xv。
2 Dening, p.212.
3 柯文：《以人類學觀點看義和團》，頁 98。
4 Tiedemann, pp.150-160; Esherick, p.227.

關於歷史與神話之間更加模糊的糾葛，不僅作者已經注意到兩者間在技術上相差不大，評論者亦對以「意圖」作為雙方區分感到不安。[1] 作者強調史家「求真」的智識目的，欲以之與神話製造者劃清界限，想要擺脫「當代關懷」對歷史客觀性的質疑。然而，如同作者在第三部分所做的，對中國歷史學家的「意圖」加以解析，難道柯文此書的敘述，其背後的意圖豈不用經過同樣標准的檢驗？以求真的信仰將史家放置在一個超然客觀的位置之上，並無法滿足「不敬者」對於此信仰的質疑，以及連帶的，對於歷史正當性的挑戰。不同於作者堅持客觀的「智識」目標，認為連欲賦予女性聲音的女性主義史學家都有製造神話之嫌，[2] 評論者 Dening 認為處理歷史必然帶有現實關懷。而就是因為身邊充滿各種不公義的、神話化的過去，為忽略不公義提供正當性（justify ignoring injustice），因此作為史家雖然無法使死者復生，但是讓其發聲乃是史家的職責所在。[3] 這樣一來 Dening 所界定的史家在柯文眼中乃成為神話製造者。

柯文認為史家之所以可以擺脫經驗與神話，賦予歷史不同意義的關鍵在於史家的「局外性」，由此歷史方與文學創作、神話等其他文本有所差距，同時此「局外性」也是史家智識動機與廣角視界的依憑所在，據此史家扮演著過去與現代之中介者的角色。作為以一個「局外的」美國史學家，作者因此可以站在批評的角度，評論中國史家由於常常身兼經驗者或神話製造者，因此無法對影響中國對外關係甚巨的義和團事件加以適切的評價與研究。由此出發，可以擴大到指出所有中國史家研究中國史的盲點，以及美國漢學界研究中國的正當性，甚至優越性。然而，在這裡首先要質疑的是，究竟誰才能是「局外人」？

---

[1] Esherick, p.228.

[2] 柯文：《歷史中的三個基調：作為事件、經驗與神話的義和團》，頁 6-7。

[3] Dening, pp.215-216.

Dening 作為中國史局外人的批評給予之啟發是：同在歷史學界，究竟誰是「局外」(outside)中的「局」(side)？誰能把自己置於局之內外（in/out）？[1]如果美國的中國史家處於局外，是否非中國史家要媲美國的中國史家更在局之外？又作者未明言的反對對象，處於歷史界外對於歷史的批評者，如文學理論家、文化研究者等，甚至非學術範疇內的評論，由於與歷史學科更無涉，豈不又在「局外之外」？另一方面，身為西方人的作者果真在局外嗎？選擇義和團作為研究素材，本身即更容易顯露破綻：義和團牽涉的是中外關係，如果對中國有影響的話，「外」國同樣也難辭其咎，尤其對於中外關係長期關注的歷史學家，更是難以置身局外。如對於神話的部分，作者不討論西方，這是因為要避免「模糊本書焦點，以及為其巨大的篇幅再做不必要的增加」；[2]然而不可避免地作者時常要拿出西方對義和團的觀感做對照，同時在討論中外關係之際，不去探究中西之間彼此概念的轉譯與理解，實在難以符合作者所謂歷史比起神話要更強調的「複雜、細微差異與曖昧性」。[3]如果史家的「局外性」是一種資產，甚至可能引導出某種優越地位，將自己置身局外，或將被研究及相關放入局內，以獲取這種位置的背後，又是一種什麼樣的（學術的、知識的、政治的）力量？[4]又

---

1 從這裡筆者聯想到的是《紅樓夢》中妙玉自稱為「檻外人」的署名，而寶玉在邢岫煙的建議之下以「檻內人」之名回帖。然而「僧不僧、俗不俗、男不男、女不女」的「出」家人妙玉最終仍為情所迷，甚至墮入紅塵，難逃情榜；反而是寶玉由色生情，自色悟空，最後反而「出」家去了。

2 柯文：《歷史中的三個基調：作為事件、經驗與神話的義和團》，章4，頁301。

3 同上書，頁214.

4 筆者不恰當的聯想是殖民者／被殖民者、科學家／實驗動物的關係。由於被殖民者與實驗動物身陷其中且沒有能力操作遊戲規則，故只有身處局外且有能力（如運用西方社會科學方式）的殖民者／科學家才可能替被殖民者／實驗動物陳述。然而無論殖民者／被殖民者、科學家／實驗動物豈不因為同處一局才能如此命名，才具有現下顯現之交互關係。關於命名方面，在中國／外國的區分更加分明。

是什麼樣的力量，讓「局外人」得以替「局內人」陳述（美國現代歷史學家——中國世紀初的農民），讓此「再現」不但可以發生，被高度認可，進而進一步影響「局內人」本身之「再現」？

　　無論是「局外性」、「智識動機」或「廣角視野」，難以迴避且未能解決的問題始終環繞在「客觀性」與「求真」上。儘管作者已經認為歷史無法如實重建過去，然而歷史的目的仍然始終在「求真」或更接近「過去事實」，兩種看似矛盾的宣稱組成一套永遠無法達成的目標。此「不確定性」（uncertainty）與「不可知性」（unknowability）如同作者所言，是讓歷史研究不斷前進的動力，然而也是人們對歷史研究不滿意的來源。作者始終認為有一「過去事實」（past reality），三角結構是為三種對於此事實的不同敘述。然而由於它們與事實的距離不同，而「真實與否」又為評價的標準之一，即使作者宣稱三者各自在其領域有所正當性，他明顯地認為史家所敘述的歷史優於其他二者，三者之間顯然無法維持平衡。然而即使是由史家所敘述的歷史，其與過去事實的關係仍舊無法確定。因此支撐起此三種基調以及歷史敘述之正當或優越性者，顯然建立在求真目標以及對歷史學科的信心之上。然而如前所述，對於信心不足的局內局外人而言，這樣的基礎顯然還是十分薄弱的。

　　綜而言之，柯文創新的架構即使無法完全說服失去信心的同僚及對手，然而對於歷史學科還懷抱溫情、敬意與希望的從業者而言，柯文著作所顯現出來的嫻熟技藝、流暢文字、清晰概念以及深刻反省，無疑地為中國的近代史研究做出一個優秀的示範。面對新的挑戰，作者所採取的或許是儒家「知其不可而為」的立場，他一方面揭露後現代理論、文化研究對「真理」的懷疑與「價值相對論」的誇大（亦即誇大了知性的不可靠），另一方面則以辯難、批判與反思，來捍衛一種崇高的專業信念。這樣的氣魄是值得讚許的。無論是對義和團事件本

身、十九和二十世紀中國歷史,乃至於對史學理論、歷史學未來走向等重要議題有興趣的讀者,本書都是一本不容忽略的佳作。

文格德與西方眼中的中國形象：論《一個騎士在中國》[1]

近代中國的變化是以西力的衝擊為主軸，而帶動社會上各個層面的巨大變化。第一波的衝擊是十九世紀中葉的鴉片戰爭與英法聯軍，結果中國打了敗仗。反省之後，有識之士倡導「洋務運動」（或稱自強運動），主張學習西方的船堅炮利，以肆應此一「三千年來未有之變局」。例如當時的名臣李鴻章（1823-1901）就說「中國但有開花大砲、輪船兩樣，西人即可斂手」。因此從一八六〇年代開始至一八九〇年代，三十餘年間，國人生聚教訓，積極模仿西法。這樣的努力有沒有成效呢？一八九四年中日甲午戰爭，成為檢驗洋務運動成果的試金石，結果李鴻章所訓練的北洋海軍一敗塗地，戰後中日簽訂《馬關條約》，賠款二萬萬兩，中國負擔不起。這時俄國的財政部長威特一口答應幫中國從法俄銀行借款一萬萬兩，年息四釐，數目之大與利率之低讓國人受寵若驚，覺得俄國真是我們的好朋友。後來俄、德、法三國強迫日本歸還遼東半島，也使國人發現應建立更多的國際關係，以牽制日人對華的侵略。

光緒二十二年（1896）俄皇尼古拉二世舉行加冕典禮，為表示中俄友好，中國派出了李鴻章為特使，前往祝賀，這次赴歐之旅，李鴻章與俄方簽下「中俄密約」，結果導致後來的瓜分之禍，以及許多的災難。這件事情可以說是李鴻章一生中的一個敗筆。

---

[1] 陳君儀譯，文格德著：《一個騎士在中國》，臺北：麥田出版社，1996。原文為 A.W.S. Wingate, *A Cavalier in China,* London: Grayson & Grayson Ltd., 1940. 本文為此書中譯本之導讀。

李鴻章雖幹練,然缺乏國際視野,仍習於以自我為中心來看問題。梁啟超說他是「不學無術,不敢破格」、「有才氣而無學識,有閱歷而無血性」[1],應有一定的道理。這一特點可以從本書記載有關他的一個小故事反映出來。李鴻章在簽訂了中俄密約之後,順道訪問英國,他在一場招待會上見到了英國首相格拉史東,便問他第二天是否方便到其官邸商談國事。格拉史東回答:「沒問題,來喝茶吧,四點。」結果第二天凌晨四點,「幾個中國人護送一頂綠轎子,手提著寫著李的大名和官銜的大紙燈籠」,來到唐寧街十號首相官邸,後來兩人在格拉史東的臥房見了面。讀過黃仁宇先生的《萬曆十五年》一書的讀者,對此或許不會感到奇怪,因為中國皇帝都是在凌晨三點到五點處理重要的國家大事。例如一七九三年英國大使馬戛爾尼(George Macartney,1737-1806)就在破曉時分覲見乾隆皇帝,這樣一來英國首相要求清晨見面也就沒什麼奇怪了。這個故事雖然有趣,然而此一誤會卻顯示李鴻章似乎完全不瞭解英國與國際禮儀,以這種態度來辦外交,其不失敗者幾希!

　　中俄密約簽訂之後各國紛紛向中國提出要求。先是德國租借膠州灣與青島,並把山東劃入德國的利益範圍;接著俄國租借旅順、大連,也將東三省劃入勢力範圍。本文主人翁文格德的祖國——英國,在這場國際競賽中毫不後人,先是和法國人商定共享在四川、雲南的開礦權,一八九八年初英國又要求建築自緬甸至長江流域的鐵路、長江流域不割讓與他國,以及永遠任用英國人為海關總稅務司,後來第一項因俄、法反對未成,後兩事則為總理衙門所應允。七月英人又取得了威海衛,租期與俄國的旅順、大連相同。當時英國對華侵略大概只能用「凶橫」兩個字來形容。在一八六〇年十二月二十二日,在英

---

[1] 見梁啟超:《李鴻章傳》,臺北:臺灣中華書局,1965,頁85、90。

國頗有名氣的一個雜誌 *Punch* 之上曾有一幅插畫，標題是「我們應該在中國做什麼（What we ought to do in China）」，所畫的就是英國一位戰士騎著馬、拿著兵器，要打中國這一條龍，帝國主義之惡形惡狀躍然紙上。

以上簡單地敘述了文格德來華前夕中國的情勢。本書作者文格德是英國駐印度的武官，因為對中國與中文感興趣，主動爭取來華從事語言學習與「情報」收集的工作，因此他可以說是一個帝國主義在華勢力的代理人。這一本書主要就是依靠他於十九世紀末年，在中國旅行的經歷而撰成的。他的所見所聞有怎樣的歷史意義呢？他的那一雙「帝國主義的眼」到底看到了什麼東西？為了瞭解文格德「中國印象」的意義，我們需要簡單地回顧十三世紀以來歐洲人對中國的看法。

對於這個主題，英國牛津大學東方系的教授 Raymond Dawson 是一位專家，他的大著《中國變色龍：歐洲人對中國文明之觀念的一個分析》是有關這一主題最詳盡的研究。[1] 在第一章他就清楚地說明，在歐洲人的心目中，中國這一條龍（dragon）是一條變色龍（chameleon），在不同時代或不同人的眼中，「中國」有不同的形象，他的書就在追溯這些形象的變化。

歐洲人對中國最早的一個印象是將中國視為一個物質條件非常富裕的地方，當然這一個印象是十三世紀左右像馬可波羅等旅行家所創造出來的。這樣的想法一直影響到十五、十六世紀歐洲地理大發現的時代，例如發現新大陸的哥倫布，航行中就帶了一本《馬可波羅游記》，以便隨時參閱，而且他還在書上寫了密密麻麻的筆記。很顯然地，一個富裕中國的形象鼓舞了西班牙與葡萄牙的航海家去探索他們

---

1 Raymond Dawson, *The Chinese Chameleon: An Analysis of European Conceptions of Chinese Civilization,* Oxford: Oxford University Press, 1967.

心中的海外樂土。哥倫布雖沒有達成他一探中國究竟的理想，但多數探險家的努力卻使東西之間海上的交通打通了。

隨著東西航路的開通，許許多多的傳教士來到中國，這一傳教的潮流一直到十九、二十世紀還很興盛，也因此造成了不少中西之間的衝突。關鍵在於對這些基督教的傳教士來說，中國雖然在物質上富裕，但是因為缺乏神的寵愛，因此無可避免地只能算是次等的人民（inferior beings）。文格德在書中描寫許多「教案」，都是源於這種將中國人視之為次等人民的藐視心態。十九世紀末、二十世紀初，傳教士成為中西衝突的火藥線。

近代西方另一種中國觀是十七、十八世紀啟蒙時代思想家對中國的看法，包括伏爾泰、萊布尼茲等人，這些人篤信理性，反對宗教，也反對專制，從這一角度出發，他們給予中國文明很高的評價，康熙皇帝也成為他們眼中歷史上最了不起的統治者。有一位學者甚至說：「如果把中國帝國的法律變成世界其他國家的法律，那麼中國所提供的形象將是我們美好未來的展現。」

這種正面的形象到十九世紀，有了新的逆轉，以往馬可波羅所塑造的富裕形象也逐漸消退了。在十九世紀，西方人所形成的進步史觀影響之下，歐洲人將西方國家描寫為不斷革新與進步的代表，中國卻完全相反，是在儒家思想控制下長期處於停滯與靜止的狀態。例如德國史家蘭克（Leopold von Ranke，1795-1886）就把中國說成是「永恆不變」（eternal standstill）；有名的哲學家黑格爾（1770-1831）則說中國「今日存在的樣子與我們所知道她在古代的情況是一樣的。在某種程度，中國沒有歷史」。這樣的說法影響十分深遠，十九世紀到中國來的帝國主義國家之代表，很多是把中國視為停滯的古代文明，而西方各國則是充滿了動力的「現代」文明。換言之，他們是以先進文明之傳播者的角色來面對中國、來解救中國。當然背後更重要的動機則是

為了搶奪市場與原料。

大致上說,當文格德到中國來的時候,一般歐洲人如果不是對中國全無所知,就是抱持著傳教士或帝國主義者那樣對中國的蔑視。他們眼中的中國人,男性留辮子,女子裹小腳,從這個背景來看,文格德這本書是非常例外的,他回覆到啟蒙時代思想家對中國文明所抱持的肯定與欣賞的態度。如同為這一本書撰寫序言的榮赫鵬(Sir Francis Younghusband,1863-1942)所說的,「本書主要目的,是想表彰中國人優秀的特質……作者對中國之美與其民族具有的優秀特質充滿了敬佩」。總之,作者希望藉著此書以釐清英國人對中國人的「錯誤觀念」。

通讀全書的讀者會發現,文格德雖然和發動鴉片戰爭的英軍穿著同樣的制服,也同樣活躍在清末中華帝國的歷史舞臺之上,但他的內心卻與那些侵略者截然不同。他不但沒有西方帝國主義者唯「工業文明」至上的想法,也沒有傳教士唯「上帝」獨尊的心態,他反而能批判他們的缺點與欣賞中國文明的優點。他認為很多中外的糾紛是傳教士「瘋狂的言行」所造成的,同意要制止傳教士的一些行為;他說西方人在中國蓋的工廠很「醜陋」;歐洲政府對來中國開發資源的泡沫公司要「負責」;等等。

相對來說,他所描寫的中國人,不是猥猥瑣瑣的鴉片鬼,或是面無人色的「東亞病夫」,而是「那麼快樂,那麼自由」、身體健康而「膚色紅潤」,他覺得中國人傳統的衣服很好看,泡茶的方式很可口,他還說中國人在科學與藝術方面很有天才,如內河航行、器物製造等甚為巧妙。他甚至還能欣賞中國人的祖先崇拜與宗教信仰;肯定中國人用文化同化的方式來對待外來文化,認為這要比西方借船堅炮利來屈服他人要高明多了。最有意思的是,他說中國人吃狗肉也不是什麼野蠻的做法,和吃飼養的其他動物沒什麼不同,「吃狗肉會比每天只是為了好玩而獵殺千百隻飼養的雞、鴿子,或鴨的罪過來得大嗎」。

從這本書中我們可以清楚地瞭解到一百年前，一個外國人在中國生活的點點滴滴，這些生活的細節或是盎然有趣，如參加在北京各種上流社會的宴會、陪著德國王子到各地巡視；或是讓人啼笑皆非，如文格德走到哪裡都有一大群人跟著，甚至還有人偷偷地丟一兩個石頭打他，好像想看看外國人被石頭打到會不會疼！而最恐怖的大概是他隨時處於一種會喪命的危險，他在中國旅行的時候是一八九八至一八九九年，又深入湖南、貴州、雲南等邊遠地區，當時中國人對外來的欺壓已經有很強的反彈，一九〇〇年義和團事件就是這種情緒所引發的，因此文格德在路上被仇外分子「做掉」是很有可能的事，而事實上他出發之前就有一個外國人被殺，他在路上還看到了這名殺人兇手。由此可見，他的旅行是在高度勇氣的支持之下才完成的。

　　雖然處於這種危險之下，文格德卻仍然保持他的冷靜，並不時透露出英國人那種幽默感，這些地方讀者要仔細地品味他所運用之文字的語調才能感受得到，這種危險與幽默結合在一起的感覺非常有意思，例如在他快要離開中國邊境時來到佤族地區，作者說：

> 佤族人還放出風聲，表示近年來收成不好，要獵取人頭當肥料，特別是中國人那一類的野蠻人。至於外國人，他們還沒獵過，因此我的頭一定可以抵過好幾個中國人的頭，──要是他們分辨得出我的頭和老王或小佟有所不同的話。

　　一個在這種情況下還有心情開玩笑的人，也可以說算是很達觀了！
　　有人說讀一本書就像交一個朋友，因為時空的差距，我們無緣與文格德親身交往，但是從這本書中，我們卻可以走入他的內心，分享他的喜悅與憂愁。透過他的眼，看到百年前中國的風貌，也看到許多教科書上的人物，如光緒皇帝、李鴻章、張之洞、赫德等人，栩栩如

生地出現在作者的生活之中。毫無疑問的文格德是一個很值得交往的朋友，走進這一本書絕對不會讓我們失望。在全書的最後部分，他寫下了一段相當感人的話，總結他在東方的旅行經驗，這或許也是他一生經歷的結晶：

> 我體會到亞洲充滿了仁慈的人，在你最料想不到、最不敢奢求時候，伸出援手。……我發現中國政府很單純，比印度政府好客、仁慈、民主，同時中國人有些事情做得和英國人一樣好，比印度還要好。……亞洲人和歐洲人的生命真理是不變的。不管對遼闊的印度、中國的居民，或是對地狹的英國人而言，這些真理都是相同的，你無法閃躲或逃避它們。這真理就是──沒有愛、沒有勞苦就沒有收穫，更無法享受成果了。

這些話真是讓人低回深思，有點像大家所熟知的那句詩，「不經一番寒徹骨，怎得梅花撲鼻香」，但是他說得更透徹、也更清楚。我一直在想，如果每一個歐洲人都像文格德那樣，對中國人民與華夏文明有同情的體認，那麼中西之間交往所產生的好多悲劇或許都可以因此而避免。

評潘英著《革命與立憲》[1]

　　潘英著《革命與立憲》一書為一書評集，收集了作者對圍繞著清末民初「革命與立憲」一主題的四十五本書所做的評論。[2]其中除了少數幾本西文的中譯本之外，[3]其他均為中文的作品，內容包括有關孫中山（1866-1925）者十部，梁啟超（1873-1929）者十一部，另外則是有關黃興（1874-1916）、宋教仁（1882-1913）、胡漢民（1879-1936）、朱執信（1885-1920）、康有為（1858-1927）、張謇（1853-1926）等人的書。就出版年代來說，有些書是二十世紀初葉的作品，有些則為二十世紀下半葉在臺灣地區出版的著作；就性質而言，有些作品是歷史當事人的自述、史料集，有些作品則是詮釋性的史學著作。為什麼作者會把這些書放在一起討論？我覺得其中有一個理由可能是這些書也可以說代表了二十世紀末臺灣學界對此一主題的重要觀點。作者有意將它們放在一個固定時間點上（1988），讓它們彼此辯論，他並以一個

1　潘英：《革命與立憲》，臺北：谷風出版社，1988，共235頁。本文曾刊於《近代中國史研究通訊》，期14（臺北，1992），頁144-148。
2　潘英1941年生，臺灣宜蘭人，成大會統系畢業，曾任財政部關稅總局會計室主任。著有《中國上古史新探》《中國上古同名地名詞彙及索引》《資治通鑑司馬光史論之研究》《同宗同鄉關係與臺灣人口之祖籍及姓氏分佈的研究》《革命與立憲》《萬馬奔騰的西潮》《民國史上之非正統政治團體人物》《惡夢與幻夢交織下之近世中日關係》《國民黨與共產黨》《臺灣拓殖史及其族氏分佈之研究》等書。
3　中譯西書有史扶鄰《孫中山與中國革命的起源》（Harold Schiffrin, *Sun Yat-sen and the Origins of the Chinese Revolution*, Berkeley: University of California Press, 1968.）、薛君度《黃興與中國革命》（Chun-tu Hsüeh, *Huang Hsing and the Chinese Revolution*, Stanford: Stanford University Press, 1961.）以及李文孫《梁啟超與中國近代思想》（Joseph Levenson, *Liang Ch'i-ch'ao and the Mind of Modern China*, Cambridge: Harvard University Press, 1953.）等書。

統一的觀點對這些書的學術貢獻之高下算一個總帳。

　　該書的特色是以書評集結成書的方式來表達作者對此一主題的觀點，這在臺灣史學界中是十分少見的，用他自己的話來說是個「異數」。在西方學術傳統中，「書評」（book reviews）以及「書評論文」（review articles）扮演十分重要的角色，只要一本新書出版幾乎都會有好幾篇評論，而研究領域發展到一定階段之後則有書評論文作整體評估。以研究亞洲史的重要期刊 *The Journal of Asian Studies* 為例，每一期幾乎有近一半的篇幅是書評與書評論文；而且有興趣的讀者可以利用每季出版的《書評引得》（*Book Review Index*）找到所有的評論，十分方便。而這又涉及西方學界強調累積學術成果與溝通辯論的觀念，凡立一說，大多會先評論已有的成就，再強調自己的看法與前人解釋的不同。總之，後人可以站在前人的肩膀上，每人不必從頭做起。可惜這一套學術規範在臺灣史學界還沒有受到完全的肯定。臺大黃俊傑教授在一九八〇年代時曾說臺灣史學界像一個籃球場，場上有人赤腳，有人穿球鞋，有人穿皮鞋，還有人穿釘鞋，話雖有趣，卻點出了一個相當可哀的現象。

　　潘氏一書的出版在此學術背景下是很有意義的，我們很希望看到更多類似作品的出現，對已有的史學貢獻做進一步的反省與評估。

　　但遺憾的是此書仍有許多技術性的缺點，例如作者對每一本書只列出作者、書名與出版社，而缺乏出版時間、地點、版本、頁數等其他數據，更沒有書目、索引等，再加上一些排版上的錯字，給人一種不夠精細的感覺。當然這些「特色」可說是臺灣出版界所共有的缺點，並非全為作者之過，然而如果作者與出版商能互相督促，就此力求改善，則造福讀者不淺。

　　上述這些技術性的缺點實際也反映了一個根本的觀念問題，由於忽略了出版時間，作者將過去近一世紀間所出版的書做一平面處理，

使讀者看不到學術的演變與承襲。因此作者如能加上時間的面向,甚至分析地理或研究群體等因素的影響會使研究的主題變得更清楚。此外作者完全以臺灣書肆上所能找到的「一部分」的書作為評論對象,而不談外文或大陸的作品也顯得視野過於狹窄。當然此書並非一組織嚴謹的專著,如此批評過於嚴苛,但如能進一步完成一部如馬若孟(Roman Myers)、墨子刻的書評論文或柯文(Paul A. Cohen)的專書那樣檢討美國漢學界研究典範之演變的作品則是吾人所樂見之事。[1]

作者忽略各書的時間面向其實是可以理解的,對他來說,大多數他所評論的書都被框在一個我稱之為「革命典範」的研究取向之內,而只有「極少數」的人能有打破這個正統觀念或政治神話而公允地研究這一段歷史。綜合作者的觀點,這一「革命典範」有以下幾個重點:

(一)盲目崇拜孫中山,一切成就歸之於孫中山和他所領導的革命活動。

(二)極端諱言革命陣營內黨派的分歧與人際的衝突。例如不重視興中會時孫中山與楊衢云(1861-1901)的分裂,同盟會時章炳麟(1869-1936)與宋教仁對孫的非難;忽略光復會與華興會的角色等。

(三)以為「革命」是好,而「君憲」是壞,並抹殺或抹黑立憲派人士的貢獻。最好的例子是對一九〇五至一九〇八年左右《民報》與《新民叢報》的辯論,採取《民報》作者本身的評估,認為「民報全勝,

---

[1] Roman Myers and Thomas Metzger, "Sinological Shadows: The State of Modern China Studies in the United States," in *The Washington Quarterly*, 3(2), pp.87-114.〔此文在《食貨雜誌》上有中文翻譯:馬若孟、墨子刻著,劉紀曜、溫振華譯:《漢學的陰影:美國現代中國研究近況》,《食貨月刊》,10 卷 10 期、11 期(臺北,1981.01、02),頁 444-457、505-519。〕Roman Myers, "How Did the Modern Chinese Economy Develop? A Review Article," *The Journal of Asian Studies*, 50:3 (1991), pp.604-628. Paul Cohen, *Discovering History in China: American Historical Writing on the Recent Chinese Past*, New York: Columbia University Press, 1984.

梁棄甲曳兵」。[1]

　　總之，作者強烈質疑「民國史就是革命黨史」的觀點。指出應客觀研究孫中山以外的領袖、同盟會以外的黨派，尤其應肯定康有為、梁啟超以及後來進步黨人在歷史上的貢獻。這些觀點其實並不新穎，以「中研院」近代史研究所為主的「南港學派」以及許多外國學者均以此一取向研治清末民初歷史。在作者所稱許或部分稱許的史家中，史扶鄰與薛君度是國外學者，[2] 而張朋園、張玉法、朱浤源與呂芳上則為「中研院」近代史研究所研究人員。但作者以書評的方式卻能以十分具體的例子指出這些觀念在臺灣學術界與教育界所曾具有的影響力。

　　以這種反「革命典範」的標準來評量，作者多次討論到近史所出版的專刊或同人的作品，他以為亓冰峰的《清末革命與君憲之論爭》（1966）以論爭之中革命黨大獲全勝，「是革命宣傳品」（頁231）；而朱浤源《同盟會的革命理論》（1985）以同盟會在排滿情緒上適合當時年輕人的胃口，但在政治、社會理論上落後「是當時的真相」（頁24）。作者又以為張朋園的《梁啟超與清季革命》（1964）肯定梁氏貢獻，是「一部難得一見的好書」，但他對張氏將梁啟超指為本質是革命黨人，則以為是「受某種意識形態左右」（頁163）；對張氏《立憲派與辛亥革命》（1969）深入探討立憲派之角色，作者十分稱讚，以為該書是具有空前貢獻的好書（頁219）。此外對張玉法所著《清季的立憲團體》（1968）與《清季的革命團體》（1975）也是讚賞有加，認為張氏能注意到主流以外的人際衝突與黨派競爭，「粉碎許多革命神話」，

---

[1]　潘英：《革命與立憲》，頁230。

[2]　一個有趣的現像是在外國學者之中潘氏讚許史扶鄰而貶抑李文孫；然而在國外，許多學者卻對李文孫有很高的評價，許之為莫札特式天才人物。Maurice Meisner, Rhoads Murphey, *The Mozartian Historian: Essays on the Works of Joseph R. Levenson*, Berkeley: University of California Press, 1976.

是一個「真正的學者」（頁 121、123）。這些評估都反映作者反對以國民黨主流派為中心的民國史觀。

作者以書評的形式主張打倒偉人神話、掙脫意識形態的束縛、要求「還給歷史真相」等，不僅具有史學上的意義，其本身更代表了一種臺灣社會在「解嚴後的心態」。我認為此書與大學校園內批判理論、解構主義的盛行，小劇場等後現代主義的表演藝術，以及激昂的政治反對運動等現象屬於同一「思想的氣候」（climates of opinion），[1] 代表了臺灣地區在政治上解嚴之後在不同層面上「邊陲」對「核心」的反撲。就此而言這一本在一九八八年，也是解嚴後一年所出版的書評集實際上本身也參與了另一個時代的會話，由此可見史學研究與現實社會之間的緊密關聯。

作者的另一貢獻是一些比較零散的史學上的論斷，這顯然是由於作者對這一段史事的高度熟稔，因此往往能見人之所未見，這些小地方實應細心體會。以他對梁啟超的思想之意見為例，他認為雖然表面上梁氏自稱思想「流質易變」，實際終其一生有一貫的基本信念，此一信念是和平改革，但不排斥激烈的革命手段。以此觀點來看梁氏思想的發展，他認為梁氏在一九〇三年以後趨於保守固然與其美國旅行的經驗有關，但是主要是因為有兩個潛在的因素：

　　梁氏心中若沒有其他潛在因素，遊一趟美洲，縱然有所見、有所聞，言論應該也不可能發生如此大的改變……我們以為梁氏言論轉變的潛在因素有二：其一，梁基本上是一位君憲及和平改革主張者，革命只是他不得已而行之的「最險之著」與「最下之策」。其二，自立軍之役的失敗雖促使他走上革命之路，但革命的動亂卻又為他所目睹，

1　這是 Carl Becker 的用語，見 Carl Becker, *The Heavenly City of the Eighteenth-Century Philosophers,* New Haven: Yale University Press, 1960, pp.1-31.

心理上無疑已蒙上一層陰影；等到某一情況出現，使他感覺這一「最險之著」確實危險，這一「最下之策」確實最下，這一陰影無疑地又促使他回到他原來的主張。（頁183）

　　作者上述的論斷雖嫌籠統卻很有見地，同時他更進一步肯定蕭公權在張朋園《梁啟超與清季革命》序所言，梁啟超與孫中山不能合作原因雖多，但思想的歧異是很重要的一點。這些論斷都是瞭解梁氏思想的關節，而與筆者對梁氏《新民說》之分析不謀而合。事實上根據拙文，梁氏在赴美之前所撰《新民說》中已有保守傾向，強調人性的幽暗面、政黨政治是小人的競爭、惡法亦法，反對社會福利政策與不切實際的全面更新等，美國之行只是進一步強化他原有的看法而已；同時這一些植根於梁氏思想中的保守與調適的觀念與孫中山的思想格格不入，這種基本信念上的衝突是不容忽略的。[1]

　　整體來說，此書雖有瑕疵，但能自圓其說，且有獨特見解，可讀性很高，唯間或有些過度情緒性的字眼，有失史學上敦厚平和之旨，似宜避免。

---

[1]　黃克武：《一個被放棄的選擇：梁啟超調適思想之研究》，臺北：「中研院」近代史研究所，2006（1994）。

民國史之檢討

從晚清看辛亥革命[1]

辛亥革命推翻了數千年的專制,建立起共和政體,此一重大變化,有其複雜的歷史背景。本文嘗試梳理清朝中晚期的歷史脈絡,來解釋革命發生的根源與促成革命成功的一些關鍵因素。文中強調清中葉以來中國士人與傳教士開始引介西方共和體制,這些觀念透過書籍、報刊的傳播,發揮了思想動員的力量,使晚清時的人們敢於去構想一個嶄新的未來。其次,從辛亥革命爆發到南北議和,各地立憲派人物扮演了關鍵性的角色,不容忽略。因此,辛亥革命實由各種思想、勢力共同促成。革命黨人多受理想激發,揭竿起義,立憲派人士亦認同共和體制,同時也為了自保與維繫秩序,起而響應。辛亥革命就在新、舊勢力既合作又妥協之下獲得了成功。民國成立之後,國人在實施民主過程中所面臨的諸多困難與挫折,亦部分地源於此一妥協的性格。

序言

二〇一一年是辛亥革命一百週年。一百年前,辛亥革命成功地推翻了清朝的帝制,建立了中華民國。辛亥革命的歷史意義,簡單地說就是「推翻專制、建立共和」。從此中華民族告別了兩千餘年的君主專制體制,開始「走向共和」。直至今日,兩岸政制雖有所不同,然均宣稱實施「共和」與「立憲」,亦即秉持孫中山所說的「天下為公」的理想。

---

1 本文原為《從晚清看辛亥革命:百年之反思》,中國社會科學院近代史研究所編:《近代史研究》,期191(2012年9月),頁99-106。

辛亥革命作為共和體制之起源，有其複雜的歷史背景。[1]探討辛亥年所發生變化之根源，必須要回到晚清的歷史脈絡，方能掙脫目的論式的歷史論述。本文主要依賴臺灣史學界多年的研究成果，析論一九一一年辛亥革命何以在武昌起義爆發之後迅速地獲得各地之響應，並以南北議和之方式終結清朝，開創民國。簡單地說，我們如果不瞭解晚清七八十年間對西方自由、民主與共和思想的引介，立憲派與革命派之爭論，以及立憲派在革命爆發後對安定社會、尋求和解等方面的貢獻，而只是將辛亥革命簡單地看成由革命黨領導的一次政治或軍事變革的話，那將是非常浮面的。兩岸對辛亥革命的解釋仍有差異，然而在交流互動之中，也看到許多的共識點逐步形成。

思想動員：辛亥革命的思想根源

（一）以民主共和比擬三代盛世

　　要瞭解辛亥革命所揭櫫的政治理想，必須追溯到清道光、咸豐年間，國人開始引介西方新觀念，介紹世界史地，其中最重要的是對歐美民主、共和等觀念的引介。[2]早在十九世紀三〇～四〇年代，當時中國思想家與西方傳教士即開始介紹西方的政治理念。例如：林則徐、

---

[1] 關於辛亥革命前後思想變遷的最新研究成果是：Peter Zarrow, *After Empire: The Conceptual Transformation of the Chinese State, 1885-1924*, Stanford: Stanford University Press, 2012.

[2] 有關近代中國「民主」「共和」兩概念之形成，及其與中日詞彙交流史之關聯，參見陳力衛《近代中日概念的形成與相互影響——以「民主」與「共和」為例》，《東亞觀念史集刊》，2011 年第 1 期，頁 149-178。作者指出，19 世紀中葉之前，中文多用「民主」，日文多用「共和」，19 世紀後半葉，在中日語彙交流過程之中，以「民主」來翻譯 democracy，以「共和」來翻譯 republic，才在漢語裡固定下來。

魏源、徐繼畬、梁廷枏等人介紹英國的君主立憲與美國的民主政體，並將華盛頓（George Washington）描繪成類似三代時堯舜那樣的明君，進而倡導他所樹立的民主風範。譬如，魏源認為美國的制度「其章程可垂弈世而無敝」，而且制度周全，達到「公」天下的理想。徐繼畬在一八四八年的《瀛寰志略》中認為華盛頓「創為推舉之法，幾於天下為公，駸駸乎三代之遺意也」。馮桂芬則指出民主制度的重要功能在於可以通上下之情，使君民之間達到完善的溝通。[1]大約在一八八〇年代，「君主」、「君民共主」、「民主」作為政體形態的劃分，在中國知識界已鞏固建立，而肯定後二者之人愈來愈多。[2]這些想法都加強了人們對民主理想之認識與嚮往。

（二）傳統反專制思想之激盪

晚清時期國人對西方民主之接納，也有傳統的根源。從晚明以來，中國思想界內部即迸發了一股反專制的思潮，從黃宗羲、顧炎武、王夫之、唐甄到清中葉的龔自珍等人均「譏切時政，詆排專制」，提倡一種新的公私觀念與富民論，倡言地方分權，以反省君主專制。這種從儒學內部所萌生之變遷，余英時稱之為「新基調」，這些觀念對於晚清思想的解放發揮了重要的推動作用。[3]例如康有為、梁啟超因為

---

[1] 黃克武：《清末民初的民主思想：意義與淵源》，「中研院」近代史研究所編：《中國現代化論文集》，臺北：「中研院」近代史研究所，1991，頁 363-398。

[2] 潘光哲：《美國傳教士與西方政體類型知識「概念工程」在晚清中國的發展》，《東亞觀念史集刊》，2011年期1，頁 179-230。

[3] 余英時：《現代儒學的回顧與展望》，《現代儒學論》，上海人民出版社，1998，頁 1-57。黃克武：《從追求正道到認同國族：明末至清末中國公私觀念的重整》，黃克武、張哲嘉編：《公與私：近代中國個體與群體的重建》，臺北：「中研院」近代史研究所，2000，頁 59-112。有關明末思想對清末思想之衝擊，學界已有不少的研究，可參閱楊芳燕《明清之際思想轉向的近代意涵：研究現狀與方法的省察》，臺北《漢學研究通訊》卷20期2，2001，頁 44-53。

閱讀《明夷待訪錄》、《黃書》而有所感悟，章炳麟喜讀唐甄的著作而受其啟發，宋教仁等人則表示中國古籍中的非傳統性議論，使他們得以明了西方思想與政制之意義。[1]

對於中國傳統下思索解決專制問題的士大夫來說，西方民主制的傳入，無疑提供了一個有效的制度來實現固有的「民本論」、「上下一體」與「天下為公」的政治理想，可以讓中國重返有如三代之盛世。[2] 這是西方民主制度在傳入之後就深受時人肯定的重要原因。由於這些長期的努力，反對專制、追求民主共和的觀念才得以推廣；晚清革命志士、立憲分子敢於構想一種嶄新的未來，追求自由、權利、憲政體制等，就是受到這些傳統反專制思想的激勵與西方民主觀念的啟發。晚清時期中國人對西方民主的熱愛，乃至五四以來對於「德先生」的追求，是一個很獨特的現象。

（三）風起雲湧的晚清民主思潮

至晚清最後的十年，隨著留學生的增加，譯介新思潮的內容變得更為豐富。晚清思想家對民主思想的宣揚與革命觀念的傳播，奠定了辛亥革命的基石，當時有十餘部書刊發揮了很大的影響力，在思想上啟迪人們「走向共和」。它們分別是：譚嗣同的《仁學》（1897），嚴復譯赫胥黎的《天演論》（1898），梁啟超的《新民說》（撰述於1902-1905年間），孫中山有關「三民主義」的言論，章炳麟的《訄書》（第二版）及其革命政論，鄒容的《革命軍》（1903），陳天華的《猛回頭》、《警世鐘》（皆為1903）及《獅子吼》（1905），劉光漢與林獬合作的《中

---

1 熊秉真：《十七世紀中國政治思想中非傳統成分的分析》，《「中研院」近代史研究所集刊》，期15（上），1986，頁30-31。

2 黃克武：《清末民初的民主思想：意義與淵源》，「中研院」近代史研究所編：《中國現代化論文集》，頁383。

國民約精義》(1903)，金天翮的《女界鐘》(1903)，章士釗編譯的《孫逸仙》(1903，原著為宮崎滔天的《三十三年の夢》)，《民報》與《新民叢報》雙方對於中國前途的論戰文字。這些作品帶來了對新時代的嚮往，也提供了辛亥革命的思想溫床。

其中，直接激勵人們求新、求變思想的三本書是：嚴復翻譯的《天演論》、譚嗣同的《仁學》與梁啟超的《新民說》。嚴復是近代中國首批留洋學生，返國後以引介西學、翻譯西書，成為啟蒙導師。他所翻譯赫胥黎（Thomas H. Huxley, 1825-1895）的《天演論》以典雅的桐城派古文來譯介新思想，鼓勵人們救亡圖存，成為競爭中的強者、適者，以免於亡國滅種。同時，該書也介紹了一種新的、基於科學的宇宙觀與歷史觀。此書是近代中國革命與立憲思想的共同源頭，[1]清末民初時期人們所寫的日記、自傳等，大概共有幾百部，幾乎沒有人不提到曾閱讀《天演論》的經驗。胡適的自傳《四十自述》就寫得很清楚，他改名為「適」就是因為嚴復提倡「適者生存」；陳炯明號「競存」，也是出於相同的原因。[2]《天演論》在晚清時帶來兩種不同的發展，一方面它鼓勵人們積極地應變圖強，使得一部分人因此而走上了激烈革命的道路；[3]另一方面它主張「漸進」、「調適」，因為天的演化是逐步變化的，這一想法與改革派的漸進保守主張較符合。[4]當時的立

---

1 黃克武：《惟適之安：嚴復與近代中國的文化轉型》，臺北：聯經出版公司，2010。
2 胡適：《四十自述》，臺北：遠東圖書公司，1966，頁 50。
3 吳丕：《進化論與中國激進主義》，北京大學出版社，2005。
4 嚴復的漸進思想在《群學肄言》中表現得很明顯，他在該書序言之中說：「淺譾剽疾之士，不悟其所從來如是之大且久也，輒攘臂疾走，謂以旦暮之更張，將可以起衰，而以與勝我抗也。不能得。又搪撞號呼，欲率一世之人，與盲進以為破壞之事。顧破壞宜矣，而所建設者，又未必其果有合也。則何如稍審重，而先咨於學之為愈乎？」文中直接批判主張破壞的激進思想，強調「審重」和「咨於學」的重要性。引文見〔英〕斯賓塞著，嚴復譯：《群學肄言》，臺北：財團法人辜公亮文教基金會，1998，頁 4。

憲派，就擷取《天演論》（與《群學肄言》）之中的「漸進」主張，認為歷史的演變必須逐漸地變，不能把老房子推翻，重新再蓋，而必須慎重而緩慢地調整。他們提出，應該先改變君主專制、實施君主立憲，再進步到民主共和，這和上述西方傳入的政體劃分：「君主」、「君民共主」、「民主」的線性發展，以及康有為所說的「春秋三世論」也是一致的。其實，康氏便是以「春秋三世論」配合西方天演的觀念而提出三階段的發展。相對來說，革命黨覺得應該推翻專制，馬上建立一個民有、民治、民享的民主共和國，以順應世界潮流。其次，與日後激烈革命行動關係最密切的是譚嗣同的《仁學》一書。譚嗣同是戊戌政變中被斬首的「六君子」之一，他有機會逃出北京而不走，因為他要為革命而流血，好為歷史留下見證。這種殺身成仁、捨生取義的情操，使他所寫的《仁學》傳遞著一種「烈士精神」。[1]它對於辛亥革命、五四運動、共產革命（毛澤東即說他受湖南同鄉譚嗣同思想的啟迪）均有影響，促成中國近代思想史上的激進化。[2]譚嗣同提出的口號是「衝決網羅」，主張要破除綱常名教、提倡自主人格。他覺得五倫中的三綱部分：君臣、父子、夫婦都有壓迫性，兄弟也具有上下的關係，五倫中唯一可以保留的，只有朋友一倫，因為朋友才是平等的。譚嗣同的想法，在清末民初引起很大反響，對帝制與家族倫理造成很大的衝擊。如劉師培主張「毀家」，認為：「蓋家也者，為萬惡之首」（後來傅斯年、李大釗與熊十力都有相同的看法）；[3]五四時期，魯迅、

---

1 張灝認為：譚嗣同死於戊戌政變，他原有機會逃走，卻抱持殺身成仁，為變法流血的決心，這種從容就義的烈士精神實植基於「仁」之理念。張灝：《烈士精神與批判意識》，臺北：聯經出版公司，1988，頁 108。

2 Ying-shih Yu, "The Radicalization of China in the Twentieth Century," *Daedalus*, Vol.122, No.2 (1993), pp.125-150.

3 參見余英時：《中國現代價值觀念的變遷》，《現代儒學論》，頁 147-148。

巴金等人對家庭制度的大力抨擊,都可以上溯至譚嗣同的《仁學》。[1]

相對於鼓舞革命的《仁學》來說,梁啟超的《新民說》比較複雜。梁啟超在一九〇二年訪問美國之前是比較激烈的,並嘗試與孫中山合作,共謀革命。他在《新民說》的前期,提出種種口號,主張塑造新國民。他認為新國民必須要有公德、進步、自由、權利、義務、冒險、進取等觀念;他又提出了尚武的思想,這些都圍繞著新國民的改造。梁啟超最早指出:中國人的問題關鍵在於國民質量,所以我們必須建立新時代所需的新國民,中國才有希望。此一想法其實就是後來魯迅所提倡的「國民性改造」。一九〇三年,梁啟超遊歷了新大陸之後,看到民主的缺陷與華人在民主體制之下的種種缺點,轉而保守。他又受到嚴復譯介斯賓塞（Herbert Spencer）群學思想中「循序漸進」觀念的影響,認為新道德的建立必須奠基於傳統倫理之上,開始主張依賴傳統思想資源,以「私德」的改造作為「新民德」的基礎。用他的話來說,「新之義有二:一曰淬礪其所本有而新之,二曰採補其所本無而新之,二者缺一,時乃無功」。[2]梁啟超與革命黨的分道揚鑣與此思想轉向不無關係。梁氏的調適、漸進的思想在晚清時普遍流傳,成為立憲派「言論的指導者」。[3]黃遵憲說梁氏的文章:「驚心動魄,一字千金,人人筆下所無,卻為人人意中所有。」[4]以梁啟超為首的立憲派主張中國應仿效英國與日本,從君主專制改變為君主立憲,等時機成

---

1 巴金的激流三部曲中,《家》一書對傳統女性所受的桎梏有生動描寫,也是另種形式對中國家庭及其產生罪惡的沉痛控訴。巴金:《家》,人民文學出版社,1986。
2 黃克武:《一個被放棄的選擇:梁啟超調適思想之研究》,臺北:「中研院」近代史研究所,2006（1994）,頁 142-143。
3 張朋園:《立憲派與辛亥革命》,臺北:「中研院」近代史研究所,2005（1969）,頁 37-44。
4 黃遵憲:《黃公度致飲冰室主人書》,丁文江編:《梁啟超年譜長編》,上海人民出版社,2009,頁 274。

熟之後,再轉變為民主共和。

　　上述書刊有一些共同的關懷,包括肯定適者生存、優勝劣敗的進化史觀,以及以民主憲政作為終極的政治理想;不過,人們對民族、民權和民生等三大議題卻展開了激烈的辯論。孫中山先生一派的革命黨堅決支持民族革命與政治革命,主張驅除韃虜、建立共和;而以梁啟超為代表的立憲派、保皇黨,所支持者則是君主立憲,希望先實施君主立憲,等時機成熟後再邁向民主共和。最後是關於民生問題的辯論,康、梁派採取的是較傾向資本主義的路向,主張提倡生產、發展經濟、保護私有財產;而孫中山所代表的革命黨,採取的則是傾向社會主義的發展方向,主張土地國有與節制資本等。[1]一九○二～一九○七年間,梁啟超在橫濱辦《新民叢報》,革命黨則在一九○五年於東京辦《民報》與之抗衡。當時的人們在閱讀上述書刊之後,受其啟發,而在一九○五年前後,越來越多的人轉而支持革命。一位從湖南長沙官派到日本學政治的留學生黃尊三寫下了《三十年日記》。他講述留學的過程:到東京以後,開始進入語言學校;除了學習英、日文,閒暇的時候就讀《新民叢報》和《民報》。一九○五年之前,他比較同情康、梁,他說:「《新民叢報》……文字流暢,議論閎通,誠佳品也」;一九○五年之後,因為看了《民報》與《新民叢報》的辯論,受到《民報》革命思想的鼓舞,轉而支持革命。一九○五年十一月三日,他在日記上寫道:「《民報》為宋遯初、汪精衛等所創辦,鼓吹革命,提倡民族主義,文字頗佳,說理亦透,價值在《新民叢報》之上。」[2]此一個案具有指標性意義,象徵了留日學生思想的轉向,亦即一九○五年之後和黃尊三一樣,從支持改革轉向肯定革命的留日學生,為數不少。

---

[1] 亓冰峰:《清末革命與君憲論爭》,臺北:「中研院」近代史研究所,1966。
[2] 黃尊三:《留學日記》,《三十年日記》,長沙:湖南印書館,1933,頁35。

總之，在晚清革命與立憲的各種書刊宣傳之下，人們鼓起勇氣參加革命，促成了辛亥革命的成功，建立起了亞洲第一個民主共和國，將中國引入了一個新的時代。就辛亥革命來說，這個新時代的出現或許是偶然的，可是此一偶然的背後，卻是上述書籍、報刊發揮思想動員的結果。梁啟超在一九一二年十月所做的《歸國演說辭》中指出：「武漢起義，不數月而國體丕變，成功之速，殆為中外古今所未有……問其何以能如是，則報館鼓吹之功最高。」他說：「中華民國之成立，乃以黑血革命代紅血革命焉可也。」[1] 上文的「黑血革命」正是思想動員所扮演的角色。

革命黨與立憲派共造共和大業

（一）立憲派角色之重估

　　一九八二年張玉法曾就辛亥革命性質問題與章開沅展開辯論，指出辛亥革命是「全民革命」，意指它為全民參與並為全民利益的一場革命。張玉法的說法乃奠基於臺灣史學界長期的研究成果，[2] 過去三四十年來，臺灣史學界對於辛亥革命的研究，已經逐漸走出單一的意識形態的束縛，開始重新審視辛亥革命的多重意涵和複雜面向。除了張玉法有關清季革命團體與立憲團體之作品外[3]，張朋園從一九六〇年代開

1　梁啟超：《歸國演說辭》，《飲冰室文集》第 29 卷，臺北：臺灣中華書局，1978，頁 1。

2　有關此一辯論的詳細經過，參見陳三井《輕舟已過萬重山：書寫兩岸史學交流》，北京：社會科學文獻出版社，2011，頁 3-21。

3　張玉法：《清季的立憲團體》，臺北：「中研院」近代史研究所，1971。張玉法：《清季的革命團體》，臺北：「中研院」近代史研究所，1975。

始關於梁啟超與立憲派的研究讓我們開始正視辛亥革命的成功，除了因為拋頭顱、灑熱血的革命志士外，還有其他的力量與群體，其中勢力最大的就是以康、梁為首的立憲派。[1]事實上，辛亥革命之所以能成功，其中一個關鍵因素是革命爆發之後在各地得到立憲派人士的大力支持。

　　張朋園指出梁啟超筆端常帶感情的那支筆尤其發揮了很大的影響力。因為梁氏的鼓吹，其立憲思想之影響由海外轉向國內，連清廷都開始準備開國會，預備九年後實施立憲，後遭抗議而改為六年。這些晚清官員立憲思想的淵源，主要即是康、梁等人的著作。[2]張朋園在《梁啟超與清季革命》中指出，梁任公在三十一歲之後轉而推動立憲，主張在安定中求進步：「梁氏認為革命之後建設不易，更可能陷國家社會於紛亂。證之於中國百年來革命之歷史，梁氏無異一先知。」[3]

　　其後，張朋園又出版了《立憲派與辛亥革命》。在此之前少有人仔細研究立憲派，以及辛亥革命與立憲派之間的關係。透過通觀全國各地辛亥革命前後的發展，張氏發現辛亥革命爆發之後，主要是依靠「進步的保守分子」立憲派士紳的支持，才可能在這麼短的時間內獲得全國大多數省份的認可，最終脫離清朝的控制。四川省諮議局議長蒲殿俊（1875-1934）不但向清廷請願立國會，且領導護路運動、罷課、罷市，加速了革命的爆發；湖北省諮議局議長湯化龍（1874-1918）在武昌起義之後即與革命黨合作，通電各省，呼籲響應獨立；湖南省諮議

1　張朋園：《梁啟超與清季革命》，臺北：「中研院」近代史研究所，1964。張朋園：《立憲派與辛亥革命》。
2　沙培德：《利於君，利於民：晚清官員對立憲的議論》，《「中研院」近代史研究所集刊》，2003 年期 42，頁 47-71。
3　張朋園：《梁啟超與清季革命》。

局議長譚延闓（1880-1930）在革命爆發後起而擔任都督，使湖南在短期之內恢復秩序。哥倫比亞大學教授韋慕廷（Clarence Martin Wilbur）在該書序言中說：「許多在革命前屬於君主立憲派的人，在辛亥時期與革命派合作。事實上，在促使帝制的崩潰中，他們起了重要的作用……如果對立憲派的活動懵然無知，我們對辛亥革命的過程是不能瞭解的。」[1]

汪榮祖對於江蘇地方的辛亥革命史的研究，同樣顯示了立憲派在建立民國過程中的重要性。在武昌辛亥革命爆發之後，江蘇省是第一個響應且宣佈獨立的省份。誰宣佈獨立的？不是當時的江蘇巡撫程德全（1860-1930），而是張謇（1853-1926）等立憲派人士。以張謇為首的立憲派人士宣佈獨立的原因主要不是因為他們支持革命黨的理念，相反地，這些人非常害怕革命黨。立憲派士紳宣布獨立的主因，其實是為了自保。因為辛亥革命造成較大的社會動盪，其根源要追溯到晚清的一些重要變化：從太平天國起事之後，中國東南一帶人口銳減，使社會發生了相當大的變化。其中一環，就是地方士紳為了維護治安而慢慢地掌握了地方權力。由於晚清有相當多的賠款，這些巨額賠款，對地方財政造成了很大負擔，且直接攤派到各省，民間生活因此更形困頓，社會上因而出現了不少流民。換言之，清末財政困境使許多人的生活極不穩定，這些人有的就像魯迅筆下的阿Q那樣不自覺地成為革命軍的基礎，而有些就變成社會動盪的根源。所以，辛亥革命之後，通過江蘇之例可見，地方士紳宣佈獨立乃是為了自保。他們希望在革命軍於武昌起義成功而中央無法控制局面之時，可以依賴自

---

1 〔美〕韋慕廷：《〈立憲派與辛亥革命〉序》，張朋園：《立憲派與辛亥革命》，頁 iii。

身的力量保障身家性命。[1]至於他們之所以有能力宣佈獨立，是因為自太平天國之後他們就開始在地方上長期經營，因而不但有經濟上的實力，甚至握有自己的武力。以張謇為例，他在清末所做的建設工作相當驚人。他有一整套地方建設的構想，包括實業、教育、慈善、政治等方面，還請荷蘭專家協助開發海埔新生地，蓋了中國第一個博物館等。辛亥革命爆發之前，他就已是地方實力人物，透過政治參與進入諮議局、資政院，成為這些地方議會的領袖。由於這些立憲派人士擔心革命後社會動盪，起而自保，革命才會成功。因此，辛亥革命之成功是在各地立憲派士紳支持之後才產生的結果。辛亥革命之後促成政權和平轉移的南北議和，也主要是在立憲派人士支持下才達成共識。

（二）革命成功：湖南的例子

從周德偉（1902-1986）回憶錄《落筆驚風雨：我的一生與國民黨的點滴》，尤其顯示出辛亥革命在湖南的成功是革命黨（其中有大量會黨、新軍）與立憲派之間既合作又角力的結果。周德偉曾留學英國倫敦政經學院、受教於經濟學家哈耶克，並介紹、翻譯了哈耶克的著作，其名聯「豈有文章覺天下，忍將功業苦蒼生」廣為人知。他在回憶錄中講述了其父親周鴻年在清末湖南長沙加入革命黨，參加辛亥革命的過程。

周鴻年是湖南長沙地方的中下層士紳，沒有科舉功名，擅長中醫，並曾擔任地方主簿之職，與革命黨人黃興是鄰居。他因受到郭嵩燾的影響，接觸西方知識，認識到「歐西政教，遠較中土為美」，並開始閱讀嚴復的譯作，因而與湖南守舊士紳劃清界限。周德偉寫道：「幾

---

[1] Young-Tsu Wong, "Popular Unrest and the 1911 Revolution in Jiangsu," *Modern China*，Vol.3 (1977), pp.321-344.

道之書，陸續問世，先君盡讀之，遂粗明西方哲理，致與葉德輝忤，絕往來。」[1]這可以顯示嚴復譯作對地方基層菁英分子思想啟蒙之影響。光緒二十九年（1903）黃興自日本返國，聯絡湖南「會黨異人」，並吸收周鴻年等人共組華興會，參與者有吳祿貞、陳天華、章士釗、譚人鳳等人。黃興所採取的策略是鼓勵會中同志以捐納的方式加入清軍，伺機響應革命行動。革命黨人如吳祿貞後為清軍的鎮統、藍天蔚為協統，尹昌衡則納資為廣西軍官。新軍中的革命力量對辛亥革命的成功發揮了重要的作用。[2]

辛亥八月下旬，周鴻年決定參與革命，「著戎裝，騎駿馬，配手杖，攜四勇士」，在跪稟父母之後，當場剪去長辮，投身革命。周鴻年「率會黨人員及農民數千」起事，占領株洲，越醴陵，攻萍鄉。這時由於革命軍興，省城長沙紛亂，大吏皆逃。會黨領袖焦達峰成為都督，他不久即殺死了對他具有威脅性的新軍協統黃忠浩，此舉使維新分子深感不安。其後，焦又被巡防軍統領梅馨所殺，諮議局議長譚延闓隨後被推舉為都督，起而維護治安。這主要是因為「湖南士人多懼草莽英雄」，在「士紳疑忌」下，不願由具豪強背景之革命黨來主導，才由譚延闓出任都督。當時即盛傳焦達峰被殺一事乃由譚所主使，由此可以窺見出自草莽之革命軍與士紳之間彼此猜忌。周德偉的回憶錄為我們提供了一些對湖南地區辛亥革命的瞭解，借此可以得知革命成功的背後有各種複雜的因素，然其主調十分明確：辛亥革命的成功是革命黨與立憲派既合作又角力的結果。[3]

1　周德偉：《落筆驚風雨：我的一生與國民黨的點滴》，臺北：遠流出版社，2011，頁 77。
2　馮兆基：《軍事近代化與中國革命》，上海：上海人民出版社，1994。
3　周德偉：《落筆驚風雨：我的一生與國民黨的點滴》，頁 84-86。

辛亥革命的意義：代結論

　　辛亥革命有一個長期的思想醞釀的過程，同時它的參與者來自不同的階級與群體，並為了不同的目的而參與。我們可以用下面的一句話表示：革命成功乃是各種勢力共同作用的結果，其中革命黨人多受理想激發，揭竿起義，立憲派人士亦多秉持類似的共和理想，同時或為自保，或為維繫社會秩序，起而響應。辛亥革命就在新、舊勢力妥協之下獲得成功。民國建立之後，在實施民主過程中所出現的諸多困難與挫折，亦部分地源於此一妥協的性格。簡單地說，辛亥革命能破，卻未能立。

　　辛亥革命成功之後，民國體制受到的第一個挑戰是袁世凱的帝制，他邀約支持者組織籌安會，宣揚「君憲救國」。此舉受到國內強烈的反對，其中最具決定性的反袁力量是雲南所組成的護國軍。此一討袁行動結合了以唐繼堯為首的雲貴軍人，以梁啟超、蔡鍔為首的進步黨人與李烈鈞等國民黨人。反袁勢力逐步擴大，得到各地的響應，列強亦對袁世凱提出警告。袁世凱此時迫於內外壓力，只好結束帝制，從而一病不起。此後，雖陸續有溥儀復辟、法西斯風潮、實施黨國體制等事件，然民國理想已穩固確立，走向共和成為時人仍努力追尋的目標。

評劉禾著《跨越語際的實踐：1900 至 1937 年間中國的文學、民族國家文化與被翻譯的現代性》[1]

　　近代中國的一個重要的特色是隨著中西文化的接觸而帶來了一系列的變化，如何來呈現此一過程的複雜面貌，一直是中國近代史研究的重要課題。美國學者柯文（Paul A. Cohen）曾描寫西方有關中國近代史研究從西方衝擊論、傳統與現代化、帝國主義論，到中國中心論之出現的典範性移轉，他強調歷史學者應「從中國而不是從西方著手來研究中國歷史，而且盡量採取內部，而非外部的准繩，來決定中國歷史哪些現象具有歷史的重要性」。[2]再者，在他之前如西方學者薩義德（Edward W. Said）等人早已開始對「東方主義」（Orientalism）加以反省，認為西方人在討論東方之時，很難避免以西方的現代性作為主要的參考坐標，而將研究的對象放入一個異己（the other）且落後的時間與文化框架，借此張揚現代西方的文化主體。[3]上述兩者均批評以西方

1　本文原刊於「國史館」編：《中國現代史書評選輯》，輯 25（臺北，2000），頁 331-346。
2　Paul A. Cohen, *Discovering History in China: American Historical Writing on the Recent Chinese Past,* New York: Columbia University Press, 1984, p.86.
3　特別是 Edward W. Said, *Orientalism: Western Conceptions of the Orient*, New York: Vintage Books, 1979。余英時強調薩依德所說的「東方」主要是指中東的伊斯蘭教世界，並不包括中國，而且他雖然主張阿拉伯世界各族群建立自己的文化認同，以抵抗西方帝國主義的文化霸權，但是他並不採取狹隘的部落觀點，認為應該排斥一切「非我族類」的文化。余英時：《歷史人物與文化危機》，臺北：東大圖書公司，1995，頁 12-13。有關薩依德生平與思想的簡要敘述，可參考單德興在他所翻譯薩依德著《知識分子論》（臺北：麥田出版社，1997）一書中的緒論。

為本位的研究視角,而呼籲東方的主體性,然而在其批判性的觀點之下,中西文化如何「交融互釋」,又如何產生一個新的文化等課題,在他們的反省之中並沒有得到充分的解決。

本書作者劉禾為美國哈佛大學博士,現任教於加州大學柏克萊分校的比較文學系,主要研究領域為中國現代文學史、文化史,本書是由她的博士論文修改、擴大而成。[1]她很同意上述柯文所謂「中國中心論」的研究取向,認為中國現代文學的研究也應采取此一視角。劉禾不贊成以往從比較文學的立場,扣緊時間的先後,從事「影響」方面的研究;而主張探究「主方語言」(the host language,在本書是指漢語)在意義形成過程中的主動角色,這樣一方「客方語言」(the guest language)不必然是具有本質上的真實性,而完整地被搬移到另一個時空脈絡。反之,主方語言和客方語言是在一個複雜變動的歷史過程之中交織互動。作者也不以為在採取「中國中心論」來界定歷史議題之重要性(或不重要性)的同時,一定要放棄「西方中心」的考慮。問題的關鍵在於我們在討論二十世紀中西文化接觸之時,一方面難以放棄啟蒙時代以來的「西方」、「現代性」、「進步」等觀念,另一方面又擺脫不了將本土中國視為一個具體之物的想法(a reified idea of indigenous China)。(頁 27-29)就此而言,劉禾的研究取向超越了柯文所說西方衝擊論、傳統與現代化、帝國主義論,更超越了中國中心論的新趨勢,而且不容抹殺的是她的研究取向要比中國中心論一概念所闡釋的方向細緻得多了。[2]

---

1 她的博士論文是 "The Politics of First-Person Narrative in Modern Chinese Fiction," Harvard University, 1990。
2 對柯文「中國中心論」的反省與批判亦可參見 Arif Dirlik, "Reversals, Ironies, Hegemonies: Notes on the Contemporary Historiography of Modern China," *Modern China*, 22:3(1996), pp.243-284.

那麼薩依德的「東方主義」有何缺點呢？劉禾認為其視角雖有深刻的洞察力，但亦有侷限性。[1]她以傳教士 Arthur H. Smith 有關中國國民性之著作（*Chinese Characteristics*，1894）為例說明，Smith 所描寫的中國人的國民性「發明」（invent）了一個中國的整體型象，提供西方世界認識（或扭曲）中國的素材；但是當魯迅透過日文譯本（譯名為《中國人氣質》）接觸到這一本書，而這一本書又以各種方式被節譯在像《東方雜誌》之類的書刊，並進入中國人對「國民性」問題之探討時，Smith 之文本所具有的意義就不只是一個傳教士以西方觀點誤解東方（the Orientalist gaze of the West），而是具有更複雜的意涵，成為塑造歷史發展的「真實的歷史事件」（genuine historical events）。（頁 58-60）[2]

劉禾這一本著作即希望能響應西方學界近二三十年來有關歷史、社會理論的反省，順著以下幾個重要的思潮來構思其問題意識，再將

---

[1] 作者顯然一方面深受薩依德「東方主義」論之啟發，另一方面也企圖超越薩依德的成就。1992 年 4 月底本書作者與舊金山州立大學歷史系的 Tani E. Barlow 教授合作召開「『東方主義』之後：全球文化批評中的東亞」研討會，反省東方主義，並從歷史的層面開拓歐美霸權殖民東亞的研究。會中決定 1993 年春季開始成立一個東亞文化批判理論的刊物《位置》（*Position: East Asia Cultures Critiques*），一年出版三期，目前該刊物已成為東亞文化批判的重要刊物。有關該次會議的報導請參見鄭羽：《理論與歷史：柏克萊「東方主義」之後全球文化批評中的東亞研討會評述》，《今天》，1992 年 3 月，頁 241-249。Tani E. Barlow 曾將《位置》一刊中的重要文章編成 *Formations of Colonial Modernity in East Asia* (Durham, N C.: Duke University Press, 1997)一書，嘗試以「殖民地的現代性」作為全書的主旨，書中也收錄了劉禾的文章。

[2] 作者很同意 James Hevia 的觀點，認為傳教士的書寫與其說是被動地反映歷史事實，還不如說企圖或實際上塑造了歷史事實，也塑造了後代人們對歷史事實的認知（頁 58）。見 James Hevia, "Leaving a Brand in China: Missionary Discourse in the Wake of the Boxer Movement," *Modern China*, 18:3(1992), pp.304-332。此外關於東方主義與中國研究也可以參看 Arif Dirlik, "Chinese History and the Question of Orientalism," *History and Theory*, 35:4(1996), pp.96-118.

之應用到中國近代歷史的研究之上。首先，她對語言的重視和海德格爾（Martin Heidegger，1889-1976）在《走向語言之途》（*Unterwegs zur Sprache*，1959，英譯為 *On the Way to Language*）一書中所揭示的語言與存有的關係是聯繫在一起的。[1]換言之，語言不再被視為是反映某一主體意向的表達工具，而具有能夠建構意義的積極性格，也是存在的本體。這樣一來她不把文學作品的本身當作具有存在的自主性，所以我們無法單獨地從研究文本（text）的內容來發覺其意蘊，而應注意人們認識文本的過程，此一取徑也明顯地受到詮釋學（hermeneutics）的影響。[2]第二，她對殖民國與被殖民國在接觸過程之中所產生文化混雜性（hybridity）的探究，則是源於後殖民理論（post-colonial theory），上述薩依德即被歸屬於這一理論的支持者。第三，她對主體與客體之區分的反省，以及對具體「實踐」過程的強調，則與法國學者布迪厄（Pierre Bourdieu）等人的觀點不無關係。以上這些理論的內涵在此無法細論，但是從下文我對本書內容的具體介紹，讀者則可以較清楚地瞭解理論探討與實際歷史研究工作之間的密切關係。

　　憑藉著以上各種理論所啟發的思考方向，作者嘗試突破以往對於近代中西文化之接觸的研究。本書的主旨扣緊「翻譯」與語言的課題，從歷史的與動態的研究取向，探討一九〇〇至一九三七年之間，中國與西方接觸之下，如何透過各種實踐，來建構一個「被翻譯的現代性」。作者企圖打破僵滯地將東與西兩者視為二元對立的想法，探討文化生產中的「共同創作權」（co-authorship，頁46）。當然，同時她也讓我們思索一個更根本的問題，亦即不同語言之間「翻譯」究竟是否

1　此書有中譯本，孫周興譯：《走向語言之途》，臺北：時報文化出版公司，1993。亦可參考余德慧《詮釋現象心理學》（臺北：會形文化事業有限公司，1998）一書中對海德格理論的介紹。

2　Richard E. Palmer, *Hermeneutics,* Evanston: Northwestern University Press, 1969.

可能免除主觀的挪用與發明。（頁263）[1]

劉禾所謂的**翻譯**其實並不只是單純的語言轉換，而是更廣泛地注意到此一概念所喻指的意涵。正如她在書名之中所顯示的，她運用「被翻譯的現代性」一概念，來研究現代中國國家文化（national culture），特別是當代中國文學是如何形成，又如何獲得其合法地位（legitimation）。簡言之，作者的目的是探究中國的「現代」是如何經由「語言的論域」而被塑造成形。

作者將本書問題意識之焦點凝聚在「中國現代性」的課題之上乃有其特殊之用意。她認為二十世紀以來中國和西方遭遇之後所產生大量的新詞彙與新知識，無一不是用來思考中國現代性的問題。對現代性問題進行思考和肯定的一個很根本的方面就是建立現代的「民族國家理論」。作者所謂的現代的民族國家（modern national state）是指西方中世紀以來出現的現代國家形式，在中國，此一國家形式是在辛亥革命之後，打破了傳統的「天朝模型」（殷海光語）而建立的政治形式。然而在此一形式出現之前，以及此一制度之輪廓初步建立之後，中國知識分子均努力於提出「民族國家理論」來推進此一進程。這使得近代中國漢語的書寫和國人對於現代國家的建構與想像之間，建立起一個「自然化」（naturalized）的聯繫。

這一主流性的「現代民族國家主義」之意識形態不僅單純地成為國人反抗帝國主義的理論依據，並且創造了一種新的有關權力的話語實踐，而滲透到二十世紀知識生產的各個層面。作者不但以上述魯迅

---

[1] 這是語言學家蒯因（Willard Van Orman Quine, 1908-2000）所反覆探究的課題，例如英文的 frog 可否翻譯為中文的青蛙？表面上看來 frog 與青蛙均對應到一種綠色、四腳，又會跳的小動物，然而英文 frog 一語背後所有的文化意涵卻與青蛙一語在中文世界所有的文化意涵有所不同，這樣一來比較悲觀的人會認為不同語言之間的意義轉換最後是不可能的。

等人所提倡的「改造國民性」的例子來說明「把文學創作推向國家建設的前沿……體現了國家民族主義對文學領域的占領」，更把眼光放在現代文學以及與之相關的「全部文學實踐」之上：

> 五四以來被稱之為「現代文學」的東西其實是一種民族國家文學。這一文學的產生有其複雜的歷史原因。主要是由於現代文學的發展與中國進入現代民族國家的過程剛好同步，二者之間有著密切互動關係。……以往對於現代文學的研究都過於強調作家、文本或思想內容，然而，在民族國家這樣一個論述空間裡，「現代文學」這一概念還必須把作家和文本以外的全部文學實踐納入視野，尤其是現代文學批評、文學理論和文學史的建設及其運作。這些實踐直接或間接地控制著文本的生產、接受、監督和歷史評價，支配或企圖支配人們的鑑賞活動，使其服從於民族國家的意志。在這個意義上，現代文學一方面不能不是民族國家的產物，另一方面，又不能不是替民族國家生產出主導意識形態的重要基地。[1]

然而在此一實踐的過程之中，民族國家論述的支配力量自然也選擇性地將與此論述無關的話語壓制下去或排除在外。

劉禾的理論聽起來似乎有些高妙難解，但是其內容卻是奠基於一些非常紮實的研究之上。其中特別值得介紹的是在第一章所討論、並在附錄（頁 259-378）所蒐集的從十九世紀以來，由於中文、日文與歐洲語文和文化之間的交流互動，而形成「現代漢語外來語」。這一部分

---

[1] 劉禾：《文本、批評與民族國家文學：〈生死場〉的啟示》，唐小兵編：《再解讀：大眾文藝與意識形態》，香港：牛津大學出版社，1993，頁 31。

的探究與上述西方學界大約自海德格以來的「語言學的轉向」(linguistic turn) 有不可分割的關係。[1] 作者將附錄分為七個部分,分別追溯現代漢語外來詞的緣起,並註明中、日、歐洲語文三者之間的對照關係。在這同時作者也提醒讀者,新語詞並無固定單一的來源,而是發明與流傳所共同形成的「具有流動意義之語源學」的產物。(頁35) 這七個部分如下:第一部分是傳教士所創造之中文用語(如空氣、民主、汽車、文學等);第二部分是採自現代日文用漢字所翻譯的歐洲觀念(如抽象、目的、動物園等);第三部分是採自現代日語中之漢字,而與歐洲語文無關者(如場所、集團、宗教等);第四類是日人採用中國古典語彙來翻譯歐洲觀念,再經由文化交流而回傳中國者(如自由、司法、師範、國民、文化等);第五類是採自現代日文之中的前綴或字尾(如反革命的「反」、創造性的「性」或工業化的「化」等)而創造的新詞;第六類是以漢音翻譯英、法、德語而出現的新詞(如酒吧是 bar 的翻譯、夾克是 jacket 的翻譯);第七類是以漢音翻譯俄文而創造的新詞(如沙文主義、拖拉機、伏特加與蘇維埃)。

作者藉著這些語詞來源的釐清,讓讀者進入一個貌似熟悉、實則陌生的語言世界,這一世界也扣緊了作者所關心的文化交流與跨語際實踐的中心課題,並清楚展現新語詞的輸入與創造如何改變中國的語言,尤其是如何塑造出現代的白話文。當然讀者不一定要同意「語言

---

[1] 有關此一轉向及其對思想史、社會與文化研究的衝擊有不少的討論,例如:John E. Toews, "Intellectual History after the Linguistic Turn: The Autonomy of Meaning and the Irreducibility of Experience," *American Historical Review*, 92:4(1987), pp.879-907. Richard M. Rorty, *The Linguistic Turn: Essays in Philosophical Method*, Chicago: University of Chicago Press, 1992. Victoria E. Bonnell and Lynn Hunt eds., *Beyond the Cultural Turn: New Direction in the Study of Society and Culture*, Berkeley: University of California Press, 1999.

建構了思想」或「語言即是存有的本體」這一類較新奇又充滿哲學意味的想法,然而如果我們接受思想在很大的程度上受制於語言表達的話,我們可以說中國現代思想的基礎就是奠基在這些新的語詞之上。作者在本書的重要貢獻之一,即是讓讀者可以很方便地利用此一附錄查詢近代中國重要的新語詞的來源。評者以為美中不足之處是作者不夠突出近代翻譯大家嚴復(1854-1921)在此過程之中的角色,尤其沒有注意到嚴譯特殊的貢獻,以及部分嚴譯被日譯取代的過程及其意義。[1] 這也顯示,作者似乎未能充分利用她所蒐集到的豐富史料,做出更細緻的分析。然而翻譯與語彙採借的本身並不必然導致一個新的文學或民族國家文化的出現。其中還涉及要翻譯哪些作品,以及為何要翻譯這些作品等問題。作者表示:

> 廣義地說,研究跨越語際的實踐是探討新的語彙、新的意義、新的論述、新的再呈現的模式等,在主方語言與客方語言的接觸或衝突之中,如何興起、流傳並獲得合法性的過程。因此意義(meanings)與其說是在觀念從客方語言傳到主方語言的過程中被轉變了,還不如說是在主方語言的本土環境之中被創造出來了。(頁26)

---

[1] 作者在本書的頁25、35、87三處提到嚴復,但只是點到為止,沒有深入分析。熊月之曾談到嚴譯新詞的歷史命運,他指出嚴復苦思冥想所鑄造的新詞除了「物競」「天擇」「邏輯」等為後人所沿用之外,大多數都競爭不過日本轉譯來的新名詞,如計學(經濟學)、群學(社會學)、內籀(歸納)、版克(銀行)等,他並指出商務印書館在嚴譯八種之後所附的「中西譯名表」,共收482條,其中被學界所沿用的僅56條(其中還包括嚴復沿用以前的翻譯如「歌白尼」與「美利堅」等)。熊月之:《西學東漸與晚清社會》,上海:上海人民出版社,1995,頁701-702。

評劉禾著《跨越語際的實踐：1900 至 1937 年間中國的文學、民族國家文化與被翻譯的現代性》 ❖ 233

　　劉禾所採取的「跨越語際的實踐」之研究取向在跨文化研究之上有其特殊的意義，她挑戰了以往兩種不同的觀點。一種是普遍主義的觀點，認為翻譯工作可以如實地將一個概念從甲語言轉換為乙語言，因此翻譯之實踐就像一本雙語字典，來自不同文化的語詞之間有直接的對應關係。另一種是相對主義的觀點，認為語言有不可翻譯性。作者嘗試在兩者之間另外走出一條路。此一方法論對於中國研究，乃至於其他第三世界，如印度、回教世界、南美國家等的文化研究，都具有啟示性的意義。

　　作者在本書所設置的場景是中國、日本與西方，而源於三者的文化因素相遇於翻譯之場域時，她注意的焦點是在此過程之中一些偶然事故、相互競爭，與一些令人吃驚的扭曲，如何影響歷史的走向。（頁 32）在這一相遇之場域，中國知識分子表現出強大的創造力，他們不僅是借用與模仿西方的語彙，更積極地為了本身的目的來批判、扭曲、挪用，以及再創造西方的文學與論域，因而構造出一個新的文化。這裡所觸及的實際上已經是語言實踐的政治學。（頁 8）

　　本書的導論是有關理論的問題，其次三個部分的八章則分別處理各個不同面向，探索如何透過語言轉換之實踐，而來建構一個以「被翻譯的現代性」為基礎的近代中國的民族國家文化。第一部分是「在民族國家與個人之間」，作者探討魯迅的改造國民性問題，以及此一問題的討論受到誰在觀察、誰被觀察，以及誰被再次表達（represented）等因素之形塑。其次則探討五四以來個人主義傳入中國的問題。第二部分處理「再表達的跨越語際的模式」（Translingual Modes of Representation）。此部分之下的三章，是以老舍、郁達夫、沈從文、丁玲等人之作品，來看這些作者如何引進西方的修辭語法、寫作風格與形式。作者以為以單純的影響的概念不足以認識中國文學中所呈現現代性的複雜面貌，她提出「生產性的扭曲」（productive distortion）的

新視野。這樣一來許多的文本都包含了一些「隱藏的論述性的議題」。例如施蟄存（1905-2003，與戴望舒共同創辦《現代》雜誌）運用弗洛伊德心理分析的理論不但從事有關超現實小說的書寫，也涉及研究傳統小說中「志怪」傳統的現代演變。（頁 136-137）第三部分是「國族建構與文化建構」，作者探討在民族國家主流論述之外，女性作家有其自身之關懷點。經由文學大系之編寫所建立之寫作規範，以及有關誰能合法地來界定中國文學之論辯，導致作者最後的一個問題，亦即對中國知識分子而言，「文化」為何成為民族國家與人們展現其特殊性的標誌，他們又如何實現此一想法。以下我將較詳細地介紹書中的第三、七、八三章的內容。

　　作者在第三章對於「個人主義」論述的分析足以顯示她的企圖。她所討論的主題是西方個人主義話語在構成中國「民族國家」概念的過程中所受到的推動與抵制。她首先批評許多研究者對五四運動的一種本質主義（essentialism）的理解，傾向於將東方／西方、個人／國家相對立看待。[1]她主張回歸到歷史過程之中，探索外來觀念的移植如何取決於本土話語操弄者的選擇，而此一選擇的基礎是本土政治權力運作之基礎的傳統話語結構。

　　作者指出雖然在當時中國固有語彙之中不乏有關自我的語彙，如自我、我、己等，然而「個人主義」是從明治時代之日本所借來的一個新語詞。當代中國學術界對於個人主義問題的爭論顯示此一概念與固有情境之間的格格不入。然而作者並不企圖去掌握個人主義在本質上的意義，她反而去追溯在民國初年的論辯之中，此一語匯所經歷的過程，並提供個人主義論述形成之語源學。

---

[1] 在這方面作者顯然同意薩依德的反本質（anti-essentialist）論、反對文化純粹論、批評東西二分法之不當、認同是被建構出來的等觀點。

第七章是作為合法性論域之文學批評。作者企圖顯示她所說民族國家主義對文學批評的滲透力，討論「中國現代文學批評實踐與民族國家文學的關係」。她以蕭紅的《生死場》和現代文學的批評體制，以及威權的文學史寫作之間的關係，來探討民族國家文學生產的過程。作者指出《生死場》是蕭紅的成名作，這一部小說描寫九一八事變前後東北鄉村的生活。其中女性的命運是小說的一個重點。此篇小說發表之後，關於該文的解釋與評價就一直受到民族國家話語的宰制。然而作者認為此一「男性的」、「民族國家主義的」解讀（如魯迅與胡風的評論）有重大的盲點，因為對蕭紅來說，生與死的意義主要體現在個人的身體，特別是女性的身體之上，而不僅僅在民族興亡。作者強調女性的身體不僅是生與死的場所，而且還是小說獲得其內涵和意義的來源。而歷來的男性文學批評家都企圖講出一個截然不同的故事，因而無視於蕭紅對民族國家論述的複雜情感，更抹殺了她對主流話語的顛覆。這一現象展現出蕭紅與民族國家主義與父權傳統之間的矛盾，也揭示現代文學批評參與民族國家文學生產的歷史過程。（頁 199-213）[1]

　　作者在第八章探討上海良友圖書公司的一位年輕編者趙家璧（1908-？）在一九三〇年代如何創造、出版十捲的《中國新文學大系》。良友公司以出版《良友畫報》聞名，一九三二年趙家璧加入良友，從事編輯工作，一九三四年趙家璧向公司提出出版《中國新文學大系》的構想，此書的靈感是來自日文出版品之中類似的著作，而「大系」二字也是直接采自日文的漢字。良友的老闆伍聯德接受此一企劃，至一九三六年二月《中國新文學大系》出版，從編輯、印刷到成書總

---

[1] 孟悅、戴錦華：《浮出歷史地表》，鄭州：河南人民出版社，1989；臺北：時報文化出版公司，1993。該書也深入分析女性與民族主體的矛盾關係。

共花費的時間不到兩年。(頁227)

在本章作者探究的幾個根本問題包括:該書的編輯與當時政治環境的關係為何?(如國民政府打擊左翼文人、發動新生活運動)在編輯的過程之中編者如何構思何謂「文學」?如何作時間斷限?又如何以此一標準從事分類與選文?再者此一分類與國外之分類有何關係?當然此一創造出來的文學大系自然也排除與編者標準不同的作者、文類與作品。極有趣的是在《中國新文學大系》出版之後,趙家璧在蔡元培的鼓勵下,又企劃編輯一套十本的《世界短篇小說大系》,企圖反映各國的文學及其對中國作家的影響,可惜受到日本占領上海的影響而作罷。(頁237)作者有關現代文學大系出版故事的描寫與分析顯示她在歷史與文學批評兩方面的才幹。這一角度所勾勒出文學史編寫所身處的文化脈絡,包括政治社會經濟背景、人際關係、思想因素等,共同地構築出文本之外一幅生動活潑的歷史圖像,這一細緻的處理手法是以往學者所忽略的。

就管見所及,在中國研究之中,只有很少數的著作從翻譯的角度來探討近代中國國家文化、思想論域的形成。[1]本書無論在理論探索的深度與材料運用的廣度兩方面都超越了以前的研究。它不但是有關比較文學,也與文化史,以及理論反省有密切的關係。由此可見作者所從事的是一個科際整合的工作,包括文學批評、文獻分析、語言學、語言哲學和歷史研究等。這樣的工作如果不是對東西語文、歷史、文化有深度掌握的話,是無法從事的。

---

[1] 拙著是有關此一主題的另外一個例子,見黃克武:《自由的所以然:嚴復對約翰彌爾自由思想的認識與批判》,臺北:允晨文化實業股份有限公司,1998。在這一本書之中我以文本對照的方式分析嚴復如何將彌爾(John Stuart Mill)的 *On Liberty* 譯為《群己權界論》,嚴復的翻譯其實是一個再創造的過程,並與他對中國未來的思索密切相關。

劉禾教授的這一本大著讓讀者對於現代中國文學與文化做一個重新的思索，也激勵學者們針對該書所揭示的一些重要議題，如跨文化的比較研究、中國的現代性、東西文化的接觸，與比較文學等方面，再做進一步的研究。

胡適檔案與胡適研究[1]

前言

　　胡適（1891-1962）在中國近代史上的重要性是毋庸置疑的。他逝世雖已超過五十年，然其影響力仍持續存在，並逐漸擴展。[2]據說一九五六年二月的某一天，毛澤東在懷仁堂宴請出席全國政協會議的知識分子代表時說：「胡適這個人也頑固，我們託人帶信給他，勸他回來，也不知他到底貪戀什麼？批判嘛，總沒有什麼好話，說實話，新文化運動他是有功勞的，不能一筆抹殺，應當實事求是。二十一世紀，那時候，替他恢復名譽吧！」[3]二〇〇二年時李慎之也說：「二十世紀是魯迅的世紀，二十一世紀是胡適的世紀。」[4]毛澤東與李慎之的論斷是很正確的，二十世紀末到二十一世紀初，正是胡適恢復名譽、展現影響力的時候。胡適為安徽績溪人，生於上海，少年時（1904），進入上海的「梅溪學堂」讀書，受到父親好友張煥綸（1846-1904，他是華東師範大學張濟順教授的曾祖父）的影響，一直警惕自己「千萬不要僅僅做個自了漢」，因而立下志向，希望能成就一番事業。[5]後來他也的確實現了他的理想，成為近代中國一位重要的學者、教育家、政論

1　本文曾刊於周惠民主編：《民國人物與檔案》，臺北：政大出版社，2015，頁 1-32。
2　歐陽哲生在近著中認為「胡適研究正成為一門顯學」，見《胡適在現代中國》，收入氏著：《探尋胡適的精神世界》，北京：北京大學出版社，2012，頁 6-12。
3　轉引自李偉：《胡適：孤立的人最強大》，北京：中國華僑出版社，2013，頁 179-180。
4　ahttp://culture.ifeng.com/guoxue/200905/0504_4087_1138213.shtml，讀取時間：2014年 4 月 10 日。
5　胡適：《四十自述》，臺北：遠東圖書公司，1966，頁 44。

家與外交官。胡適在中國近代史上至少有三方面的意義。第一是思想文化上的意義。胡適宣揚文學革命與文化革命，主張透過文字、文學來改造文化。胡適在宣傳白話文上可謂煞費苦心。他所寫的白話文、新詩在當時掀起了白話文寫作的熱潮。胡適行文用字的一個明顯特色就是一絲不苟、明白曉暢，今天他所留下的無論鋼筆字還是書法，一定是清清楚楚。這背後其實有一個很嚴肅的理念，亦即任何文字表達都要準確、清晰、清楚易懂。在文化革命方面，胡適與陳獨秀（1879-1942）、魯迅（1881-1936）等同為第一批宣揚者，他們在《新青年》之上提倡科學與民主，並攻擊傳統文化的黑暗面。不過胡適一生都在矛盾之中，他的個性和緩，主張漸進改革，不做烈士；然而另一方面又非常激烈地認為應全盤推翻中國傳統、追求自由民主，是一位「保守的自由主義者」。[1]

第二是學術上的意義。梁啟超（1873-1929）、章炳麟（1869-1936）和胡適都是開創中國現代學術的第一代人物。他們一方面接受西方新學問，另一方面又把西方治學方法用到中國傳統研究領域之上，換句話說，就是用科學方法來研究傳統學問。這一視角開創了大量的可能性。例如清代有很多學者從事考證，胡適也做考據工作，但清代學者是通過考據來「明道」，即通過字詞的辨正來瞭解經典中所蘊含道的價值，而胡適所開創的現代學術，則用現代科學的實證方法真切地認識中國傳統──「整理國故」。胡適在學術史的另一重要性，是他用英文介紹中國歷史、文化，他用英文寫了許多文章，並在美國著名大學講學。[2]早期思想家中康有為和梁啟超的英文都不行，嚴復比較好，可是

---

[1] 李敖認為胡適「是一個自由主義的右派，一個保守的自由主義者，在急進者的眼中，太不夠火辣辣了」。李敖：〈播種者胡適〉，《文星》，期51（臺北，1962），頁6。

[2] 周質平編：《胡適英文文存》，臺北：遠流出版社，1995，計三冊；周質平編：《胡適未刊英文遺稿》，臺北：聯經出版公司，2001。

嚴復寫的英文作品屈指可數，所以真正能用英文把中國文化的精深內涵帶到世界，並與海外學者對話，胡適可謂第一人，在他之後的另一位是林語堂（1895-1976）。

第三是政治實踐與學術行政上的意義。如上所述胡適不甘於平凡。他不但「坐而言」，也希望「起而行」。他一生中擔任過幾個重要職務，最重要的是一九三八～一九四二年擔任中華民國駐美大使。胡適在擔任駐美大使期間，做了百餘場演講，其中一九四二年三月二十三日在華盛頓的演講——《中國抗戰也是要保衛一種文化方式》，[1]尤其能夠打動國際視聽，將抗戰模擬於西方文明之中「極權與民主的對壘」，[2]讓世人瞭解「中國人民的自由、民主、和平方式，正面臨日本獨裁、壓迫、黷武主義方式的嚴重威脅」。[3]此一宣傳使中國在國際社會取得了「道義的優位性」，[4]抗戰期間中國能夠取得許多國際援助（如各種貸款）與胡適在外交方面的努力有直接的關係。後來回國後他擔任北大校長，一九四八年在蔣介石邀請下，他幾乎要參選中華民國總統，可是由於國民黨黨內的反對，他自己意願亦不高，而沒有實現。[5]不過胡適一直得到蔣介石的欣賞和重用，一九四九年之後他給予蔣介石「道義的支持」，並協助雷震等人推展《自由中國》雜誌社務、為《文

1　胡適：《中國抗戰也是要保衛一種文化方式》，臺北：胡適紀念館，1972。
2　胡適：《中國抗戰也是要保衛一種文化方式》，頁1。
3　胡適：《中國抗戰也是要保衛一種文化方式》，頁12-13。
4　這是日本作家千野境子的看法，她有感於中日釣魚臺事件之爭端，而日本缺乏外交人才，寫了一篇有關胡適的文章：《いま日本に胡適がほしい》（《現在日本需要一個胡適》），《產經新聞》，2012年10月9日，「遠響近聲」專欄。
5　楊天石：《蔣介石提議胡適競選總統始末》，收入氏著：《找尋真實的蔣介石：蔣介石日記解讀（三）》，香港：三聯書店，2014，頁253-279。

星》雜誌撰稿等。[1]一九五八年他返回臺灣擔任「中研院」的院長。胡適過世時,蔣介石說胡適是「新文化中舊道德的楷模,舊倫理中新思想的師表」,並且親筆題挽聯——「智德兼隆」,由此可見兩人彼此欣賞,能夠「道不同而相為謀」。

　　胡適很清楚地知道作為一位創造歷史的人物,保存史料是相當重要的,他自認有歷史癖,[2]所以從小就開始記錄並保存史料,也因此胡適一生留下了大量的書信、日記、文稿及其他公私文件。在近代中國學者之中,無論就類型、數量或質量來說,胡適檔案之史料價值均為上乘。可惜的是,因時代的動盪,這些檔案散居各地。一九四八年底,他在倉皇之中離開了北平,在東廠胡同的故居中留下一百多箱的藏書與來往書信。這些資料大部分留存於北京中國社會科學院近代史研究所與北京大學圖書館。[3]其後胡適長期住在美國,一九五八年四月才返回臺灣。「中研院」近代史研究所胡適紀念館所藏的檔案,都是一九四九年後胡適在美國,以及一九五八年回臺灣以後所攜回或產生的文稿、信函、藏書及其他文物。同時,胡適紀念館成立之後,一方面積極徵集、整理相關史料,另一方面許多胡適的故舊與學界的研究

---

[1] 任育德:《胡適與〈自由中國〉的互動》,《「國史館」館刊》,期 36(2013),頁 1-49;黃克武:《一位「保守的自由主義者」:胡適與〈文星雜誌〉》,潘光哲編:《胡適與現代中國的理想追尋:紀念胡適先生 120 歲誕辰國際學術研討會論文集》,臺北:秀威信息科技,2013,頁 332-359;黃克武:《胡適、蔣介石與 1950 年代反共抗俄論的形成》,《蔣介石與現代中國的形塑》第一冊《領袖的淬煉》,臺北:「中研院」近代史研究所,2013,頁 647-666。

[2] 胡適曾在日記中說自己的「歷史癖」太重,參見 1926 年 9 月 23 日的日記。胡適著,曹伯言整理:《胡適日記全集》,臺北:聯經出版公司,2004,冊 4,頁 474。

[3] 有關大陸地區胡適檔案的整理出版狀況,請參見歐陽哲生:《重新發現胡適——胡適檔案文獻的發掘、整理與利用》,收入氏著:《探尋胡適的精神世界》,頁 31-40。

者，將手頭的資料贈予紀念館，館藏日益增加。[1]再者，一九九〇年代之後，兩岸交流頻繁，庋藏胡適檔案的單位開始展開合作，胡適紀念館陸續取得北京社科院近史所贈予的胡適一九四九年以前的照片及圖像文件，並與北京大學圖書館合作整理胡適藏書與批註，出版胡適藏書目錄（詳下文）。目前「中研院」內的胡適紀念館保存了全世界最完整的胡適相關的檔案，可供學術研究。

本文將介紹胡適紀念館檔案之內容，並討論胡適研究所面臨的一些挑戰，再以一些具體的例子說明如何利用檔案來深化胡適研究。

胡適紀念館藏檔案簡介

胡適紀念館成立於一九六二年十二月十日，開始之時由「胡適紀念館管理委員會」負責管理，其人選由「中研院」院長提出，經院務會議通過後聘任。一九九八年元月正式改隸近代史研究所。胡適紀念館主要職責與任務為保存、陳列與刊行徵集所得之胡適遺著、遺墨、藏書、生活照片及其他遺物等。早期業務除例行性展覽工作外，並展開胡適全集之編輯工作。[2]

館藏之胡適檔案於二〇〇八年完成所有檔案的數字典藏工作，並逐步開始建置為數據庫。目前檔案收藏有三大部分：第一部分為文件檔案；第二部分為胡適藏書及批註；第三部分為與胡適相關的影音資料與照片。以下分別介紹。

---

[1] 如周質平先生曾將胡適留在康奈爾大學相關檔案的數字檔案贈送給紀念館。

[2] 《胡適全集》於 2003 年由安徽教育出版社出版，為胡適研究提供了便利，可惜此一套書並不完整。目前胡適紀念館正在出版新的《胡適全集》，已出版了《胡適全集：胡適時論集》，臺北：「中研院」近代史研究所胡適紀念館，2018，8 冊；和《胡適全集：胡適中文書信集》，臺北：「中研院」近代史研究所胡適紀念館，2018，5 冊。

文件檔案主要包含以下幾個分檔,各檔內容與數量如下:
1. 「美國檔」(US,2359 則):大抵為胡適存於美國紐約住所,後於一九五八年十二月移至臺灣之文稿、信函及雜件等。
2. 「南港檔」(NK,13040 則):指胡適擔任「中研院」院長之後的個人檔案。
3. 「胡適與楊聯陞專檔」(LS,239 則):為胡適與楊聯陞的來往函件等,除包括胡適紀念館編:《論學談詩二十年:胡適與楊聯陞往來書札》(臺北:聯經出版公司,1998)一書中所收信函手稿外,並收錄先前未輯入的函件,及楊聯陞(1914-1990)夫人托余英時於一九九八年與一九九九年惠贈紀念館的函稿、信件等。有關胡、楊之交遊以及此部分檔案之來龍去脈,可參見余英時為該書所寫之序文。[1]
4. 「胡適與韋蓮司專檔」(CW,343 則):除收錄胡適與韋蓮司(1885-1971,Edith Clifford Williams)來往函電和部分關係人的信函外,並及胡適身後韋蓮司與江冬秀、胡祖望、葉良才、劉大中等人的來往函件。此外,另有一些韋蓮司寄贈,及韋女士身後其家屬寄贈紀念館的剪報、雜件等。這一部分檔案十分完整,因為「兩人為保留對方的來信,都做了超乎常人的努力,尤其是韋蓮司,在垂暮之年,將胡適五十年的來信、電報、信封,以致於片紙隻字都一一攝影,打字細校,寄給江冬秀,並請胡適紀念館妥善保管」。[2]因此在數據庫中檢索「胡適致韋蓮司函」時會出現兩個版本,一為胡適原跡的手寫稿,一為韋蓮司整理後的打字稿。這一批檔案中胡適致韋蓮司的信件已被翻譯為中文並出版,請參見周質平編譯:《不

---

1 余英時:《論學談詩二十年——序〈胡適與楊聯陞往來書札〉》,胡適紀念館編:《論學談詩二十年:胡適與楊聯陞往來書札》,臺北:聯經出版公司,1998,頁 i-xii。
2 周質平編譯:《不思量自難忘——胡適給韋蓮司的信》,臺北:聯經出版公司,1999,頁 i。

思量自難忘——胡適給韋蓮司的信》。周質平並撰寫了兩本這方面的專書。[1]

5.「胡適與雷震專檔」（LC，174則）：為胡適與雷震（1897-1979）的來往函電等，涵蓋萬麗鵑編著、潘光哲校閱《萬山不許一溪奔：胡適雷震來往書信選集》（臺北：「中研院」近代史研究所，2001）的信函手稿，並增補館藏其他數封信函，以及收錄於《雷震秘藏書信選》（臺北：桂冠圖書公司，1990）的數封排印本影印信函。

6.「胡適手稿」暨「中國中古思想史長編」（MS，814則）：「胡適手稿」以紀念館早期發行出版的《胡適手稿》（臺北：胡適紀念館，1966-1970）十集為底本，內容是關於《水經注》疑案的考證、禪宗史考證、中國早期佛教史蹟考證、中國佛教制度和經籍雜考證、朱子匯鈔和考證、舊小說及其他題目雜考證、古絕句選及其他雜稿。「中國中古思想史長編」（MS02）是以紀念館出版的手稿本（1971年2月）為底本，為胡適先生於一九三〇年寫成的手稿七章：齊學、《呂氏春秋》、秦漢之間思想狀態、道家、淮南王書、統一帝國的宗教、儒家的有為主義等。

7.「胡傳專檔」（HC，146則）：為胡適父親胡傳的檔案，胡傳曾於一八九二～一八九五年任職於臺灣東部的臺東。目前胡適紀念館藏的胡傳檔案，大部分為由白棣、王毓銓、胡先晉及羅爾綱等人抄本，僅有少數原件。這些文件是一九五八年胡適先生回國就任「中研院」院長後寄回臺灣的。胡傳檔案可分為七類，分別為（1）年譜、（2）日記、（3）稟啟、（4）文集、（5）書札偶存、（6）家傳、（7）其他雜件。這一部分的檔案對於認識胡適之家世以及清代臺東之開

---

[1] 周質平：《胡適與韋蓮司：深情五十年》，臺北：聯經出版公司，1998。Susan Chan Egan and Chih-p'ing Chou, *A Pragmatist and His Free Spirit: The Half-Century Romance of Hu Shi and Edith Clifford Williams,* Hong Kong: Chinese University Press, 2009.

發有所幫助。

8. 「胡適日記」（DY，4061 則）：胡適的日記計四百餘萬字，已由曹伯言整理、聯經出版公司出版。有關胡適日記的史料價值及其所反映胡適之一生，請參考余英時的《從〈日記〉看胡適的一生》一文。[1]胡適紀念館所藏日記檔案是原跡的圖像文件，其時間分佈為一九〇六年、一九二一～一九四三年、一九四六～一九六二年，凡四十一年。館藏日記之來源有：紀念館藏負片（Kodak 攝影底片）一百卷、微縮（Microfilm——美國國會圖書館複製）六卷與少數日記原件，[2]胡祖望先生寄贈一九三八～一九四二年日記複印件，以及已出版的胡適《胡適的日記：手稿本》（臺北：遠流出版社，1989-1990）、北京大學圖書館編《北京大學圖書館藏胡適未刊書信日記》（北京：清華大學出版社，2003）與該書之英文版 *The Diary and Letters of Dr. Hu Shih: Peking University Library Collection*（Singapore: Cengage Learning Asia Pte Ltd，2010）。胡適紀念館所藏日記之影像內容並不完整，尚缺一九一〇～一九一七年、一九一九～一九二〇年、一九四四年。其中留學部分的日記最早由許怡蓀（？-1919）整理，在《新青年》（1917-1918）上以「藏暉室札記」之名連續登載，[3]後由胡適交給好友章希呂整理，由亞東圖書館出

---

[1] 余英時：《從〈日記〉看胡適的一生》，曹伯言整理：《胡適日記全集》，冊 1，頁 1-156。

[2] 胡適紀念館館藏胡適日記的原件不多，日期如下：1953 年 5 天、1960 年 3 天、1961 年 17 天、1962 年 7 天。

[3] 胡適：《藏暉室札記》，《新青年》，第 2 卷 4 號（1916 年 12 月 1 日），頁 1-4；第 2 卷 5 號（1917 年 1 月 1 日），頁 1-5；第 2 卷 6 號（1917 年 2 月 1 日），頁 1-7；第 3 卷 1 號（1917 年 3 月 1 日），頁 1-5；第 3 卷 2 號（1917 年 4 月 1 日），頁 1-5；第 3 卷 4 號（1917 年 6 月 1 日），頁 1-4；第 3 卷 5 號（1917 年 7 月 1 日），頁 1-6；第 3 卷 6 號（1917 年 8 月 1 日），頁 1-4；第 4 卷 2 號（1918 年 2 月 15 日），頁 143-149；第 5 卷 1 號（1918 年 7 月 15 日），頁 66-74；第 5 卷 3 號（1918 年 9 月 15 日），頁 267-275。

版,名為《藏暉室札記》,後由商務印書館出版時又改為《胡適留學日記》。[1]胡適留學日記原稿一直留在亞東圖書館。一九五三年上海市軍管會因陳獨秀與該出版社關係密切,結束了該公司,並沒收了其書籍與檔案。這一部分的原稿從亞東圖書館流出,輾轉進入拍賣市場,為買家收購,最近已出版。[2]其最大的價值在於《胡適留學日記》出版時經過整理,且刪除了一些照片、剪報、插圖等,原稿可以幫助我們瞭解此一時期日記之原貌。目前胡適日記的圖像文件只缺一九一九、一九二〇、一九四四年三年。

此外胡適紀念館尚存有幾本胡適返臺之後的行事曆(時間為 1947-1949 年、1956 年、1959-1962 年),記載每日重要事情、會面的人物、地點等,從筆跡來判斷,部分為秘書所記、部分為胡適親筆書寫。這幾本小冊子可以補充日記的不足,目前紀念館正委託程巢父先生整理。

9.「北京檔」:二〇〇九年四月,北京社科院近史所捐贈胡適紀念館一批一九四九年之前的胡適文件檔案影像數據。經過將近兩年的整編,共建文件三萬零八百零三筆目錄,以「北京文件」為系列名,於二〇一一年四月匯入「胡適檔案檢索系統」,其中有不少珍貴的數據。此一部分之檔案可至北京社科院近史所或臺北「中研院」近代史研究所胡適紀念館查閱。「北京檔」中一部分的內容已出版,見耿雲志主編:《胡適遺稿及秘藏書信》(合肥:黃山書社,1994)。耿雲志表示該書未收的書信有兩類,一是英文書信,計有

---

1 胡適:《胡適留學日記自序》,曹伯言整理:《胡適日記全集》,冊 1,頁 107-111。有關章希呂整理胡適日記之情況,可參見蔡登山:《另一次近身的觀察——從章希呂的日記書信看胡適》,收入《何處尋你:胡適的戀人及友人》,臺北:印刻出版社,2008,頁 107-108。有關胡適與亞東圖書館的關係,參見謝慧:《胡適與上海亞東圖書館》,《中國社會科學院近代史研究所青年學術論壇(2007 年卷)》,北京:社科文獻出版社,2009,頁 474-494。

2 胡適:《胡適留學日記手稿本》,上海:上海人民出版社,2015。

一千多封沒有收入；二是凡涉及胡適私密情感的部分，怕有揭人隱私的顧慮，也沒收入。關於這些部分的內容，耿雲志曾介紹了其中徐芳給胡適的信；江勇振在撰寫《星星月亮太陽：胡適的情感世界》時，也引用了一些通信的內容。[1]

第二部分是胡適藏書及批註。胡適一生中留下了數萬冊藏書，因時代的動亂，其藏書分散數地。現存的胡適藏書，主要藏於北京大學圖書館（線裝書歸古籍部、普通書歸特藏部）和胡適紀念館，少部分在北京中國社科院近史所圖書館及北京國家圖書館。胡適紀念館庋藏的胡適藏書，包含中、日、英文圖書、期刊及少數其他語文書籍，共三千八百八十五種，計六千九百一十八冊。除了極少數是胡適一九四八年底從北京帶出來之外，絕大部分是一九四九年以後在美國及一九五八年回臺北就任「中研院」院長後蒐集的，其來源有自購、託人代購及親友餽贈。其最大特色是，書中有胡適留下的大量眉批、註記與隨想，對於研究胡適的學術思想，提供了重要的參考材料。藏書的整編，除了參考一般圖書編目之外，特別注重在備考欄詳細記載書籍的內部狀況，作為整理的依據，並供研究者參考。北京大學圖書館所藏一九四八年之前的藏書，根據目前的統計，共計八千六百九十九種，該館比照胡適紀念館的方式編目、整理，並掃描其中有批註的部分。[2] 胡適紀念館自二〇〇五年起與北京大學圖書館交流，二〇〇九年四月簽署「胡適藏書目錄整理合作協議」，至二〇一一年四月，兩館的胡適藏書目錄全部整編完畢，同年九月，雙方再度簽訂合作計劃，於二〇一三年將藏書編目成果出版為《胡適藏書目錄》，計四大冊，一萬兩千

1　耿雲志：《戀情與理性：讀徐芳給胡適的信》，《近代中國》，期102（2002），頁128-157；江勇振：《星星月亮太陽：胡適的情感世界》，臺北：聯經出版公司，2007。

2　北京大學圖書館：《前言》，北京大學圖書館暨「中研院」近代史研究所胡適紀念館編纂：《胡適藏書目錄》，桂林：廣西師範大學出版社，2013，冊1，頁7。

餘種，每一本圖書都記載了出版數據、印章、題記與批註狀況。[1]

　　胡適紀念館並將該館之藏書製成數字數據庫，其中輯有該館所收藏的四千八百二十五筆目錄，目前置於胡適紀念館網頁上開放申請使用。讀者可以直接瀏覽該書之中有批註之頁面。這一部分可以幫助讀者瞭解胡適在閱讀該書時之反應。例如馮友蘭（1895-1990）所著的 A History of Chinese Philosophy 一書，胡適曾寫過書評，刊於 The American Historical Review, Vol. 60, No. 4（July, 1955），pp.898-900，同時他在日記中也表示「看馮書兩遍，想說幾句好話，實在看不出有什麼好處」。[2]此一心態可以得到佐證，從該書批註中胡適在書上大量的打叉、問號並提出疑問，我們可以清楚得知胡適的感受。此外，筆者曾利用館藏胡適手批赫胥黎的著作與《中美關係白皮書》等，分析胡適對這些書之反應。[3]藏書批註之中有許多信息仍有待挖掘。負責整理北大圖書館特藏室胡適藏書的鄒新明根據這一批資料寫過數篇《胡適藏書整理札記》，刊登於《胡適研究通訊》之上，可以參看。[4]

　　第三部分是與胡適相關的影音資料與照片。影音數據數量較少，包括「胡適在臺灣」的影片，以及部分演講的錄音，還有學者談胡適的影片（有唐德剛、余英時、周質平、李又寧等人）。照片方面數量較多，胡適紀念館典藏了兩千多張紙質照片，內容為胡適個人及其家庭、朋友及「中研院」相關的影像。照片部分主要為胡適一九五八年回臺就任「中研院」院長後所攝。另有胡適羈旅美國期間的相本數冊，

1　北京大學圖書館暨「中研院」近代史研究所胡適紀念館編纂：《胡適藏書目錄》。
2　曹伯言整理：《胡適日記全集》，冊9，頁107。
3　黃克武：《胡適與赫胥黎》，《「中研院」近代史研究所集刊》，期60（2008），頁43-83。黃克武：《一位「保守的自由主義者」：胡適與〈文星雜誌〉》，潘光哲編：《胡適與現代中國的理想追尋：紀念胡適先生120歲誕辰國際學術研討會論文集》，頁337。
4　如鄒新明：《新詩與深情──胡適藏書所見胡適與徐志摩交往點滴》，《胡適研究通訊》，期2（2010），頁34-36。

以及胡適逝世後韋蓮司（Edith Clifford Williams）、游建文等生前友人的陸續捐贈。經過多年努力，該館已將這些珍貴的影像數據逐一分類、辨識、註記、掃描、建文件，建置成一個照片數據庫（目前僅供該所研究人員使用）。

胡適紀念館藏的照片共計兩千八百四十筆目錄，分為七個系列，分別是「早年掠影」、「羈旅海外」、「歸根臺灣」、「逝世紀念」、「家族」、「朋友及其他」和「『中央』研究院」，以下分別介紹：（1）「早年掠影」（64 筆）：時間分佈為一九一〇～一九四九年，記錄了胡適赴美留學、返國任教、擔任駐美大使與重返學術的四個階段。（2）「羈旅海外」（147 筆）：時間分佈為一九四九～一九五八年，記錄了胡適寓居紐約的生活點滴。館藏照片多為胡適個人與家庭、朋友的生活照，包括他在這段時期參與的學術文化活動、幾次訪臺行蹤，以及在哥倫比亞大學接受口述自傳訪問等。（3）「歸根臺灣」（830 筆）：時間為一九五八年返臺至一九六二年逝世為止，記錄了胡適的晚年生活。他除了出掌「中研院」、推動學術之外，也關心政治，並到處演講、參與公益活動。（4）「逝世紀念」（900 筆）：時間為一九六二年二月二四日以後，記錄了胡適的身後哀榮。（5）「家族」（285 筆）：包括胡適的父母親、妻子江冬秀、子胡祖望、兒媳曾淑昭、長孫胡復的照片。（6）「朋友及其他」（282 筆）：包括胡適的師長杜威及朋友贈照，以及韋蓮司贈普林斯頓大學建築照等。（7）「『中央』研究院」（332 筆）：內容包括院區興建、院長、院士及其他雜件等。胡適紀念館所收藏的這一批照片曾由楊翠華、龐桂芬選錄約兩百張，編為《遠路不須愁日暮：胡適晚年身影》一書。[1] 此外，北京中國社科院近史所的北京檔中亦有數千張胡適所遺留下來的照片，並由耿雲志編輯出版了《胡適及其友人，

---

[1] 參見楊翠華、龐桂芬編：《遠路不須愁日暮：胡適晚年身影》，臺北：「中研院」近代史研究所，2005。

1904-1948》一書。[1]為了出版一部更周全的胡適照片集,「中研院」近代史研究所正計劃與北京的社科院近史所合作,依編年的方式,選錄約五百張照片來描述胡適一生的事蹟。

以上為胡適紀念館館藏胡適檔案的大致情況,這些檔案除了照片部分因尚缺解說未能開放之外,其他部分均已開放供學界使用。

穿透迷霧:如何利用胡適檔案從事胡適研究

如何利用胡適檔案從事胡適研究?胡適在提倡「整理國故」之時,曾提出「還他本來面目」的主張。上述胡適紀念館的檔案能幫助我們「還原一個真實的胡適」嗎?此一工作並不容易,因為檔案的公佈只是還原工作的開端。解讀檔案尚需許多工夫,其中一個原因是政治因素的干擾。在中國近代史上胡適和魯迅有類似的命運。在冷戰的架構之下,魯迅在大陸是第一號人物,胡適卻是「戰犯」;[2]反過來說,胡適在臺灣是一等一的英雄,而魯迅在臺灣卻沒有太多人注意他,而且他的作品在戒嚴時期是禁書。簡言之,在冷戰的架構之下,雙方都對彼此的英雄人物進行了相互的否定。胡適和魯迅一樣,是一個活生生的人,有血,有肉,有情慾,有衝突,同時他有他的長處,也有他的缺點,所以如果我們今天要重新審視胡適的歷史形象,必須要儘可能地還原真實,既看到他陽光燦爛的一面,也要看到他黑暗的地方。為了達成此一目標,除了要避免政治因素的干擾之外,還有其他的一些個人的、社會的、文化的因素也影響我們對胡適的認識。在此情況之下,要重新回到歷史場景去挖掘一個真實的胡適,就很需要費一點工

1　耿雲志編:《胡適及其友人,1904-1948》,香港:商務印書館,1999,此書的另一版本為耿雲志編:《胡適和他的朋友們,1904-1948》,北京:中華書局,2011。

2　耿雲志:《胡適「戰犯」頭銜的由來》,《胡適研究通訊》,期3(2008),頁2-3。

夫。然而如何才能「還原一個真實的胡適」呢？我認為胡適研究者在面對相關史料時至少必須穿透四種迷霧：

第一，胡適本身所佈置下的迷霧。胡適是一個非常精心塑造自己形象的人，他在後世的形像在很大程度是由他自己一手導演、刻畫出來的。他所提供的一些史料「替未來要幫他立傳的人先打好一個模本（a master narrative）」。[1]在這方面胡適的《四十自述》，以及他在晚年口述、唐德剛筆錄的《胡適口述自傳》二書扮演十分重要的角色。[2]這兩本書是胡適最重要的「模本」，奠定了他啟蒙者的形象，亦即大家所看到的一個光鮮亮麗的胡適。另外，胡適的日記在應用上也得十分小心，首先，在版本上要採用臺北聯經版的《胡適日記全集》，避免使用簡體本的《胡適日記全編》。因前者經編者曹伯言校正、增補，並製作索引，應用較方便。其次，讀者應注意胡適寫日記時心中有一群想像的讀者，正是未來對他的歷史感興趣者，所以他精心刻畫自己在日記中的形象。有趣的是，他往往懷有一種想跟後代讀者鬥智的心態，例如有些關鍵的、精彩的部分，他並不完全將其掩蓋，而是利用縮寫、簡稱或隱語來表達，所以在讀《胡適日記》時就需要具有高度的警覺性，才能看出其中蹊蹺。在這方面最好的例子是余英時所寫的《從〈日記〉看胡適的一生》一文，他利用胡適日記原稿中塗抹掉的一段話（附圖：「他談 Robby 事，頗耐尋味」），撥雲霧、見青天，考證出胡適與兩位美國女士羅慰慈與哈德門之間的複雜情愫。[3]由此可見日記原本在史料上的重要價值。

---

1 江勇振：《捨我其誰：胡適》第一部《璞玉成璧，1891-1917》，臺北：聯經出版公司，2011，頁 1。
2 胡適：《四十自述》，胡適口述、唐德剛譯註：《胡適口述自傳》，臺北：傳記文學出版社，1983。
3 余英時：《從〈日記〉看胡適的一生》，曹伯言整理：《胡適日記全集》，冊 1，頁 86-87。

附圖：應用胡適日記要注意刪改的部分也有價值

　　胡適不但在寫日記之時欲言又止，在詩詞寫作過程中也有意無意地留下蛛絲馬跡。中國文人詩詞往往是很隱晦地「言志」，但胡適又怕讀者不清楚詩句的內容，有時在詩之前會有按語，解釋該詩的創作緣由。不過這時讀者要很小心，因為這些按語常常會誤導讀者到一個錯誤的方向。所以他的好朋友徐志摩就說，凡是胡適文章中有按語之處都得要好好考究。「真是知我者志摩！」也就是說，在這些文字裡，胡適精心刻畫了自己，而這個「自己」就是他所希望在後世呈現的形象。而且胡適是極端重視隱私的人，他對自己私密情感部分寫得非常含蓄。這樣一來，要尋找到真實的胡適，就得突破這一種胡適所布下的障眼法，才能看到他的內心世界。

　　第二，政治迷霧。二十世紀中葉以來，海峽兩岸對峙，在美蘇冷戰架構中，往往限定了雙方對歷史人物的認識。胡適在一九四九年之後大陸不受歡迎是可以想像的，胡適深受英美資產階級自由主義價值觀念的影響。一九五〇年代中國大陸發動了一個大規模「批胡」的運動，後來批胡的文字集結成書，好幾大本，計數百萬字，胡適還細心地收集了這一套書，並仔細閱讀。在胡適故居的書房裡有胡適手批的

「批胡」全集。[1]這種狀況到一九九〇年代以後才逐漸好轉。

無論如何，胡適在過去的半個世紀之中，經歷了從「黑」到「紅」的過程，從「戰犯」慢慢地變成一個大家可以接受的，某種程度是和藹可親，而蠻有一點意思的思想人物。

第三，公私和性別的迷霧。過去我們都把人物的「公領域」和「私領域」作清楚的區分。公領域是大家所看到的，這個部分的胡適其實非常受大家關注，胡適當時是名滿天下、無人不知，最有名的一句話就是「我的朋友胡適之」。總之，在公領域層面，胡適備受關注。唐德剛有個有趣的比喻，「他底一生，簡直就是玻璃缸裡的一條金魚；它搖頭擺尾、浮沉上下、一言一笑⋯⋯在在都被千萬隻眼睛注視著」。[2]這話也對，但也不對。不對之處在於，胡適私領域的部分其實在金魚缸裡往往是看不到的，另有一廣闊天地。過去人們習慣把公私領域劃分之後，往往只看到公領域一面，而看不到私領域一面。其實我們常說的「知人論事」，就應該要能夠把公領域和私領域結合在一起來考察，才能得其全貌，換言之，私情和公義，其實是一個銅板的兩面。二〇〇一年臺北圖書館曾開過一個國際會議，叫「欲掩彌彰——中國歷史文化中的私與情」，其主旨即在闡明私領域中相當多的生活與思想經驗，其實和公領域表現之間有千絲萬縷的關係，所以必須要打破公私的分疆劃界，才能清楚地瞭解一個歷史人物。公與私的分疆劃界也牽涉另一個問題，即「男性中心主義」。以往大家看胡適的這些女友，基本上都是從男性視角來看，這些圍繞在胡適身邊的女性，都成了胡適人生大戲中的配角，她們沒有聲音，也沒有自己特別的表現，總之，她們

---

[1] 有關胡適對「知識分子思想改造」之響應，可參見潘光哲：《胡適對「知識分子思想改造」的響應（1949-1952）》，《胡適與現代中國的理想追尋：紀念胡適先生120歲誕辰國際學術研討會論文集》，頁243-261。

[2] 唐德剛：《寫在書前的譯後感》，胡適口述、唐德剛譯註：《胡適口述自傳》，頁3。

似乎都是平面的、被動性的人物。相當多對胡適情感生活的描寫的作品都落入了這種窠臼。江勇振的《星星月亮太陽：胡適的情感世界》一書即特別注意到這點，他不但以胡適為主角，也以他身邊女人為主角，再重新觀看胡適。的確，當我們重新從女性角度來看，胡適的這些花邊新聞，就不再是繁忙公務生活中的點綴，而有另一層意義。胡適身邊的這些女性，其實個個都有強烈的情感，而且對於情感的表達和生命的追求，都有自己的熱忱。

相對於女性友人的狂野、奔放和熱情，胡適的情感表達卻是相當內斂的。從江勇振的《星星月亮太陽：胡適的情感世界》與蔡登山的《何處尋你：胡適的戀人及友人》等書，大家會發現他有很多「婚外戀」的女友，但似乎胡適的戀情都有個基本模式，就是胡適情感上放得不多，卻收得很快，他一旦發現這些女子對他有所糾纏而陷得太深的時候，他馬上打退堂鼓。最典型的例子就是蔡登山所撰《師生之情難「扔了」？胡適未完成的戀曲》一文中談到他與「才堪詠絮、秀外慧中的女弟子」徐芳（1912-2008）之間的戀情，剛開始時胡適沉湎於新鮮的浪漫，但看到徐芳義無反顧的時候，他就退縮了。這就是典型的胡適的反應。他是一個在情感上相當內斂、保守，並盡量在各種各樣文字中隱藏自己的人，所以蔣介石說他是「新文化中舊道德的楷模」是有道理的，他受舊道德的束縛相當大，這樣的個性也影響到他對公共事務的處置，他在政治上的保守與此如出一轍。

其次，私領域的生活對胡適思想傾向、人格成長有很深刻的影響。例如胡適跟韋蓮司的交往是靈魂的衝撞，激盪出了相當多思想的火花。胡適一九一〇年到康奈爾大學讀書，幾年後才認識韋蓮司（生於 1885 年，比胡適大 6 歲），她的父親是康奈爾大學考古生物學教授。韋蓮司是一個非常有天分的畫家，這大概是吸引胡適的一個重要氣質，因為胡適沒什麼藝術天分，音樂、美術都不行，他是一個實事

求是、思維理性的人,但韋蓮司是藝術家,而且她出生在大學教授家庭裡,有美國東岸知識分子家庭所具有的古典訓練,這是最吸引胡適的。一九一四年和胡適變成好朋友後,雙方有五十年的來往,寫了很多信。胡適的心靈成長,其中一部分就是伴隨著韋蓮司而展開的。對胡適來說,他可以無所顧忌地跟韋蓮司談到各種各樣的問題,所以他說韋蓮司是有思想力、有視野、有魄力、有閱歷的女子。在胡適早期到美國的時期,韋蓮司是帶領他走進西方文化最關鍵的人物。他們倆一開始交換讀書心得,彼此介紹好書,而胡適閱讀的自由主義經典作品如摩利(John Morley)的《論妥協》(*On Compromise*,胡適譯為《姑息論》),就是韋蓮司借給他的。[1]後來胡適在寫給她的信中抄錄了大量此書裡的內容。胡適在一九三〇年代應報社之邀列舉推薦給青年人必讀的十本書時,他還把這本書寫進去了,可見胡適與韋蓮司之交往對他思想形塑的重要性。總之,如果不打通公私,就難以深入胡適性格、思想的複雜面向。

第四,文化迷霧。胡適處在中西歷史的交會時期,他受過中國傳統教育之薰陶,又接受了西方新式教育的啟迪。他原來在康奈爾大學讀農學,後來讀不下去,其中一個原因是因為蘋果的關係,美國的蘋果分類很多種,同是蘋果有十幾個名字,胡適也搞不清楚,心想學那麼多蘋果名字有什麼意思,「對我來說實在是浪費,甚至愚蠢」,所以

---

[1] 1914年11月26日胡適在寫給韋蓮司的信中說:「我用餘暇讀毛萊(他處譯為摩利)的《姑息論》(*On Compromise*),我非常喜歡。謝謝你把書借給我。我剛讀完講利用錯誤的那一章,這也是深合我心的一章。」周質平編譯,《不思量自難忘——胡適給韋蓮司的信》,頁7。有關摩利思想對近代中國的影響,及compromise一詞的翻譯問題,請參考:黃克武、韓承樺,〈晚清社會學的翻譯及其影響:以嚴復與章炳麟的譯作為例〉,沙培德、張哲嘉編:《近代中國新知識的建構》,臺北:「中研院」,2013,頁169-171。

後來就轉到哥倫比亞大學讀哲學。[1]總之，胡適是中西歷史交會關鍵點上的一個人物，在他身上，既有中學又有西學，既有傳統又有現代。在思想內涵上，他強調「全盤西化」、反傳統，主張把傳統東西全部丟掉，所以他特別欣賞「隻手打倒孔家店」的老英雄吳虞。而且他的生活形態也非常西化，胡適紀念館保存了相當多胡適的衣著，他有時穿長袍，但常穿西服，皮鞋一定要定做，此外各種各樣身邊日用物品多是非常精緻的西式用品，他也喜歡喝威士忌酒。總之，他是一個受西化影響很深的人。然而如果從完全西化的角度來看，卻又很容易誤解胡適。胡適是站在中西文化的交界點上，他有中國文化的傳承，也有西方文化的薰陶，而且他對中國文化和西方文化都做了一番抉擇和取捨。他表面上是全盤推翻傳統，實際上他對中國傳統還有很強的依戀。只有看到東西文化在他身上的衝擊和融合，才能看清真實的胡適。筆者所發表的《胡適與赫胥黎》一文，就指出胡適對赫胥黎、達爾文思想的認識與他對宋明理學、清代考據學與佛教與儒家的道德理想是交織在一起的。[2]這一種中西思想因素的交織乃至誤會，也表現在他對於杜威哲學的認識之上。[3]

　　胡適研究至少應穿透上述四種迷霧，方有可能呈現出一個比較真實的胡適。

1　見唐德剛譯註：《胡適口述自傳》，臺北：傳記文學出版社，1983，頁36-37。
2　黃克武：《胡適與赫胥黎》，《「中研院」近代史研究所集刊》，期60（2008），頁43-83。
3　江勇振：《胡適詮釋杜威的自由主義》，《胡適與現代中國的理想追尋：紀念胡適先生120歲誕辰國際學術研討會論文集》，頁102-126。

以胡適檔案解決問題的一個案例：陳之邁致胡適函

　　為了更具體說明胡適檔案如何幫助我們解決胡適相關歷史議題，以下筆者擬以胡適的《從〈到奴役之路〉說起》一文中的一個疑點，來說明檔案的用處。這一篇文章是一九五四年三月五日下午四時，胡適在《自由中國》雜誌社於臺北青島東路的裝甲兵軍官俱樂部舉行歡迎茶會上的講話。此文曾刊登在三月十六日出刊的《自由中國》之上。[1] 一九六五年殷海光將哈耶克（1899-1992，亦譯為海耶克）的《到奴役之路》一書中文版交給文星書店出版時，在附錄之中收錄了這一篇文章。[2] 同一年文星書店出版的殷海光等著的《海耶克和他的思想》一書中也收錄了這一篇文章（該書後由傳記文學出版社再版）。[3] 對許多讀者來說，這一篇文章是介紹哈耶克與《到奴役之路》一書，主張對抗國有企業，捍衛資本主義、私有財產與自由體制的一篇重要著作。

　　這一篇文章中有一個疑點，涉及胡適一位朋友對他認識哈耶克思想的影響。最早注意到此一疑點，並撰文解釋的可能是邵建。他在二〇〇九年發表《隱名於胡適〈從《到奴役之路》說起〉之後的人》一文，文中指出：

> 　　一九五四年三月五日，胡適在《自由中國》雜誌社作過一個有關哈耶克《到奴役之路》的講演。讀過這篇文字的人，不免會好奇，隱藏在胡適這篇文字之後的人是誰。胡適在講演中說：

1　胡適：《從〈到奴役之路〉說起》，《自由中國》，卷 10 期 6，1954，頁 4-5。
2　哈耶克著，殷海光譯：《到奴役之路》，臺北：文星書店，1965，筆者手上的版本是《殷海光全集》的版本，見哈耶克著，殷海光譯：《到奴役之路》，臺北：臺大出版中心，2009，頁 183-189。
3　殷海光等：《海耶克和他的思想》，臺北：傳記文學出版社，1979，頁 149-156。

「我今天帶來了一點材料，就是在兩年前，我在外國時，有一位朋友寫給我一封討論這些問題的長信（這位朋友是公務員；為了不願意替他闖禍，所以把他信上的名字挖掉了）。」如果注意全篇，胡適的講話，與其是圍繞哈耶克的《到奴役之路》展開，毋寧說是圍繞這位公務員的長信而展開。接下來，胡適大段徵引了那封信的內容，然後從這裡生發開去，以至篇終。因此，這位埋名隱姓的人乃是胡適這篇講話中的一個內在的主角，那麼，他是誰呢？南港「中研院」胡適紀念館現任館長潘光哲博士告訴我，那個人就是周德偉。

邵建接著推論：

一九五○年代，周德偉在給胡適的信中，依然對當年國民政府和相關知識人的作為耿耿於懷：「從前持這種主張最力的，莫過於翁文灝和錢昌照；他們所辦的資源委員會，在過去二十年之中，把持了中國的工業、礦業，對於私有企業（大都是民國初年所創辦的私有企業）蠶食鯨吞，或被其窒息而死。他們兩位（翁文灝、錢昌照）終於靠攏，反美而羨慕蘇俄，也許與他們的思想是有關係的。」胡適在《自由中國》的這次講演中，照章宣讀了包括上面這段引文在內的周信的主要內容，他其實是有針對性的。國民黨敗退臺灣之後，國民政府的經濟政策依然襲有大陸的習慣，所以，胡適在講演中指出：「現在的臺灣經濟，大部分都是國營的經濟，從理論與事實上來說，像哈耶克這種理論，可以說是很不中聽的。」哈耶克的經濟理論，並不適合國民黨初到臺灣的威權體制。⋯⋯然而，這樣的控制直接過

制的就是自由。所以哈耶克用一句話指出了這種控制的必然結果：到奴役之路。周德偉一九四七年便獲得此書，非常喜歡，很想把它譯為中文，但最後的譯事卻是若干年後由殷海光完成的，這就讓胡適通過殷譯瞭解了哈耶克。當胡適完成了對哈耶克的認同之後，是否可以這樣說，這位中國自由主義的標誌人物，才終於完成了他自一九四〇年代開始的轉型，即從年輕時開始的「新自由主義」轉型為「古典自由主義」。這是胡適在自由主義內部自左而右的一次蛻變，周德偉在其中起到了一定的推手作用。[1]

邵建指出此文在胡適思想轉變方面的重要意義，並認為周德偉對他「從年輕時開始的『新自由主義』轉型為『古典自由主義』」產生了重要的影響。他的觀點受到其他學者的肯定。

二〇一二年臺大的王遠義教授發表了一篇長文分析胡適的《從〈到奴役之路〉說起》一文在他思想變遷中的意義，認為該文是他早年與陳獨秀辯論「問題與主義」之後，最重要的一次思想轉變。他同樣認定胡適文中所說的「友人」就是周德偉，他說：

> 胡適一九五三年十一月二十四日日記所記殷海光翻譯海耶克《到奴役之路》一事，其實就是出自周德偉的引薦。此外，胡適在《從〈到奴役之路〉說起》提到：「兩年前，我在外國時，有一位朋友寫給我一封討論這些問題的長信。他這封信對於這個問題有很基本的討論，和海耶克、方米塞斯、殷海光、高叔康諸先生的意思差不多完全一樣。」這裡，「有一位朋友」應該就

---

[1] 「邵建的博客」，http://blog.qq.com/qzone/622007891/1245549612.htm，讀取時間：2014年4月7日。

是指周德偉。由此可見周德偉影響了胡適對海耶克的重視。[1]

王遠義進一步解釋：「此處認定周德偉即為胡適文中所提之『有一位朋友』，細究當時胡適的文章與周德偉所留資料推敲出來，因為周氏的論述多處符合胡適文章的指涉內容。……張世保也認定『有一位朋友』是即周德偉，但不見數據直接佐證。」[2]

由此可見目前學界幾乎都認為胡適文中那位影響他認識哈耶克思想的朋友就是周德偉。他們主要的證據都是依賴一九六二年胡適過世時，周德偉所撰寫的《我與胡適之先生》（刊於《文星》，第 10 卷第 1 期，1962 年 5 月）。[3]該文提及周德偉在一九四〇年代即注意哈耶克的著作，並於一九五〇年鼓勵殷海光翻譯哈耶克的《到奴役之路》。周德偉也提到胡適在跟他討論完資本主義、社會主義之優劣後，請他回覆羅敦偉對他的質疑。[4]這樣一來，周德偉在胡適從肯定社會主義到轉向資本主義的過程中的確起了重要的作用。

上述的兩篇文章對我們認識胡適思想的確實有所幫助。又如邵建指出「胡適通過殷譯瞭解了哈耶克」，這也是正確的。胡適紀念館的藏書批註中有 *The Road to Serfdom*（Chicago: The University of Chicago

---

[1] 王遠義：《惑在哪裡——新解胡適與李大釗「問題與主義」的論辯及其歷史意義》，《臺大歷史學報》，期 50（臺北，2012），頁 229。

[2] 王遠義：《惑在哪裡——新解胡適與李大釗「問題與主義」的論辯及其歷史意義》，頁 229，注 148；張世保：《「拉斯基」還是「哈耶克」？》，高瑞泉主編：《自由主義諸問題》，上海：上海古籍出版社，2012，頁 12。

[3] 該文後收入周德偉的文集之中，見《我與胡適之先生》，周德偉：《自由哲學與中國聖學》，北京：中國社會科學出版社，2004，頁 263-304。

[4] 胡適發表《從〈到奴役之路〉說起》後引起他的學生羅敦偉的質疑。羅敦偉說：胡適「願意自動洗腦，因為過去他主張社會主義不對，今日應該主張資本主義。我隨即寫封信給他，說認獨裁極權為計劃經濟是誤會，而且是普遍的世界公共的誤會」。羅敦偉：《五四巨人最後歷程親記》，《暢流》，卷 25 期 3（臺北，1962），頁 5。

Press，1950）一書，扉頁有胡適題記：Hu Shih New York Dec. 8, 1953. — A birthday present to myself.顯示一九五三年十二月八日胡適買了此書作為送給自己的生日禮物。該書近二百五十頁之中，胡適加上註記部分共有一七頁（1-9、14、16、135-136、138-141），均為畫底線，沒有批註文字，這似乎顯示胡適並未細讀此書。[1]他對哈耶克的瞭解應該來自殷海光在《自由中國》上的譯介。

雖然如此問題尚未水落石出。邵建與王遠義所引用周德偉的文章詳細地描寫了他與胡適論學的經過，包括一九五一年中，他寄給胡適的論文抽印本，[2]以及一九五一～一九五三年時他與胡適在臺北見面時的點點滴滴。[3]不過他並沒有提到過曾寫「長信」給胡適。這樣一來，影響胡適思想轉向的友人究竟是誰，並未得到一個確切的解答。

這一個問題首先需從胡適文章內部來考察。胡適在文中提到此信是「兩年前，我在外國時，有一位朋友寫給我」，由此可以推斷來信時間約為一九五二年。

根據上面的線索，在胡適的檔案中，我們找到了胡適在《從〈到奴役之路〉說起》中所提到的來信，共有兩封。這兩封信皆來自陳之邁（1908-1978），而非周德偉。第一封是一九五一年十一月四日陳之邁致胡適函，共有二十五頁，檔號：HS-US01-079-004。第二封是一九五一年十一月八日，陳之邁又有所感，再寫了一封信補充說明，計有六頁，檔號 HS-US01-079-005。這兩封信在署名的部分都被削去，顯然

---

[1] 「中研院」近代史研究所藏：《南港檔》，檔號：HS-N04F1-028-01。

[2] 參見周德偉：《我與胡適之先生》，《自由哲學與中國聖學》，頁 282；胡適紀念館藏有此封信，《南港檔》，檔號：HS-US01-038-002。該信的時間是 1951 年 7 月 10 日，並附有論文兩篇，一為《從經濟的分析批判階級鬥爭》，一為《經濟與行為——經濟學方法與人的行為述評》。

[3] 周德偉：《我與胡適之先生》，《自由哲學與中國聖學》，頁 282-283。

是胡適帶去演講時，為避免洩露陳之邁的身分而做的處置，然而從字跡來辨認毫無疑問的是陳之邁的來信。同時在這兩封信之前，胡適在一頁稿紙寫了一段話：「兩年前一個朋友給胡適的長信兩封」，這應該是帶去《自由中國》雜誌社茶會演講時兩封的封面。陳之邁在一九二八年從清華大學畢業後赴美國留學，獲哥倫比亞大學哲學博士學位。回國後曾任教於清華大學、北京大學、南開大學等校，並加入了胡適、蔣廷黻創立的「獨立評論社」。抗戰期間，他曾任教育部參事、行政院政務處參事等職。一九四四年出任中華民國駐美國大使館公使銜參事，後又歷任中國出席聯合國善後救濟總署副代表、聯合國糧農組織國際緊急糧食委員會中國代表等職。因為陳之邁具有公務員身分，胡適擔心暴露此一身分會對他有所影響，而且陳之邁在第二封信的最後表示：「這兩封信所說的只是與先生的私信，恐怕不宜發表，人微言輕，發表了也不會發生什麼作用。」胡適才將信上的署名削去。陳之邁的兩封信可以幫助我們瞭解胡適思想轉變的細緻過程。

簡單地說，一九五四年胡適《從〈到奴役之路〉說起》一文所反映思想的轉折是由好幾個因素所促成的，他不但在一九五三年時受到殷海光與周德偉等人的影響，而在此之前一九五一年底，陳之邁寫的兩封信也給他非常重要的啟發。

結論

胡適在二十世紀中國知識分子中與魯迅齊名，被譽為「二十世紀中國思想界的第一人」或「當今世界上最聰明的六個人之一」。[1]他的

---

[1] 江勇振：《捨我其誰：胡適》，第一部，頁 4。「當今世界上最聰明的六個人之一」是胡適的朋友、英國漢學家 Arthur Waley 在 1927 年時的說法。

一生涉及了中國政治、學術的各個領域，凡是討論近代中國的議題，大概都繞不過胡適。本文簡單地介紹了胡適的歷史意義、胡適紀念館收藏檔案的概況，進一步分析解讀胡適檔案所面臨的挑戰，最後再以一個具體的例子說明胡適檔案如何能幫助我們解決歷史議題。筆者衷心地希望文中所述胡適檔案應用之心得對有心透過胡適來瞭解中國近代史的讀者有所幫助。最近有很多人提到「民國範兒」的說法，民國史上的確有不少風骨嶙峋的人格典範，值得我們追念懷想。我想深入地認識胡適之後，很多人可能會和我一樣，覺得將胡適譽為「民國範兒」，真是再恰當也不過了！

記憶、認同與口述歷史

前言：眾聲喧嘩的歷史場景

　　大約從一九九〇年代開始，臺灣口述歷史的工作從早期少數人默默耕耘的局面，逐漸轉變為百花齊放的盛況。不但學院內的專業歷史工作者出版了大量的訪問記錄，各縣市的文化單位，以及民間的文史工作室、基金會等，也投入不少的心力，來尋訪各種「被遺忘的歷史」。在內容上，口述歷史的訪談對象從軍政大員到「本土」的芸芸眾生，包括了士農工商、老兵、侍從人員、煙花女子與黑道大哥，等等。[1] 這些成果所帶來直接的衝擊是歷史重心的轉移與歷史書寫的多元化。以往所謂的「歷史」，主要是依賴菁英階層透過上層的視角，以他們所掌控的文字來書寫、保存與傳遞的歷史，亦即西方蘭克史學（Rankean historiography）中所強調的依賴官方、檔案所書寫的歷史，或梁啟超在《新史學》（1902）中所批評的「朝廷」與「英雄」的歷史；[2]

1　例如黃克武等訪問、周維朋等記錄：《蔣中正總統侍從人員訪問紀錄》上、下冊，臺北：「中研院」近代史研究所，2012，此外還有蔣經國、蔣宋美齡侍從人員的口述訪問。又如研究美國華人幫派成績斐然的美國 New Jersey 州立大學陳國霖（Chin Ko-lin）教授，曾對臺灣彰化縣芳苑等地的黑道大哥做訪談工作，參見陳國霖：《黑金》，臺北：商周出版，2004。黃淑玲有關「特種行業婦女」的研究是採取社會科學的研究取向，但其方法與口述歷史類似；例如《特種行業婦女的生活形態與自我概念》，《思與言》，33：3（臺北，1995），頁 161-198。此外廖怡萍、陳宜民的《臺北市公娼空間之再現：木屐、密道與七塊錢的故事》，《當代》，期 137（臺北，1999），頁 44-65，也依賴了許多對娼妓的口述訪談。

2　Gwyn Prins, "Oral History," in Peter Burke (ed.), *New Perspective on Historical Writing*, University Park, Pennsylvania: The Pennsylvania University Press, 1991, p.115. 梁啟超：《新史學》，《梁啟超史學論著三種》，香港：三聯書店，1988，頁 4-5。

口述歷史的工作在某種程度之內突破了上述「菁英」、「性別」與「文字」的多重限制，讓我們能依賴以往未能掌握書寫能力者之口述，來豎耳傾聽「過去的聲音」。[1]

　　歷史重心的轉移與歷史書寫多元化的發展，表現在地域、族群、性別、階級、年齡等面向之中。以臺灣地區史來說，許多學者已開始反省人們所閱讀到的歷史究竟是「誰的歷史」。長期為人所詬病的男性漢人統治階層的歷史霸權，因為口述歷史作品的出現，得到適度的修正。近年來對於客家人、外省人（眷村）、平埔族、原住民、女性、下層社會、「二二八」與白色恐怖的受難者、地方發展史等諸多口述歷史訪問記錄的問世，使得臺灣歷史的圖像更為多元、豐富。換言之，這些過去曾長期受到忽略的聲音使我們得以從邊緣的、被壓抑者的立場，回觀歷史現場，他們的視野與居於核心的統治階層、菁英分子自然有所差異，因而使我們看到歷史的另一面貌。過去掌握政治、文化霸權的菁英分子壟斷歷史的發言權，現在隨著口述歷史之推展，歷史知識之內容也從教科書式的「一言堂」轉為「眾聲喧嘩」的熱鬧場面。[2]不過，口述歷史之作品究竟有多少史學的價值，其內容有何限制（何者為虛、何者為實）？這些問題的解答必須依賴我們對於口述歷史性質之認識，以及對於口述、記憶、認同三者之關係的釐清。

1　Paul Thompson 有關口述歷史的專書即稱為《過去的聲音：口述歷史》（香港：牛津大學出版社，1999）。這一本書附了一個西方學界有關口述歷史在各個不同領域的研究成果，值得參考，見該書頁 249-270。有關對女性的口述訪問及其理論上的問題，參見游鑑明：《她們的聲音：從近代中國女性的歷史記憶談起》，臺北：五南圖書出版股份有限公司，2009。

2　這也是 Paul Thompson 所說口述史所具有的「激進的意涵」：「口述史可能進行更公平的嘗試：證據還可以從下等人、無特權者和失敗者的口中說出來。口述史可以更現實、更公平地重構過去，可以向既定的記述提出挑戰。只要這要做，口述史就可以使整個歷史的社會使命具有某些激進的意涵。」《過去的聲音：口述歷史》，頁 5。

口述歷史所面臨的困難

　　乍看之下口述歷史的工作十分簡單，任何人只要帶著紙筆、錄音設備，尋找適合訪談的對象，再將錄音的內容整理為文字，即可大功告成。然而仔細推敲，其中的每一個步驟都有許多值得思索之處。例如，我們為何要選擇某一特定的歷史人物或群體作為訪談的對象？在訪談過程之中，我們要如何擬定談話主軸？如何用自己的概念、語彙，來理解別人的想法？亦即如何將別人的話語，放在自己的話語系統之中，而「再次表達」（represent）或「創造」（create）出一個訪問記錄來？這一記錄是否指涉歷史事實？還是只能算是個人的想像？簡言之，從事口述歷史工作之時，我們不能迴避的一個核心問題是：透過口述記錄所產生的歷史「知識」有何特質？它屬於「普遍的知識」（universal knowledge），還是只能算「個人意見」（personal opinion）？當然有時這兩者難以截然劃分，那麼一部分的個人意見又如何能窺見洞穴之外的陽光？口述歷史如何才能補正書寫歷史之不足？[1]

　　在眾聲喧嘩之下，要追尋歷史的「本來面目」有其難度。就個人的生命經驗來說，每個人的成長經歷都免不了會有悲歡喜樂、愛恨情仇，當處理一些私密性或情緒上較為糾結之議題（如心理創傷、身體感受、人際衝突、不當關係，如外遇等），往往會「欲語還休」，或是「故意遺忘」、「刻意渲染」等，因而失真。[2]再從社會群體的角度來考

---

[1] 在這方面除了理論方面的思考，也可以參考一些較成功的例子。例如謝國雄的《茶鄉社會志》是一本社會學家的田野工作成果，該書即利用口述材料撰成基層社會的歷史。見謝國雄：《茶鄉社會志：工資、政府與整體社會範疇》，臺北：「中研院」社會學研究所，2003。Gail Hershatter, *The Gender of Memory: Rural Women and China's Collective Past,* Berkeley: University of California Press, 2011. 中譯本為：賀蕭：《記憶的性別：農村婦女和中國集體化歷史》，北京：人民出版社，2017。

[2] 游鑑明：《她們的聲音：從近代中國女性的歷史記憶談起》，頁 57-65。

慮，例如統治者的歷史與被統治者的歷史、漢族與少數民族的歷史、男性觀點與女性觀點的歷史，書寫歷史與口述歷史之間究竟有無會通之處？還是說歷史根本就不可能有一個「本來面目」，亦即無人能寫出一個讓每一個人都滿意的「客觀的過去」，而只有「羅生門」式的各說各話，其目的只是為了追逐自身利益與權力角力罷了？奧威爾（George Orwell）在《一九八四》一書中簡單扼要地表明了這一點：「誰控制過去，誰就控制未來；誰控制現在，誰就控制過去。」（Who controls the past controls the future. Who controls the present controls the past.）[1]如何解決這一歷史真相的問題當然不只是口述歷史工作者才要面對的，而是從事所有形式的「歷史生產」（特別是傳記、自傳、事件等文類），都不得不自我反省的關鍵議題。然而無疑地，口述歷史工作與口述內容之複雜性讓我們對此一議題有更深刻的感受。[2]

口述訪問工作的社會面向

對於口述工作的反省首先要注意到口述訪問工作的社會性質與社會脈絡。首先就訪談對象的選擇來說，我們為何會挑選某一人作為受訪人。這當然牽涉主事者對歷史重要性的考慮，例如該人所述能否填補歷史的空白，或能否解答歷史演變的關鍵課題等。然而，此一選擇完全是主動的嗎？如果我們將口述記錄比喻為知識「生產」的話，一個很根本的問題是，為何要製造此一產品？要回答此一問題，我們除了注意口述工作者主動的層面（如個人的求知慾、填補歷史空白、追

---

[1] 奧威爾著，董樂山譯：《一九八四》，瀋陽：遼寧教育出版社，2001，頁 223。
[2] 王明珂：《誰的歷史：自傳、傳記與口述歷史的社會記憶本質》，《思與言》，34：3（臺北，1996），頁 147-184。

求社會正義之理想等)之外,不能忽略其消費面,亦即文本製成之後是供應何種消費者來閱讀,而此一消費需求又是如何鼓勵生產?在這方面至少要考慮到社會記憶的召喚與集體認同、社會正義之追求等因素如何刺激人們投入某類口述歷史的工作。尤其明顯的例子是國家機器為了特定目的,而採取的獎勵、資助等措施,因而造成對特定口述主題的探索(近年來有關「二二八事件」與白色恐怖口述訪談的出現,都與此有密切的關係)。這樣一來,許多官方機構或基金會支持的口述工作都具有濃厚的政治改造或「社會工程」的意味。以「二二八」或白色恐怖來說,此舉是為了彌補過去單面向歷史解釋所造成的強制性的遺忘並敉平部分人士的心理創傷。

從受訪者的角度來看,口述工作所依賴的素材是受訪者的回憶,或說當事人對自我經驗的知覺與記憶。有關人類的記憶,在心理學、哲學與人類學等方面都有不少的探討。在這方面有兩點值得注意,首先是記憶與語言的關係。記憶要經由語言來表達,因為個人的原始經驗往往是處於一種模糊、混沌的狀態,此一模糊的經驗必須透過語言的陳述、命名、認定等,才得以落實。然而此一透過語言述說經驗的過程,一方面已經脫離了原始經驗的模糊與混沌,另一方面亦開始新的詮釋與創造。[1]這一點就涉及了個人記憶的社會基礎之課題,亦即王明珂所謂「個人記憶中相當一部分是從社會生活中獲得,在與他人的社會活動中被共同憶起,並且在特定社會背景中重建,以符合個人的社會身分認同」。[2]

---

1 此處對語言的看法受到海德格《走向語言之途》(臺北:時報出版公司,1992)一書的影響,亦參見余德慧:《詮釋現象心理學》,臺北:會形文化事業有限公司,1998。余氏特別強調經驗與語言兩者並非翻譯的關係,而是「自主性的並置」(頁26)。

2 王明珂:《誰的歷史:自傳、傳記與口述歷史的社會記憶本質》,頁149。

集體記憶理論對口述工作之啟示

王明珂對口述歷史所具有「社會記憶」之本質的分析與社會學家哈布瓦克（Maurice Halbwachs，1877-1945）等人有關「集體記憶」的理論有關係。此一理論可以幫助我們對口述歷史工作之性質有更深入的認識。

哈布瓦克強調記憶是人們對過去的印象，這些印象是零碎與暫時的，會隨著情境而產生變化。記憶內容對人們來說如果要具有意義的話，記憶者必須將非常零散的元素重新組合、選擇、加以述說，並使之置於一個具體而「合理」的情境之下。對哈布瓦克來說，記憶並不是個體對過去的直接呼喚，而是對過去的選擇性的「再現」。換言之，「記憶」是存在於「現在」的，同時，人們對記憶所設定的脈絡是由社會群體所提供的。這樣一來，記憶的機制（也包括遺忘）其本質即是社會的，個人記憶不能脫離群體與社會框架而存在。此外，哈布瓦克也強調記憶的召喚不只是抽象的心理的過程，它尤其需要依賴一些具體的媒介，「睹物」可以「思人」。這些媒介包括文物、圖像、儀式、典禮，等等。[1]

從上述觀點來看，在口述工作中，無論是個人以語言來落實經驗所產生的記憶，或是社會因素所影響的回憶與遺忘，都指涉記憶即是選擇性的詮釋。訪談者在述說經驗的過程之中，往往會將複雜的經驗改變為可以述說，並在時間序列與因果關係上成為一個可以理解的故事（這一故事可以是浪漫史、悲劇、喜劇、鬧劇等敘事原形），因此

---

[1] 參見 Maurice Halbwachs, *On Collective Memory, Lewis A. Coser (ed. & trans.)* , Chicago: The University of Chicago Press, 1992; David Middleton and Derek Edwards (eds.), *Collective Remembering* , London: SAGE Publications, 1990。

有時會前後顛倒、有時省略某些自以為不重要的部分,突出對個人有特殊意義或有實際利益的地方,或者以想像之內容填補空白或模糊之處。[1]更常見的情況是把個人記憶與他人記憶混合、交換,這樣做有時是無意識的,有時則是出於特定動機而故意所為。因為個人的記憶與認同具有高度的情境性與變遷性,認同發生變化時,記憶或遺忘的社會機制,就對個人記憶構成了決定性的影響。筆者在臺北近郊金山鄉訪談「福佬客」的一個經驗可為其佐證。[2]在新北市金山區的清泉村有幾戶屬於江夏黃氏的客家人,因為長期住在閩南人居優勢的地區,逐漸被閩南人同化,開始講閩南語、遺忘客家話,也隱藏了客家認同,而隨著晚近族群意識興起,才又重新挖掘出客家祖先的記憶。[3]「福佬客」的例子充分顯示記憶之流動性與現實性。

---

[1] 此即類似懷特所說歷史是一種詩性的(poetic)工作,人們在以語言整理記憶之時,在腦海中預想了各種敘事情節表現的基本形式。Hayden White, *Metahistory: The Historical Imagination in Nineteenth-Century Europe*, Baltimore: The John Hopkins University, 1973. 中文方面可參考王晴佳、古偉瀛:《後現代與歷史學:中西比較》,臺北:巨流出版社,2000,頁202-209。

[2] 「福佬客」俗稱「客底」,是指改用閩南語,被閩南化的客家人後裔,在臺灣人口的統計中,可能高達三百萬人,參見:https://zh.wikipedia.org/wiki/%E7%A6%8F%E4%BD%AC%E5%AE%A2,讀取時間:2013年4月28日。

[3] 有關「結構性失憶」「集體記憶」「族群與歷史記憶」等課題的討論,請參見王明珂:《華夏邊緣:歷史記憶與族群認同》,臺北:允晨文化實業股份有限公司,1997,頁45-60。

歷史記憶與現實利益之干擾

口述歷史所面臨的問題也牽涉口述採訪所瞭解到的「過去」，不僅包括口述者親身經歷的歷史，也包含了口述者經由各種管道所形塑的「歷史記憶」，而這兩者往往交織在一起。在筆者從事白色恐怖之訪談時，有一位受訪者談到許多他從二手報刊所看到的內容，例如當時中共組織、黨員人數等，並把這些訊息說成像是自己一手的經驗。也有許多人大談在獄中所耳聞的點點滴滴，卻給他人一種親身經歷的感覺。在此情況之下，如何區別「親身經歷」與「歷史記憶」成為主訪者與記錄者要面對的一大難題。

此外更直接的因素則是受現實利益的影響而「修改」記憶之內容。筆者曾接到一位受訪者在出版之前來電，要求刪除其中一段描寫他在學校刻鋼板，印「反動」報刊的部分，原因是他擔心記錄問世後會影響到官方對他的賠償。此一現實因素對訪談的可信度造成重大的影響。在筆者所訪問的白色恐怖受難者之中，只有「一個半」人坦承曾加入中共組織（半個人即上述要求刪改記錄者）。這主要由於在「戒嚴時期不當叛亂暨匪諜審判案件補償條例」之中明文排除「曾加入中共組織者」。另外一類的記憶刪除則涉及對他人名譽之誹謗與隱私保障等法律與倫理之課題。例如，「中研院」近代史研究所曾從事「臺北榮民總醫院半世紀口述歷史回顧」訪問計劃，[1]在出版之前林芳郁院長曾邀約主訪者座談，就該記錄中涉及「元首醫療」以及相關人士對於臺大醫院之品評兩項作一檢視、調整，以免引發爭議。總之，個人的體驗

---

1 游鑑明、黃克武、陳慈玉、楊翠華、沈懷玉、洪德先、陳素真等訪問，周維朋、林東璟、張成瑋、柯小菁等記錄：《臺北榮民總醫院半世紀——口述歷史回顧》上、下篇，臺北：「中研院」近代史研究所，2011。

在口述訪談所創造的言說語境之中已充分故事化,並受到某些機制檢控,無論是「歷史真相」、「原始經驗」在各種因素的影響之下會有所增減,甚至受到扭曲。這是口述歷史從事者應該警覺的。

口述記錄之挑戰:從語言到文字

從口述記憶到文字還有一些語言問題需要思考。就主訪者而言,一方面要面對受訪者對於個人經驗的詮釋、辯解、刪節、合併等,另一方面如何將受訪者的話語轉變為文字記錄,也是一個很大的挑戰。這一過程同樣會有詮釋、辯解、刪節、合併等的可能,其中最值得推敲的是口語記錄和整體情境的差距,以及口語與文字的差距。[1]目前除了少數例外(例如使用錄像設備,當然這又引發了另外的問題,像是否會造成受訪者更大的心理壓力或增加其表演慾望等),多數的口述訪談都依賴錄音設備來記錄訪談過程,然而聲音其實只是訪談情境之中的一個面向。訪談場域在聲音之外還包括肢體語言所表達的感受、心境、氣氛等,這些部分尤其顯示了相當細膩的心理反應,然而它們卻往往是錄音所捕捉不到的東西。這樣一來,訪談記錄工作如果只依賴錄音來做整理的話,已經是對一個複雜情境的簡單化。

聲音記錄與文字記錄之間的轉換也令訪問者產生很多困擾。村上春樹在《地下鐵事件》一書中,訪問了六十位在一九九五年三月二十

---

[1] 這也包括方言的問題,如閩南語、客家話或廣東話要轉換為文字時都有程度不同的問題。有些學者建議「應該將它變成每個人都看得懂的文字」以幫助流通,必要時「可將原音以腳註或括號的方式附錄」。游鑑明:《她們的聲音:從近代中國女性的歷史記憶談起》,頁 37。在這方面香港口述歷史界有一些例子,較成功地記錄了以方言來表達的口述世界。見曾嘉燕、吳俊雄編:《又喊又笑:阿婆口述歷史》,香港:新婦女協進會,1998。

日沙林毒氣事件的受害者，再將受害者的主觀經驗集結成書。他的目的是「開始想去探尋，到底是什麼讓我們這個社會會發生這樣痛苦的雙重傷害」（案：此處所說的雙重傷害是指毒氣事件中受害者受到的第一次傷害與其後遺症所帶來的傷害，如大家對此事件不理解而應對失措，或受害者因身體不適而被迫辭職等），而採取的方法則是「讓每一位『受害者』的容貌細部都儘可能更明確真實地浮現出來」。在該書之中，他深入地討論到語言轉換的問題，他說將錄音帶轉為文字稿往往「無法掌握細緻的感受」，而訪問者必須作內容上的取捨：

> 正如我們大部分日常會話那樣，話題往往跳東跳西，或走進岔路迷失或中途消失了，之後又突然復活起來。於是必須將那內容選擇取捨，前後對調，消除重複的部分，將文章分節或串聯，整理成某種程度容易理解的文章，編寫成適當長度的原稿。[1]

而即使如此，村上春樹仍然覺得他難以捕捉受害者的感受：「他們說『我們所嘗到的痛苦心情你們不可能真正理解』，我想那也是沒辦法的。真的是說得有理。我想我們是不可能瞭解的。」[2]

總之，從錄音帶到文字稿的編寫過程很容易改變受訪者的原意，這在新聞採訪之中更是屢見不鮮。一個很好的例子是有一次筆者接受某一電視臺的採訪，談梁啟超，我與記者談了將近一個鐘頭，全程錄像，後來我們的對話被剪輯成十分鐘的節目，內容經過重組，改編成另一面目，而我所希望強調的重點幾乎完全看不到，而這一情況並非

1　村上春樹著，賴明珠譯：《地下鐵事件》，臺北：時報出版公司，1998，頁 12-19。也請參考張玉珮：《與村上對話：反思採訪寫作中的語言機制》，《當代》，期 150（臺北，2000），頁 110-119。本文的部分譯文曾由筆者改寫。
2　村上春樹：《地下鐵事件》，頁 573。

特例。此外，口述歷史整稿工作還可能面臨的情境是整理者主動核對已出版的史書或網絡資源來更改受訪記錄。這雖然是必須做的事情，然而歷史考證的功力因人而異，就因此影響到記錄內容之精確性。

當然，受訪者也常常會對再現的記錄稿感到不滿。以筆者親身經歷而言，其中一個例子是楚崧秋先生的訪談記錄，楚先生曾是兩蔣的文字幕僚，又長期主掌國民黨的文宣工作，對於文字要求極高。初稿交給他之後，被他徹頭徹尾地修改，可謂「體無完膚」，同時他也增加了許多當時沒有講述的事情，以及對某些議題（如蔣經國與白色恐怖的關係等）的看法。另一個例子是臺北地區政治案件計劃所訪問的張象濟先生，他對初稿不滿的原因，是因為他覺得我們整理的稿子「沒那股氣」，或說和他說話的調調與所展現的氣勢不同，所以他自己重寫，發抒心聲。[1]這些經過受訪者改寫的稿子，其實與訪問記錄已有很大的差距，雖然有可能更貼近受訪者所想展現的形象，但這也意味著增加了另一個操弄、塑造的可能性。

結語

整體而言，從口述歷史工作的策劃、實施、整稿、定稿，其間每一個步驟都有許多變動性因素影響到最後口述歷史之成品所呈現的面貌。在經歷各個步驟的轉移、操弄之後，口述記錄與歷史真實之間有各種各樣的關係。它可能一部分是歷史的真實，一部分是事後想像、追憶、辯解、圓謊的結果；而即使是事實，也被放置到一個可能是截然不同的論說脈絡之中。我們要如何面對此一情境呢？

---

1 《張象濟先生訪問紀錄》，《戒嚴時期臺北地區政治案件口述歷史》，第 3 輯，頁 1153-1169。

從一個比較哲學的角度來說,有兩種極端不同的立場。第一種是客觀主義(objectivism)的立場,亦即上述所謂我們可以掌握「歷史的本來面目」的看法。這一派認為口述記錄雖然有誤會、錯記等可能,但是透過合理的檢驗,包括史學方法所說的內考證與外考證等方法,我們可以依賴口述記錄,瞭解歷史事實的真相。這一種觀點對人類的記憶、話語,以及話語與歷史真實的對應關係,持一種較樂觀的態度,也與人們一般的常識相配合。

第二種是相對主義(relativism)或懷疑主義(skepticism)的立場,亦即上述把歷史等同為「羅生門」的想法,每一個人各說各話,而沒有一個全知全能的法官作最後的裁決。這一派尤其強調口述記錄所記者均為個人從一非常主觀立場所觀看到的歷史,而個人記憶甚不可靠,加上歷史詮釋如涉及個人利益,其真實性就更值得懷疑。福柯(Michel Foucault,1926-1984)對於話語與權力(power)的分析與此一立場是配合的。

上述兩個立場的區別也涉及歷史工作之中描寫歷史事實與個人對歷史事實的判斷、詮釋可否割離的問題。客觀主義者的立場傾向於認為此一區別是比較清楚的,因此人們可以避免完全接受歷史當事人主觀的判斷,但是可以接受他所看到、描寫的客觀的歷史事實。相對主義者的觀點則以為描寫、判斷、詮釋等界線不那麼清楚,往往自以為是客觀描寫的口述記錄,其中充滿了許多個人的詮釋、偏見;換言之是選擇之後所呈現的某一部分的事實。上述這兩種極端的看法都受到不少的攻擊。目前一個較合理的立場或許是居於兩者之間,而瞭解到兩者可能有的限度。亦即多方反省口述工作過程中所可能面臨的困

難,揭露歷史生產過程中主觀運作的各種可能。[1]

　　總之,口述歷史的生產,和其他性質的歷史知識的生產一樣,都有待檢驗與反省。以免我們一方面自誇能夠挖掘到歷史最終的真相,另一方面卻不自覺地以歷史生產來解決自身認同的疑惑,而忽略了自身的認同與自我秉持的政治理念,有時對他人而言可能變成另一種形式的知識暴力。在中國近代史範疇之內,長期以來歷史書寫就受制於「革命史觀」、「五四話語」、「國族建構」、「現代化論述」、「東方主義」、「東方的東方主義」、「西方主義」等影響,而由理念轉為行動,出現「以禮殺人」、「以理殺人」之事,更是史不絕書。然而無論如何,在從事歷史生產之時,如何能多發掘出一些自身不自覺的預設,再反覆思索、多方溝通這些預設的合理與否,應該是有其意義的。誠如村上春樹所說:揭露是改變的開始。有了以上的認知,而如果我們仍然願意接受口述歷史的挑戰,那麼或許有可能走出一條比較不同的路子,而呈現出那些曾被隱蔽的歷史。

---

[1] 在這方面請參考 Richard J. Bernstein, *Beyond Objectivism and Relativism: Science, Hermeneutics, and Praxis,* Philadelphia: University of Pennsylvania Press, 1990;拙著:《「五四話語」之反省的再反省:當代大陸思潮與顧昕的〈中國啟蒙的歷史圖景〉》,《近代中國史研究通訊》,期17(臺北,1994),頁44-55。

中華文化思想叢書・近現代中華文化思想叢刊 A0102018

反思現代——近代中國歷史書寫的重構

作　　者	黃克武
責任編輯	黃佳宜
實習編輯	蔡佳倫、曾韻

發 行 人	林慶彰
總 經 理	梁錦興
總 編 輯	張晏瑞
編 輯 所	萬卷樓圖書股份有限公司

臺北市羅斯福路二段41號6樓之3
電話 (02)23216565
傳真 (02)23218698

出　　版	昌明文化有限公司

桃園市龜山區中原街32號
電話 (02)23216565

發　　行	萬卷樓圖書股份有限公司

臺北市羅斯福路二段41號6樓之3
電話 (02)23216565
傳真 (02)23218698
電郵 SERVICE@WANJUAN.COM.TW

ISBN 978-986-496-616-5
2024年12月初版
定價：新臺幣420元

本書為110學年度、113學年度國立臺灣師範大學出版實務產業實習課程成果，部分編輯工作由課程學生參與實習。

如何購買本書：

1. 劃撥購書，請透過以下郵政劃撥帳號：
   帳號：15624015
   戶名：萬卷樓圖書股份有限公司
2. 轉帳購書，請透過以下帳戶
   合作金庫銀行 古亭分行
   戶名：萬卷樓圖書股份有限公司
   帳號：0877717092596
3. 網路購書，請透過萬卷樓網站
   網址 WWW.WANJUAN.COM.TW
   大量購書，請直接聯繫我們，將有專人為您服務。客服：(02)23216565 分機610

如有缺頁、破損或裝訂錯誤，請寄回更換
版權所有・翻印必究

Copyright©2024 by WanJuanLou Books CO.,
Ltd. All Rights Reserved　　Printed in Taiwan

國家圖書館出版品預行編目資料

反思現代：近代中國歷史書寫的重構 / 黃克武
著. -- 初版. -- 桃園市：昌明文化有限公司出版；
臺北市：萬卷樓圖書股份有限公司發行, 2024.12
　面；　公分. --（中華文化思想叢書. 近現代中華文化思想叢刊；A0102018）
ISBN 978-986-496-616-5（平裝）
1.CST: 史學史 2.CST: 近代史 3.CST: 中國
601.92　　　　　　　　　　　　　　111001808

本著作物經廈門墨客知識產權代理有限公司代理，由時代文藝出版社有限公司授權萬卷樓圖書股份有限公司（臺灣）出版、發行中文繁體字版版權。